W0014573

BASTEI
LÜBBE

Über die Autorin:

Dr. Gabriele Krone-Schmalz arbeitete nach dem Studium der osteuropäischen Geschichte, Politik und Slawistik u. a. für das Fernsehmagazin »Monitor«, war ARD-Korrespondentin in Moskau und moderierte den »Kulturspiegel« des Ersten Programms. Sie schrieb u. a. die Bestseller »In Wahrheit sind wir stärker. Frauenalltag in der Sowjetunion« und »… an Rußland muß man einfach glauben«.

Gabriele Krone-Schmalz

Straße der Wölfe

Zwei junge Frauen erleben
Russland in den 30er-Jahren

Kola
Halbinsel
Rovaniemi
Weisses Meer
Archangelsk
Sewerodwinsk
Bottnischer Meerbusen
Segescha
Nördl. Dwina
Vasa
FINNLAND
Tampere
Petrosawodsk
Onegasee
Ladogasee
Turku
Helsinki
SOWJE
Finnischer Meerbusen
Sankt Petersburg
(Leningrad)
Tallin
OSTSEE
ESTLAND
Nowgorod
Wologda
Tartu
RUS
Riga
Jaroslawl
Liepāja
(Libau)
LETTLAND
Iwanowo
Twer
(Kalinin)
Nischnij Nowgorod
(Gorki)
Klaipèda
(Memel)
Moskau
LITAUEN
Witebsk
Vilnius
Kaliningrad
(Königsberg)
Smolensk
Kaluga
Minsk
Bialystok
WEISSRUSSLAND
Kusnezk
Orel
Warschau
Brest
Homel
POLEN
Kursk
Saratow
Lublin
Sumy
Kiew
Charkow
L'viv
(Lemberg)
UKRAINE
Dnjepr
Don
Wolgograd
(Stalingrad)
SLOWAKEI
Miskolc
Dnjepropetrowsk
UNGARN
Kriwoi Rog
Donezk
Wolga
MOLDAU
Rostow am Don
Odessa
Tirgu Mures
Melitopol
Arad
RUMÄNIEN
Asowsches
Meer
Brasov
Krim
Simferopol
Krasnodar
Belgrad
Bukarest
Donau
Sevastopol
Jalta
Konstanza
Sotschi
Kislowodsk
JUGOSLAWIEN
Varna
SCHWARZES MEER
Grosny
BULGARIEN
Elbrus
5642
Kaukasus
Suchumi
Sofia
GEORGIEN
Skopje
Plovdiv
Zonguldak
Batumi
Tiflis
MAKEDONIEN
Bosporus
Samsun
Corlu
Istanbul
Trabzon
Saloniki
Xánthi
Ankara
Izmit
ARMENIEN
GRIECHENLAND
TÜRKEI
Jerewan
Bursa
Anatolien

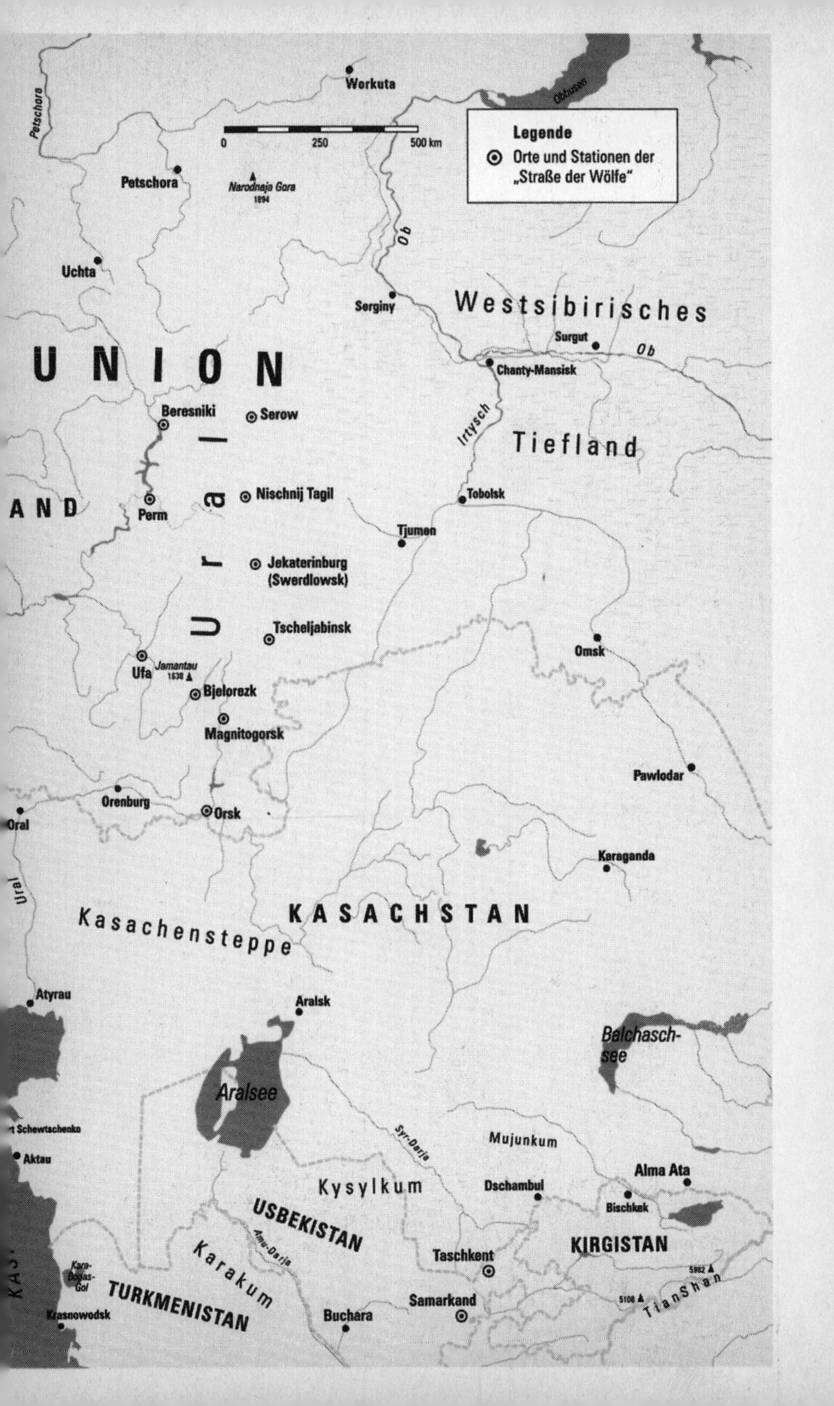
Legende
Orte und Stationen der „Straße der Wölfe"
0
250
500 km
Workuta
Petschora
Petschora
Narodnaja Gora
1894
Ob
Uchta
Serginy
Westsibirisches
Tiefland
Surgut
Ob
Chanty-Mansisk
UNION
AND
Beresniki
Serow
Irtysch
Ural
Perm
Nischnij Tagil
Tobolsk
Tjumen
Jekaterinburg
(Swerdlowsk)
Tscheljabinsk
Omsk
Ufa
Jamantau
1638
Bjelorezk
Magnitogorsk
Pawlodar
Orenburg
Orsk
Oral
Karaganda
Ural
Kasachensteppe
KASACHSTAN
Atyrau
Aralsk
Balchasch-
see
Aralsee
Syr-Darja
Mujunkum
Aktau
Kysylkum
Alma Ata
Dschambul
Bischkek
USBEKISTAN
Amu-Darja
KIRGISTAN
Karakum
Taschkent
Kara-
Bogas-
Gol
5982
TURKMENISTAN
Samarkand
5106
TianShan
Krasnowodsk
Buchara

BASTEI LÜBBE TASCHENBUCH
Band 60496

Erste Auflage: August 2001

Bildnachweis:
Coll. NDB, Amsterdam (S. 2, 4/5 Mitte und unten, 6, 8 unten);
Unionbild (S. 1); *Foto-Nowosti, RIA* (S. 3, 4/5 oben, 7 unten); *Jürgens Ost und Europa Photo* (S. 7 oben); *Ullstein Bilderdienst* (S. 8 oben)

Vollständige Taschenbuchausgabe

Bastei Lübbe Taschenbücher ist ein Imprint
der Verlagsgruppe Lübbe

Lizenzausgabe: Verlagsgruppe Lübbe GmbH & Co. KG,
Bergisch Gladbach
Umschlaggestaltung: Rudolf Linn, Köln
Umschlagfotos: Getty One Stone (Hintergrund)
Fotoagentur Christa Schinner, Duisburg (Porträt)
Karte Seiten 4 und 5: Jens Krause, Köln
Satz: Dörlemann Satz, Lemförde
Druck und Verarbeitung: Elsnerdruck, Berlin
Printed in Germany
ISBN 3-404-60496-2

Vorwort

So real wie die Zeit sind die Personen. Mit einigen habe ich gesprochen. Von einigen habe ich Aufzeichnungen gelesen. Bei einigen habe ich den Namen geändert, weil sie anonym bleiben wollten. Einige begegnen sich in dieser Geschichte, die sich tatsächlich nie begegnet sind, sich aber hätten begegnen können. Vereinzelt habe ich Erlebnisse anderer mit eingewoben, ohne jene anderen ausdrücklich zu nennen. Diesen Weg habe ich gewählt, um ein möglichst dichtes Bild der beschriebenen Jahre zeichnen zu können, eine vergangene Zeit lebendig werden zu lassen: die frühen dreißiger Jahre in Russland. Die Oktoberrevolution und der nachfolgende Bürgerkrieg sind bekannte Ereignisse und in Hunderten von Büchern beschrieben. Ebenso die Stalinschen Säuberungen Ende der Dreißiger und der beginnende Weltkrieg. Das sind durch und durch beleuchtete Zeiten. Das Dazwischen liegt eher im Dunkeln, aus unerklärlichen Gründen wird diese historische Phase weitgehend ausgespart. Dabei ist sie an Spannung kaum zu überbieten. In Magnitogorsk spielte sich ein einzigartiges Experiment ab, an dem Russen, Uralvölker, Amerikaner und Europäer am Vorabend des Zweiten Weltkriegs eine Zeit lang in seltener Eintracht gemeinsam arbeiteten. Nie wieder war die Aufbruchstimmung so mitreißend, die Kraft der Menschen und der Glaube an gigantische Projekte so unerschütterlich und das langsame Zerbröckeln der Hoffnungen so dramatisch.

Anna und Meike, zwei junge Frauen – eine 17-jährige

Deutsche und eine 22-jährige Holländerin –, erleben diese Zeit in Russland, wo sie sich zufällig begegnen und Freundinnen werden. Die eine lernt ihren Mann in Magnitogorsk kennen und heiratet ihn dort, die andere, bereits verheiratet, bringt an diesem Ort ihr erstes Kind zur Welt. Beide bereisen verschiedene Gebiete der Sowjetunion und bewältigen auf ihre Weise den russischen Alltag.

Die Idee zum vorliegenden Buch entstand nach meiner Begegnung mit Anna. Als ich sie im Sommer 1994 kennen lernte, war ich gleich fasziniert. Die zierliche, damals 80-jährige Frau sprach mich nach einem meiner Vorträge an und erwähnte beiläufig ihre Jugendzeit in Magnitogorsk. Allein die Andeutungen ihrer außergewöhnlichen Erlebnisse waren so beeindruckend, dass ich unbedingt mehr wissen wollte. Wir verabredeten uns, und Anna erzählte mir ihre Lebensgeschichte. Gemeinsam fuhren wir zu ihrer holländischen Freundin, und beide erinnerten sich an diese Jugendjahre. Ich fand all das viel zu aufregend, um es nur für mich zu behalten, und begann weiter zu recherchieren.

1.

»Du bist doch nicht bei Trost!« Sie war fassungslos. »Du hast doch überhaupt keine Ahnung, worauf du dich da einlässt«, ereiferte sich die Frau, und ihre Stimme überschlug sich. So hatte Anna ihre Tante Gerda noch nie erlebt. Diese durch und durch beherrschte, immer auf Etikette bedachte Dame wirkte total derangiert. Ihr blasser Teint bekam rote Flecken. Von der sprichwörtlichen Ruhe und Überlegenheit keine Spur. Vor Anna hampelte eine aufgeregte dürre alte Frau, deren Bluse am Stehkragen zitterte, als hüpfte dahinter ein männlicher Adamsapfel. Gerda war gerade mal fünfzig und eigentlich alles andere als alt, sowohl was ihr Äußeres als auch was ihre Ansichten betraf. Anna hatte ein gutes Verhältnis zu Tante Gerda und mehr Vertrauen zu ihr als zu ihrer Mutter, die ständig gereizt und überfordert schien und von einem Tag auf den anderen ihre Meinung änderte. Und weil Gerda ein so besonnener und verlässlicher Mensch war, irritierte Anna deren Ausbruch doppelt. Was war denn schon geschehen? Ihr Vater hatte eine Arbeitsstelle in der Sowjetunion angeboten bekommen. Er sollte beim Aufbau der Stadt Magnitogorsk helfen, dem größten und ehrgeizigsten Industrieprojekt Stalins. Herausforderung und Chance zugleich. Und Anna wollte natürlich mit, was sonst? Dass es ausgerechnet im Winter losgehen sollte, im Januar 1932, konnte sie auch nicht schrecken. Dafür wusste sie zu wenig über dieses Land.

Angefangen hatte alles mit Onkel Franz. Der Wiener Architekt, verheiratet mit Cornelia, der jüngsten Schwester ihrer Mutter, war schon 1931 nach Moskau gegangen. Und das kam so: Ernst May hatte sich in den zwanziger Jahren als Architekt in Frankfurt am Main einen Namen gemacht. Zusammen mit einer Gruppe junger Kollegen entwickelte er für die Stadt einen Bebauungsplan, der sogar im Ausland für Aufsehen sorgte. May war ein avantgardistischer Kämpfer. Viele seiner Mitarbeiter hatten ihre Ausbildung an Instituten in Weimar und Dessau genossen, die Walter Gropius 1919 bzw. 1925 gegründet hatte und die unter der Bezeichnung »Bauhaus« in die Geschichte eingegangen sind.

May stand für die so genannte Neue Sachlichkeit und den Funktionalismus. Das heißt, oberstes Gebot war die Zweckmäßigkeit. Im Idealfall sollten Technik und Kunst zwar eine Einheit bilden. Aber die gewandelten Bedürfnisse der modernen Gesellschaft standen immer an oberster Stelle. Dem hatten sich Wohnungs- und Industriebau unbedingt unterzuordnen. Als besonders gelungenes Beispiel dieser neuen Denkweise wurde in den entsprechenden Kreisen eine von Gropius noch vor dem Ersten Weltkrieg gebaute Schuhleistenfabrik gehandelt. Denn damit hatte er die Rolle der Fassade im doppelten Sinne aufgebrochen. Nicht mehr pompöses, lichtdurchflutetes Verwaltungsgebäude und dahinter armselige, düstere Arbeitshallen, sondern ein Würfel, der Verwaltung und Produktion gleichermaßen in sich aufnimmt. Sozusagen die Stein gewordene Gleichberechtigung. Industriearbeit nicht versteckt im Hinterhof, sondern allgemein einsehbar durch Glasfassaden. In gewisser Weise Ausdruck des zunehmenden Selbstbewusstseins der Arbeiterschaft.

Als Stadtrat, verantwortlich für Bau und Wohnungswesen, bemühte sich May durchaus erfolgreich, diese

Vorstellungen in Frankfurt umzusetzen. Zahlreiche ausländische Delegationen kamen zu Besuch, um sich die zukunftsweisende Architektur an Ort und Stelle anzuschauen. 1929 traf auch eine Kommission aus Moskau ein. Nach den Wirren der russischen Revolution und des nachfolgenden Bürgerkriegs zwischen Roten und Weißen begann eine neue politische Phase, die sich durch eine unbändige Aufbruchstimmung auszeichnete, durch Hoffnung und den festen Willen, etwas Dauerhaftes, Revolutionäres, Neues zu schaffen. Offenbar waren die russischen Besucher derart beeindruckt, dass die Regierung der UdSSR Ernst May und einige seiner Kollegen offiziell mit der Planung von Wohn- und Industrieanlagen beauftragte.

Diese Vorhaben duldeten keinen weiteren Aufschub. Im Dezember 1927 hatten die Kommunisten auf ihrem 15. Parteitag ein Industrialisierungsprogramm beschlossen. Im darauf folgenden Oktober begann der Erste Fünfjahresplan. Und schon einen Monat später, im November 1928, beschloss das Zentralkomitee der Kommunistischen Partei, die Industrialisierung zu beschleunigen. Es war also keine Zeit zu verlieren.

Im Oktober 1930 ging May nach Moskau. Mit ihm eine Gruppe von Architekten und Städtebauern. Meist Deutsche, aber einige Niederländer, Schweizer und Schweden waren gleich zu Anfang auch dabei. Vertragspartner der May-Gruppe, wie sie fortan genannt wurde, war der Chef der Zekom-Bank, Luganowski. Dieses sowjetische Geldinstitut hatte die Aufgabe, alle neuen städtebaulichen Projekte im Hinblick auf die Finanzierung zu überprüfen. Onkel Franz arbeitete schon in Deutschland bei Ernst May und folgte ihm dann 1931 nach Moskau. »Wenn du für mich da drüben eine Möglichkeit siehst, dann lass es mich wissen«, so hatte sich Annas Vater Eugen von Franz verabschiedet.

Eugen war ein politisch interessierter Mann, Ingenieur von Beruf. Die Oktoberrevolution damals, 1917, hatte ihn aufgewühlt und seither nicht mehr losgelassen. Vielleicht war ja doch etwas dran an diesem ganz neuen Anfang. Wirtschaftlich sah es jedenfalls in Deutschland nicht rosig aus. Seine derzeitige Arbeit befriedigte ihn auch nicht, und familiär – na ja. Vielleicht brachte eine Ortsveränderung frischen Wind in die Beziehung zu seiner Frau. Anna war auch kein Kleinkind mehr, auf das man hätte Rücksicht nehmen müssen. Zudem, einige aus der May-Gruppe hatten sich nicht einmal von der Existenz ihrer Säuglinge abhalten lassen, beim Aufbau der Sowjetunion zu helfen. Ehefrauen und Babys kamen eben mit nach Moskau. Also, was sollte ihn hier in Deutschland halten?

Deutsche Kaufleute und Industrielle gaben sich in Moskau die Klinke in die Hand. Im Februar 1931 hatte deren Reisetätigkeit Richtung Osten ihren Höhepunkt erreicht. Irgendjemand von Krupp, Siemens, AEG, MAN oder der Demag war immer in der Sowjetunion unterwegs. Am 14. April 1931 schlossen das Deutsche Reich und die Sowjetunion einen Lieferungsvertrag. Demnach sollte Moskau über den Rahmen des normalen Wirtschaftsverkehrs hinaus bis Ende August desselben Jahres zusätzliche Lieferaufträge im Werte von dreihundert Millionen Mark an deutsche Firmen vergeben.

Nach einigen Monaten meldete sich Franz aus Moskau und kündigte an, dass sich die Deutsch-Russische Handelsvertretung in Berlin mit Eugen in Verbindung setzen werde. Der Bedarf an »Spezialisti« sei groß, und Eugen solle sich auf einen baldigen Umzug gefasst machen.

Auf Eugen wirkte diese Nachricht wie ein Jungbrunnen. Pauline, Annas Mutter, fiel ständig von einem Extrem ins andere. Heute war sie in ihrer Begeisterung kaum zu bremsen, morgen wachte sie vor lauter Ängsten schweißgebadet auf. Anna ließ sich davon nicht verrückt machen. So viel war klar: Ihr Vater würde fortgehen, und sie ging mit. Eigentlich war Eugen nur ihr Stiefvater, aber sie hätte sich keinen besseren Vater wünschen können. Das Verhältnis zu ihrer Mutter hatte einen Knacks. Anna war 1914 geboren worden, als der Erste Weltkrieg ausbrach. Pauline, damals einundzwanzig, lieferte ihr Kind gleich nach der Geburt bei den Großeltern ab. Vom leiblichen Vater hat sie Anna nie etwas erzählt. Natürlich wollte das Mädchen später wissen, warum es bis zum zwölften Lebensjahr bei den Großeltern aufwachsen musste und seine Mutter nur sporadisch sah. »Schließlich war Krieg, und Oma und Opa hatten ein großes Haus und ein großes Grundstück. Ich dachte, da bist du sicher.« So lautete die einzige Erklärung, die Anna von ihrer Mutter zu hören bekam. Es überzeugte sie keineswegs, aber sie war es leid, immer nur ausweichende Antworten zu bekommen. Dann eben nicht. Sie hatte keinen offenen Krach mit ihrer Mutter. Aber sie blieb ihr irgendwie fremd. Respekt und Vertrauen, das waren Gefühle, die sie nur ihrem Stiefvater entgegenbrachte.

Tante Gerda hatte sich immer noch nicht beruhigt, als Annas Großmutter den Raum betrat. Auch sie war dagegen, dass ihre Enkelin in dieses unheimlich anmutende Riesenland reisen und dort sogar leben wollte. Aber sie war realistisch genug, um sehr schnell zu begreifen, dass Anna nicht zu stoppen war. Schließlich hatte sie das Mädchen großgezogen und kannte es besser als alle anderen. Sie versuchte zu vermitteln und Anna – und nicht zuletzt auch sich selbst – mit einem Vorschlag zur Güte zu beruhigen: Sollte irgendeine Schwierigkeit auftauchen oder Anna sich im fremden Land nicht wohl fühlen oder es sich schlicht anders überlegen, dann sei sie jederzeit wieder zu Hause willkommen, und niemand werde ihr Vorhaltungen machen nach dem Motto: Siehst du, ich hab's ja gewusst. Die drei Frauen besiegelten dieses Abkommen mit einem kräftigen Händedruck und nahmen sich dann fest in die Arme. Gerda hatte feuchte Augen, als Anna noch einmal feierlich versprach: »Wenn's nicht klappt, dann komme ich zurück. Ganz sicher.« Sie hätte ihren Willen auch gegen den Widerstand der Familie durchgesetzt, aber so war es ihr natürlich lieber. Erleichtert verließ Anna den Raum. Kurz vor der Tür drehte sie sich noch einmal um: »Danke euch. Aber es ist bestimmt richtig so. Wer weiß, ob ich noch jemals Gelegenheit bekomme, so etwas zu erleben.«

Als die Einladung der Deutsch-Russischen Handelsvertretung eintraf, waren alle Vorbereitungen abgeschlossen. Eugen, Pauline und Anna fuhren nach Berlin, um die restlichen Formalitäten zu erledigen. Gut eine Woche brachten sie in einem Berliner Hotel zu, bevor wirklich jeder Stempel dort saß, wo er hingehörte, alle Papiere beisammen waren und die Bahnfahrkarten nach Moskau ausgestellt werden konnten.

An der polnisch-russischen Grenze musste man wegen der unterschiedlichen Spurbreite den Zug wechseln. Anna und ihre Eltern hatten auf der gesamten Strecke ein eigenes Schlafwagenabteil. Die Fahrt von Berlin nach Moskau dauerte zwei Tage und zwei Nächte. In Moskau wurden sie von Mischa erwartet, der ihnen als Betreuer und Dolmetscher zugeteilt war. Ein gut aussehender, schwarzhaariger junger Mann von vielleicht fünfundzwanzig Jahren. Er baute sich breit lächelnd vor ihnen auf und strahlte sie an: »Dobro poshalowatj! Herzlich willkommen!« Sein Deutsch klang nahezu akzentfrei. Er brachte die Familie ins Hotel Wara Warenskaja, wo ein Doppelzimmer für die Eltern und ein Einzelzimmer für die Tochter reserviert waren. Nun ging es darum, die Fahrkarten nach Magnitogorsk zu besorgen und sich für diese Strecke mit Proviant einzudecken. Anna fand das alles sehr aufregend. Weder sie noch ihre Eltern sprachen ein einziges Wort Russisch, geschweige denn, dass sie die kyrillischen Buchstaben hätten lesen können. Sie waren also in jeder Hinsicht auf Mischa angewiesen. Von ihm stammte auch der Tipp, sich für die lange Reise nach Magnitogorsk mit Lebensmitteln zu versorgen, da man auf der vier Tage und vier Nächte dauernden Fahrt nicht mit einem Speisewagen rechnen könne. Am Tag der Abreise begleitete er sie zu einem Geschäft speziell für Ausländer an der Twerskaja-Straße und verabschiedete sich, da er wegen der Fahrkarten noch einiges zu erledigen habe. »Wir treffen uns dann um eins wieder im Hotel, in Ordnung?« Am Nachmittag fuhr der Zug.

Nun hatten sie ausgiebig Zeit, um alles Nötige einzukaufen. Der Laden war sehr gut ausgestattet, es gab sogar gebratene Enten. Eugen und Pauline stellten den Speiseplan zusammen, der sinnvollerweise aus haltbaren Lebensmitteln bestand. Die eingekauften Mengen an Brot, Butter, Käse und Wurst waren wohl etwas zu großzügig bemessen, aber in diesen Dingen hatten die drei ja keinerlei Erfahrung. Lieber zu üppig als zu knapp, dachten sie sich und verließen das Geschäft schwer bepackt. Moskau war tief verschneit. Auf den Straßen Pferdegespanne mit Schlitten. Wie im Bilderbuch. Alle drei waren froh gestimmt und guter Dinge, als sie den Rückweg zum Hotel einschlugen. Es wurde gelacht und erzählt, und plötzlich meinte Eugen: »Irgendwie sind wir hier falsch.« Pauline machte noch Witze, weil sie es nicht glauben wollte. Aber dann merkte sie, dass sie sich verlaufen hatten. Am Boulevard-Ring mussten sie abbiegen. Das hatten sie auch getan. Aber vielleicht waren sie in die falsche Richtung gegangen. Das sah alles so gleich aus. Was jetzt? Wen sollten sie fragen? Zurück ins Geschäft? Aber es war nicht einmal sicher, ob sie den Laden wieder finden würden, denn die Orientierung war ihnen nun total abhanden gekommen. Und dann diese Schlepperei in der Kälte. Vor lauter Schreck war allen der Name des Hotels entfallen. Den Namen der Straße hatten sie sich sowieso nicht gemerkt.

Anna bekam plötzlich große Angst. Um eins sollten sie im Hotel sein, der Zug fuhr nur heute und dann erst wieder Tage später. Die Fahrkarten galten ja auch nur für die heutige Verbindung. Und Onkel Franz holte sie doch in Magnitogorsk vom Bahnhof ab. Den konnte man ja gar nicht mehr benachrichtigen. Krampfhaft kramte Anna in ihrem Gedächtnis nach dem Namen des Hotels. Eugen verfluchte seine eigene Blödheit. Wie konnte er nur versäumt haben, sich diesen gottverdammten Hotelnamen aufzuschreiben? Da standen die drei Deutschen mitten in Moskau in der Kälte und wussten nicht weiter. »Wara Warenskaja – war es nicht Wara Warenskaja?« Anna wartete die Reaktion ihrer Eltern nicht ab, sondern stürzte auf den nächstbesten Kutscher zu. Der schüttelte nur den Kopf, als Anna ihm aufgeregt die zwei Worte entgegenschleuderte. Eugen startete den nächsten Versuch. Auch Pauline beteiligte sich an den offenbar allseits misslungenen Ausspracheübungen. Jedenfalls verstand der Kutscher kein Wort und fuhr schließlich einfach weiter. Polizei. Wir müssen zur Polizei, schoss es Eugen durch den Kopf, und er teilte die Idee seinen beiden Frauen mit. Aber Anna meinte sofort: »Und dann? Glaubst du, die verstehen uns besser? Wir können ja nicht einmal genau sagen, wo wir hinwollen.« Gleichzeitig schwitzend und frierend stolperten die drei weiter und hielten jeden Kutscher an, dessen sie habhaft werden konnten. Immer die gleiche verständnislose Reaktion. Anna und ihre Eltern waren verzweifelt. Bei minus zwanzig Grad, kraft- und hilflos, warteten sie am Straßenrand und wussten nicht weiter. Neben ihnen stand wieder ein Schlitten mit einem Kutscher auf dem Bock. Aber sie hatten schon so viele gefragt. Warum sollte ausgerechnet der sie besser verstehen? Pauline sagte mehr zu sich als zu den anderen: »Und was machen wir jetzt, wenn wir unser Hotel gar nicht mehr finden?« Da beugt sich der eingemummte Kutscher zu ihnen herunter und fragt auf Deutsch: »Wohin wollen Sie denn?« Allen dreien verschlug es die Sprache. Anna fasste sich als Erste und artikulierte zum x-ten Male diesen vermaledeiten Namen. Ihre Mutter konnte nur noch sagen: »Sie schickt der liebe Gott.« Unendlich erleichtert nahmen sie im Schlitten Platz. Anna betrachtete den Kutscher genau. Sein Alter war schwer festzustellen. Zwischen vierzig und fünfundsechzig war alles möglich. Eingehüllt in einen unförmigen Pelzmantel, auf dem Kopf eine Schapka, die typische Fellmütze der Russen. Sein Bart wirkte weiß; aber das konnte auch am Raureif liegen, der sich darin und an den Augenbrauen festgesetzt hatte. Unrasiert und ungepflegt, taxierte Anna weiter und erschrak im selben Moment über ihre Bewertung. Wie ungerecht, dachte sie, wer weiß, unter welchen Umständen dieser Mann lebt. Sie fragte sich, wo er Deutsch gelernt hatte, wagte aber nicht, ihn danach zu fragen. Vielleicht war das indiskret und er wollte nicht drüber reden. Ob er Kriegsgefangener in Deutschland war? Oder ob er der gebildeten Klasse Russlands angehörte? So oder so ein heikles Thema.

Im Hotel angekommen, trafen sie auf einen aufgeregten Mischa, der sich schon die größten Vorwürfe gemacht hatte. Sichtlich erleichtert stürzte er auf Anna zu, drückte sie an sich, um sie gleich darauf beinahe erschrocken wieder loszulassen. »Entschuldigen Sie bitte«, wiederholte er in einem fort und ergriff abwechselnd Eugens und Paulines Arm. »Es ist mir unendlich peinlich, Ihnen diese Unannehmlichkeiten bereitet zu haben.« So aufgebracht und wütend Eugen gerade noch gewesen war, so gelassen und freundlich winkte er jetzt ab. Der junge Russe tat ihm Leid. Der hatte wahrscheinlich selbst schon größte Schwierigkeiten bekommen oder zumindest Angst gehabt, sich welche einzuhandeln. Denn schließlich waren ihm die drei Deutschen anvertraut. Anna begann, so unauffällig wie möglich, Mischa zu mustern. Er sah ja wirklich sehr gut aus. Und es war ihr alles andere als unangenehm gewesen, als Mischa sie so spontan in seine Arme genommen hatte. Sie dachte darüber nach, was Onkel Franz ihr vor der Abreise nach Moskau geraten hatte, in einem ernsten Gespräch »zwischen zwei erwachsenen Menschen«, wie er die Unterhaltung feierlich begann. »Solltest du dich in einen Russen verlieben, dann verlasse sofort das Land, damit du diesen Mann nie wiedersiehst, damit da um Himmels willen nichts passiert.« Dann erklärte ihr der Onkel den Grund für seine eindringliche Warnung: »Wenn man als Deutscher einen Russen heiratet, dann ist der Pass weg. Vergiss das bitte nie.« Das wollte Anna unter keinen Umständen riskieren. Aber ein bisschen flirten konnte nicht schaden. Gleich waren sie unterwegs nach Magnitogorsk. Mischa blieb in Moskau zurück. Sie würden sich bestimmt nie wiedersehen. Keine Gefahr, nur ein bisschen Spaß. Voller Übermut irritierte sie Mischa mit Blicken und Gesten. Die angstvolle Verkrampfung von vorhin, als sie sich in der fremden Stadt hoffnungslos verirrt hatten, kam ihr nur noch wie ein böser Traum vor. Sie amüsierte sich über ihre Wirkung auf Mischa und war gespannt auf das, was noch kommen würde.

Die Strecke bis nach Magnitogorsk mussten sie jedenfalls ohne sprachliche Begleitung überstehen. Mischa setzte die drei samt Gepäck in ihr geräumiges Erster-Klasse-Abteil, erklärte ihnen den Kipetok, den Boiler zur Teezubereitung, der am Ende des Waggons angebracht war, und machte sie mit dem Schlafwagenschaffner bekannt, der sogleich beruhigend auf sie einredete. Sie verstanden natürlich kein Wort, empfanden den klangvollen Schwall aber als angenehm und fühlten sich in Gegenwart des alten Mannes, Shenja, von Anfang an geborgen. Die Zugnachbarn in diesem Komfortwaggon – allesamt Männer, manche in Uniform – begegneten den Deutschen mit höflicher Distanz. Niemand suchte direkten Kontakt. Shenja brachte zur Begrüßung Tee, und die drei begannen, sich in ihrem Abteil einzurichten. Unten standen zwei Betten, die Pauline und Eugen für sich reservierten. Anna zog sich auf das obere Klappbett zurück. Als es dunkel wurde, wunderte sie sich über die intensive Farbe des Himmels. Er war nicht schwarz, sondern tiefblau und erinnerte sie an ein Samtkleid mit Verzierungen aus Goldkordel, das sie gern getragen hatte und aus dem sie herausgewachsen war. Vier Tage und vier Nächte lagen nun vor ihnen. Es ging immer nach Osten, Richtung Ural-Gebirge, eine Strecke von gut 1500 Kilometern. Anna genoss die Fahrt. Die Eintönigkeit der Landschaft langweilte sie keineswegs. Sie hatte nichts anderes erwartet und sog jede kleinste Veränderung in sich auf. Wie kann ein Land so riesig und so menschenleer sein? Wie schaffen es die wenigen, fernab jeder Zivilisation, bei diesem Klima zu überleben?

Jedes Mal wenn der Zug auf freier Strecke, wie es schien, anhielt, kamen Dorfbewohner, um etwas Essbares zu verkaufen: hartgekochte Eier, eingelegte Gurken und Ähnliches. Nachdem sie das ein paarmal beobachtet hatten, stiegen auch Anna und ihre Eltern aus, um sich mit diesen landestypischen Köstlichkeiten zu versorgen. Shenja hatte ein Auge darauf, dass man die Fremdlinge nicht übers Ohr haute. Über Ufa fuhren sie in den Ural hinein. Auf die endlose Weite folgte nun Gebirgsgeschlängel. Anna hatte mehr als einmal das Gefühl, dass der Zug nicht von der Stelle kam. Die zahllosen Serpentinen vermittelten den Eindruck, immer wieder an denselben Ort zu gelangen.

Nach Plan hätten sie mittags um zwölf an der Bahnstation ankommen müssen, von der aus man Magnitogorsk per Pferdefuhrwerk erreichen konnte. Tatsächlich jedoch hatten sich zwölf Stunden Verspätung angesammelt, sodass sie an ihrem Bestimmungsort erst um Mitternacht eintrafen. Onkel Franz sollte sie abholen und war von Moskau aus benachrichtigt worden. Allerdings hatte ihm niemand die Verspätung mitgeteilt. So saß der arme Kerl mit drei einheimischen Kutschern von Mittag an in der Kälte herum und wäre bald erfroren. Denn die Bahnstation bestand aus einem ausrangierten Güterwaggon, in dem es weder etwas zu essen noch zu trinken gab und der sich auch nicht zum Aufwärmen eignete. Bei zweistelligen Minustemperaturen und eisigem Wind gefror auch die Wiedersehensfreude. Alle waren irgendwie genervt und hievten missmutig das umfangreiche Gepäck in die bereitstehenden Schlitten. Einen Augenblick lang sehnte sich Anna nach Hause zurück. Sie hätte vielleicht doch auf Tante Gerda hören sollen. Doch dann tröstete sie sich damit, dass selbst gottverlassene unwirtliche Gegenden bei Licht freundlicher aussehen. Die paar Stunden würde sie auch noch schaffen.

Um das gigantische Industrialisierungsprojekt in der Steppe des südlichen Ural zu realisieren, hatten sich die Sowjets internationale Hilfe ins Land geholt. Amerikaner waren mit dem Bau der Hochöfen beauftragt, Deutsche sollten innerhalb von vier Jahren für 200 000 Menschen Wohnraum schaffen. Schon 1928, noch bevor die Laufzeit des Ersten Fünfjahresplanes im Oktober* begann, kamen Sowjetbürger in Massen nach Magnitogorsk. Es strömten besonders viele junge Leute aus allen Teilen der Sowjetunion zusammen. Enthusiastisch begaben sie sich an die erforderlichen Vorarbeiten. Erst später mussten die Freiwilligen durch immer mehr Zwangsverpflichtete ergänzt werden. Im Laufe der Monate erhielt die Industrialisierungsbelegschaft Verstärkung von alteingesessenen Bauern, die der Kollektivierung ablehnend gegenüberstanden und den schlechten Lebensbedingun-

* Der Erste Fünfjahresplan wurde durch die 16. Parteikonferenz im April 1929 verabschiedet, im Mai 1929 vom 5. Allunionsrätekongress in Gesetzesform angenommen. Seine Laufzeit galt rückwirkend ab 1. Oktober 1928. Er ist später auch offiziell vorzeitig beendet worden, nämlich zum 31. Dezember 1932.

gen auf dem Lande zu entkommen suchten. Um Magnitogorsk herum tummelte sich ein bunt gemischter Haufen von Begeisterten und Enttäuschten, zumeist ohne fachliche Ausbildung. Ungeachtet dessen und trotz der Kälte bewerkstelligten sie von Januar bis März 1931 die Ausschachtungsarbeiten für die wesentlichen Teile der Fabrik. Parallel dazu begann die Eisenerzförderung.

Zu dieser Zeit trafen immer mehr ausländische Spezialisten ein. Die einzigartige Aufgabe reizte sie und die Bezahlung auch. Manche der ausländischen Berater erhielten pro Tag hundert US-Dollar plus Unterkunft und Spesen. Für das Jahr 1931 weisen die Unterlagen einhundertsiebzig Millionen Rubel für den Aufbau von Magnitogorsk aus.

Die ungeheuren Massen an Arbeitskräften, der geballte internationale Sachverstand und die extrem hohen Finanzmittel zeigten Wirkung. Ende 1931 standen der Hochofen Nummer eins und die erste Batterie Koksöfen betriebsfertig da. Am 1. Februar 1932 wurde zum ersten Mal Roheisen geschmolzen. Die Wohnsituation blieb jedoch weit hinter den Plänen zurück. Nicht wenige Arbeiter hausten noch in Zelten, die übrigen in Baracken unterschiedlichster Güte. Von einigen Ausnahmen abgesehen, wohnte auch die Mehrzahl der ausländischen Spezialisten so. Noch bestand das geplante Vorzeigeobjekt überwiegend aus Provisorien.

Um die Steigerung deutlich zu machen, die bei aller Primitivität noch möglich war, muss man sagen, dass Anna und ihre Eltern die ersten Wochen in einem provisorischen Provisorium verbrachten. Die betreffende Baracke war in L-Form gebaut. Am Schnittpunkt befand sich der Krasnij Ugol, die Rote Ecke. Die Kommunisten hatten den Herrgottswinkel der orthodoxen Gläubigen umfunktioniert. Statt Ikonen und Kerzen Politikerporträts und Transparente. Da nichts anderes frei war, hausten die drei Neuankömmlinge zunächst im Krasnij Ugol, was die übrigen Bewohner mit Freude erfüllte. Denn aus Platzmangel fiel der politische Unterricht aus, mit dem auch die ausländischen Aufbaugäste in der Roten Ecke traktiert wurden.

Im langen Teil des L wohnten westliche Arbeiter, im kurzen Teil die Architekten, insgesamt etwa zwanzig Leute. Eine weitere Baracke, in Hufeisenform, befand sich im Bau. Diese neue lag etwas höher und war durch eine kleine Treppe mit der alten verbunden, und zwar genau an der Stelle der Roten Ecke. Anna und ihre Eltern lebten also zunächst in einer Art Durchgangsraum; von Privatsphäre oder gar Komfort keine Rede. Es standen einfach drei Betten nebeneinander. Gegessen wurde in der Stolowaja, in der Kantine, um die sich zwei Russinnen kümmerten. Jeder Barackentrakt besaß zwei Bäder und zwei Toiletten. Die einzelnen Zimmer waren wie auf einem Hotelflur angeordnet. Es gab Zentralheizung und warmes Wasser. Neben dem Barackeneingang befand sich ein kleiner Raum für den Kipetok, wo man Tag und Nacht heißen Tee bekommen konnte, abwechselnd bewacht von zwei Russen, die auch als Kutscher arbeiteten. Tscheletschnikow und Blinow. Es zog sich mehrere Wochen hin, bis die neue Baracke endlich fertig gestellt war und Annas Eltern ein so genanntes großes Zimmer zugewiesen bekamen, Anna ein kleines daneben. Die Umstellung von der heimischen Bequemlichkeit auf diese spartanische Lebensweise fiel Anna überhaupt nicht schwer. Für sie war das ein spannendes Abenteuer. Zudem hatte sie sich gleich zu Beginn mit einem holländischen Ehepaar angefreundet. Beide Architekten, beide Bauhäusler. Meike war zweiundzwanzig, also fünf Jahre älter als Anna, und Johann hatte gerade seinen dreißigsten Geburtstag gefeiert.

Meike war gegen den Willen ihrer Eltern nach Russland gegangen. Am Bauhaus in Dessau hatte sie Johann kennen gelernt. Als ihm eine feste Stelle bei einem Architekten in Königsberg angeboten wurde, folgte sie ihm. Wenig später konnte Meike, deren Spezialgebiete Metallverarbeitung und Möbelherstellung gewesen waren, als freie Mitarbeiterin unterkommen. Sie orientierte sich mehr und mehr Richtung Baukunde und assistierte Johann. 1931 heirateten die beiden in Königsberg, bevor sie im Juni desselben Jahres nach Moskau übersiedelten. Wegen der Unsicherheit auf dem heimischen Arbeitsmarkt und wegen der beruflichen Chancen bei diesen gigantischen sowjetischen Städtebauprojekten hatten sie sich bei der May-Gruppe beworben und waren sofort genommen worden. In Moskau dauerte es etwa zwei Wochen, bis die verschiedenen Architektengruppen zusammengestellt und auf die Einsatzorte verteilt werden konnten. Während dieser Zeit wohnten die beiden holländischen Bauhäusler in einem alten Hotel, dem man die Glorie vergangener Zeiten noch ansah und dessen resedagrün bezogene Seidenmöbel Meike bis heute im Gedächtnis geblieben sind. Johann hatte aus erster Ehe eine dreijährige Tochter, Barbara. Das Kind war von seiner Mutter bereits kurz nach der Geburt in ein Säuglingsheim gesteckt worden, wo es nur bis zum zweiten Lebensjahr bleiben konnte. Danach wurde es zwischen Johanns Eltern, einer Kinderfrau, die er zeitweise organisiert hatte, und einem Kinderheim hin- und hergeschoben. Auf Meike reagierte die Kleine sehr positiv. Als das Mädchen eines Tages klar und deutlich formulierte: »Ich möchte zu Meike und Papa«, fühlte sich die junge Stiefmutter verpflichtet, das herumgestoßene Kind zu sich zu nehmen. Johann fand das übertrieben, ihm war die Tochter eher lästig. Meike ging voller Enthusiasmus an ihre neue Aufgabe heran, war aber von Anfang an total überfordert: gerade erst verheiratet, selbst voller beruflicher Ambitionen, belastet mit einem schwierigen Kind, das nicht das eigene war, und all das in einem fremden Land mit ungewohnt harten Lebensbedingungen.

In Königsberg hatten sich die Probleme noch nicht so krass bemerkbar gemacht, und die vierzehn Tage in Moskau wurden auch unter »vorübergehende Schwierigkeiten« verbucht, aber in Magnitogorsk kam es zum Knall. Das Zusammenleben der drei in einem kleinen Barackenzimmer ohne Rückzugsmöglichkeiten wurde zur Katastrophe. Tagsüber, wenn Johann und Meike arbeiteten, kümmerte sich eine der Architektenfrauen um das Kind. Barbara machte fast jede Nacht ins Bett, weinte und schrie viel, wurde auch gleich krank. Johann tobte nur noch herum und gab Meike die Schuld. Denn sie hatte darauf bestanden, das Kind mitzunehmen. Und bei Meike selbst lagen die Nerven blank. Sie wurde immer unsicherer, wie sie sich dem Kind gegenüber verhalten sollte. War sie zu streng oder zu nachgiebig? Die Angst wuchs, ihre zunehmenden Aggressionen nicht mehr beherrschen zu können. Als Johann sie nach knapp vier Monaten in Magnitogorsk vor die Alternative stellte: er oder das Kind, fasste Meike einen Entschluss. Sie nahm Kontakt mit einem deutschen Ehepaar in Königsberg auf, mit dem Meike und Johann Freundschaft geschlossen hatten und das auch Barbara sehr gern mochte. Sie hatten angeboten, die Kleine bei sich aufzunehmen, da sie selbst keine Kinder bekommen konnten. Sie waren beide um die vierzig Jahre alt, großherzig und – auch nicht unwichtig – wirtschaftlich abgesichert. Die Königsberger reagierten sofort auf Meikes Hilferuf. Sie solle die Kleine umgehend zu ihnen bringen, was sie auch tat. Meike zerfleischte sich mit Vorwürfen, sah aber keine andere Möglichkeit und versuchte sich damit zu trösten, dass Barbara es bei diesen Leuten in Königsberg tausend Mal besser haben werde. Dort war sie willkommen und würde vielleicht endlich die Geborgenheit erleben, die man ihr von Anfang an vorenthalten hatte. Meike schwor sich, keine Kinder zu kriegen, konzentrierte sich auf ihre Arbeit und entwickelte ein etwas distanzierteres Verhältnis zu Johann. Die Geschichte mit Barbara hatte sie sehr mitgenommen. Aber im Januar 1932, als Anna mit ihrer Familie nach Magnitogorsk kam, war diese etwa fünf Monate zurückliegende Episode beinahe vergessen. Meike war eine lebenslustige junge Frau, die den Eindruck vermittelte, genau zu wissen, was sie wollte. Anna, die aus einem eher kleinbürgerlichen Milieu stammte, bewunderte Meikes unkonventionelle und zupackende Art. Meike und Johann waren so herrlich unkompliziert. Bei ihnen trafen sich die Architekten abends in gemütlicher Runde, und es wurde heiß diskutiert: über den »neuen Menschen«, über Gerechtigkeit, über Literatur, über zwischenmenschliche Beziehungen, freie Liebe und Ehe und natürlich auch über die Pläne für die neue Stadt, um die es viel Ärger gab. Das hatte zum einen mit Planungsfehlern und mangelnder Entschlusskraft zu tun, zum anderen mit fachlichen Differenzen.

Anfang 1932 war der Uralfluss bereits mit einer etwa einen Kilometer langen Mauer aufgestaut, um die Hochöfen und die dort arbeitenden Menschen mit Elektrizität zu versorgen. Der erste Damm konnte schon am 6. April

1931 fertig gestellt werden, und der Stausee, die Plotina, wuchs schnell. Die Frage war nun, wo genau die Stadt entstehen sollte. Erst wurde das eine Ufer favorisiert, und man erstellte entsprechende Pläne, dann sollte es plötzlich doch das andere sein. Also mussten neue Pläne her. Unter Zeitdruck natürlich. Magnitogorsk hatte höchste Priorität und wurde von Stalin persönlich überwacht. Als die Pläne für den geänderten Standort vorlagen, wurden sie in den politischen Beratungen verworfen und das Konzept für das andere Ufer erneut aus der Schublade geholt. So ging das mehrfach hin und her, bis man sich endlich verbindlich entschied und mit den Bauarbeiten sinnvoll begonnen werden konnte.

Die zweite Schwierigkeit resultierte aus unterschiedlichen Auffassungen über den Baustil. Während May und seine westlichen Kollegen allen repräsentativen Elementen eine Absage erteilten, weil diese nach ihrer Meinung überkommenen Relikte aus vergangenen Epochen dem Geist einer sozialistischen Stadt widersprachen, hatten die Kommunisten gerade die bombastische Repräsentation für sich entdeckt. Mit der Neuen Sachlichkeit konnten sich die Sowjets nicht anfreunden. Auch andere Bauideen stießen auf Skepsis. Das hing allerdings mehr mit russischer Tradition als mit kommunistischer Ideologie zusammen. Gemütliche Wohnküchen hatten zum Beispiel in der Vorstellung der neuen Architektengeneration aus dem Westen keine Chance. Jeder Handgriff wurde analysiert und dementsprechend winzige Arbeitseinheiten entwickelt, die unnötige Wege vermeiden und den Produktionsprozess Kochen rationalisieren sollten. Das widerstrebte vielen Russen in ihrer Auffassung von Familienleben. Des Weiteren gingen die Westler von einem völlig neuen Stadtbild aus, indem sie durchstrukturierte

Viertel mit Häuserzeilen im Schachbrettmuster vorsahen und die russische Blockbauweise mit Innenhof ebenso verwarfen wie den Stadtgedanken, nach dem Wohnhäuser und Fabriken um ein Zentrum herum angesiedelt sind. Diese Idee wiederum fiel bei nicht wenigen Parteifunktionären auf fruchtbaren Boden.

Jedenfalls waren die langen Abende bei Meike und Johann nie langweilig, und Anna lernte eine Menge. Vor allem durch Sascha, einen russischstämmigen Amerikaner, der seit den Anfängen des Industriebaus in Magnitogorsk lebte und mit dem sich besonders Onkel Franz und Eugen angefreundet hatten. Sascha war ein gern gesehener Gast. Nicht nur weil er immer irgendwelche Köstlichkeiten mitbrachte, Fleischkonserven, Wein, Schokolade, Zigaretten. Er war ein ruhiger, unauffälliger Typ, Mitte vierzig. Sascha sprach Russisch genauso gut wie Englisch oder Deutsch und konnte spannend erzählen. Seine politische Position war nicht zu bestimmen. In einer seltsamen Mischung aus Engagement und Distanz blieb er nie eine Erklärung schuldig, ohne sich eindeutig zum Anwalt für irgendeine Seite zu machen. Er schien keine Familie zu haben. Jedenfalls erwähnte er nie Eltern, Geschwister oder andere Verwandte. Verheiratet war er auch nicht. Von Sascha erfuhren sie, dass jetzt erst im zweiten Jahr auch im Winter gebaut wurde. Früher habe man die Bauarbeiten auf die Sommermonate beschränkt, sei aber nicht schnell genug vorangekommen, und deshalb habe Birman, der stellvertretende Leiter von Wostokostal*, im Herbst 1930 beschlossen, den Winter über durchzuarbeiten. »Ein Grund war sicher«, erklärte

* Vereinigung für die Stahlindustrie im Osten, löste Nowostal ab, die ursprüngliche Vereinigung für Neubauten in der Stahlindustrie.

Sascha, »dass so viele während der Erntemonate einfach die Baustelle verlassen haben. Das Problem entfällt im Winter.« Ohne Häme, wie ein neutraler Chronist, erzählte Sascha von den führungslosen Anfangsjahren und dem unvorstellbaren Organisationschaos. Keiner in der Runde der Stadtplaner und Architekten hatte zum Beispiel gewusst, dass der Eisenhüttenkomplex in Magnitogorsk ursprünglich »nur« 655000 Tonnen Stahl pro Jahr liefern sollte. Innerhalb von knapp vierzehn Monaten wurde die Kapazität jedoch – mehr oder weniger willkürlich – auf über zweieinhalb Millionen Tonnen jährlich hochgeschraubt. Was das für Planung und Bauausführung bedeutete, konnte sich auch Anna ausmalen. Die augenblicklichen Schwierigkeiten der Wohnungsbauer nahmen sich dagegen geradezu lächerlich aus.

»Wann hat denn das hier überhaupt angefangen? Und was haben Sie da gemacht?« Sascha überhörte den zweiten Teil von Annas Frage und widmete sich dem ersten. »Im Winter 1928/29 haben sie die Bauplätze für das Werk und die Siedlung abgesteckt. Der eigentliche Bau begann dann erst im März/April 1929.« – »Und wie ging das? Hier war doch nichts.« Anna platzte vor Neugier, und die anderen waren froh, dass jemand solche einfachen Fragen stellte. »Tja, wie ging das«, wiederholte Sascha und schaute durch sie hindurch. »Zunächst brauchten wir natürlich Arbeitskräfte und gleichzeitig Material.« Emotionslos erzählte Sascha, dass im Spätsommer 1929 mit der Planierung und dem Aushub der Fundamente begonnen wurde, allerdings ohne die versprochenen Bagger. Die trafen erst ein Jahr später, im dritten Quartal 1930, ein. »Das Problem bestand darin, dass die Zentrale in Moskau den Bau zwar beschlossen hatte, sich dann aber raushielt und alles Weitere den regionalen Behörden überließ.« Sascha erzählte von Werberkolonnen, die durchs Land zogen, um Arbeitskräfte zu gewinnen, und vom heillosen Durcheinander, wenn die schließlich mühsam die Baustelle, die erst noch eine werden sollte, erreicht hatten. Die beiden Dörfer Magnitnaja und Srednij Uralsk lagen etwa zehn Kilometer vom Bauplatz entfernt. Für den Transport der Arbeiter, die zunächst in den Dörfern untergebracht wurden, waren zwar LKWs versprochen, aber nicht geliefert worden. Es dauerte nicht lange, bis die ersten Neuankömmlinge die Nase voll hatten, in dieser staubigen Hitze jeden Tag zwanzig Kilometer zu Fuß zu laufen. Anna hörte, wie der Wind draußen pfiff, und konnte sich beim besten Willen nicht vorstellen, dass es hier auch einmal so richtig warm werden sollte.

»Du musst schon von der Sache überzeugt sein, um unter solchen Bedingungen zu arbeiten«, fuhr Sascha fort, »ganz ungefährlich war es schließlich auch nicht.« – »Krankheiten und so«, ergänzte Anna verständnisvoll, doch Sascha schüttelte den Kopf. »Kosaken. Die waren nicht begeistert, dass in ihrem Lebensraum etwas passierte, was über ihren Kopf hinweg in Moskau entschieden worden war.« Er erzählte, dass die Eisenbahnverbindung zwischen Kartaly und Magnitogorsk* mit Einsatz von Truppen bis Ende Juni 1929 fertig gestellt wurde, ließ aber offen, ob die Soldaten dem Schutz von Bauarbeitern dienten oder selbst als solche eingesetzt waren. Im Sommer dieses Jahres war ein Punkt erreicht, an dem Tausende von Menschen bereitstanden, den geplanten Industriegiganten zu bauen. Was fehlte, waren Material und

* Die 145 km lange Zulieferstrecke nach Magnitogorsk war eine Abzweigung der Orsk-Tscheljabinsker Eisenbahn, praktisch seit 1925 im Bau.

Konstruktionszeichnungen. Sascha erntete nur ungläubiges Staunen in der Runde, als er beiläufig erwähnte, dass die Bauleitung in Swerdlowsk stationiert war, fünfhundert Kilometer nördlich von Magnitogorsk. Damals dauerte es etwa vierzehn Tage, um von dort mit dem Zug zur Baustelle zu kommen. Telefon oder Ähnliches gab es nicht. Erst nachdem die Eisenbahnverbindung zwischen Kartaly und Magnitogorsk fertig gestellt war, also im Hochsommer 1929, wurden der Baustelle vier Telefonanschlüsse nach Swerdlowsk zugeteilt. In der Zwischenzeit behalf man sich mit einem eigenen Kurierdienst. »Die haben gut gearbeitet«, meinte Sascha, »ich glaube, im Juni haben sie 2000 Rubel erwirtschaftet und im Juli schon das Doppelte.«

Eugen mischte sich ein. »Wenn die Bauleitung in Swerdlowsk saß, muss hier aber doch irgendeiner das Sagen gehabt haben. Wie soll denn das gehen, denn man hat doch schon mit dem Bau angefangen, oder nicht?« – »Doch, doch«, sagte Sascha. »Die örtlichen Bauleiter kenne ich alle. Zum Teil keine Ahnung, aber tolle Typen. Ist leider keiner mehr hier von denen.« Und Sascha erzählte von Sulimow, dem für die Versorgung zuständigen Parteisekretär, der beinahe am Bau einer vorgesehenen Bäckerei scheiterte, weil dafür keine Ziegelsteine vorhanden waren. »Er hat das Brot in den Dörfern backen lassen. Ging auch. Und statt die Arbeitskleidung in Staatsbetrieben in Auftrag zu geben, ließ er sie von privaten Kleinherstellern fertigen. War billiger und schneller. Aber das mit den Kartoffeln hat er versaut.« Weil die entsprechenden Keller nicht rechtzeitig fertig gestellt werden konnten, vergammelten im ersten Winter 750 Tonnen Kartoffeln. Martynow, der verantwortliche Mann für die Arbeitsorganisation, wurde schon nach kurzer Zeit wegen Unfähigkeit entlassen und durch einen ehemaligen Metallarbeiter, der als Untergrundkämpfer auf sich aufmerksam gemacht hatte, ersetzt. »Majorow, der technische Leiter, hatte vorher noch nie eine Baustelle gesehen«, erzählte Sascha und lachte, »alle nannten ihn nur ironisch den Optimisten.« – »Wieso ironisch?«, fragte Anna, und Sascha erklärte, dass Majorow vor dieser verantwortungsvollen und komplizierten Aufgabe als Streckenkontrolleur gearbeitet habe und dass man schon ein sehr besonderer Optimist sein müsse, um unter diesen Voraussetzungen als technischer Leiter aufzutreten. »Eigentlich hätte er allein beim Gedanken daran durchdrehen müssen.«

Ein mächtiges Heulen ließ alle für einen Moment zusammenzucken. Der Wind rüttelte gnadenlos an der Baracke. Sascha beruhigte die Anwesenden: »Das ist doch gar nichts. Seid froh, dass ihr im Februar vor zwei Jahren nicht hier wart. Da tobten wochenlang die Schneestürme, du kamst hier nicht raus und nicht rein, wir waren durch die Schneeverwehungen total abgeschnitten.« Er deutete mit dem Kopf zum Fenster: »Damit kann man doch gut leben.« Eugen dachte an den langen Winter, die niedrigen Temperaturen und die Anweisung durchzuarbeiten und erkundigte sich nach technischen Details. Er hatte von einer speziellen Methode der Winterbetonierung gehört und wollte von Sascha mehr darüber erfahren. Der wusste auch hier Bescheid und kannte sogar den Namen des Erfinders. »Ja, ja, Charitonow, der Ingenieur, hat sich das ausgedacht und seine Methode auch unter großem Beifall auf der Tagung der Baugiganten vorgestellt. Und Wärmeverkleidungen waren auch vorgesehen, aber«, Sascha winkte ab, »ich kann euch nur sagen, wir waren noch im Mai letzten Jahres damit beschäftigt, die

Mängel der Winterbetonierung zu beseitigen.« – »Funktioniert die Methode nicht?« – »Doch, doch, ich glaub schon, dass sie funktioniert hätte, aber sie wurde einfach nicht angewandt.« Und Sascha beschrieb die Arbeitsbedingungen des letzten Winters 1930/31.

Die Schwierigkeiten gingen schon damit los, dass statt der benötigten fünfunddreißig Kilometer Wasserleitungen lediglich dreizehn Kilometer fertig gestellt worden waren, und die lagen auch noch ohne jeden Frostschutz auf dem Boden. Wegen des Wassermangels konnte stellenweise also überhaupt nicht betoniert werden. Überall dort, wo diese Arbeiten möglich waren, tauchten zwei weitere Probleme auf. Zum einen hätte eine Wärmeverschalung errichtet werden müssen, das scheiterte jedoch vielfach an fehlendem Holz. Zum anderen wäre es notwendig gewesen, den Beton vorzuwärmen, damit er bei diesen niedrigen Außentemperaturen abbinden konnte. Mit den dafür notwendigen Messungen waren die meisten Arbeitskräfte aber hoffnungslos überfordert. Dafür waren sie nicht ausgebildet. »Außerdem«, meinte Sascha verständnisvoll, »ihr müsst euch vorstellen, die sollen Beton aufwärmen, und sie selbst leben in ungeheizten Baracken.«

Immer wenn einer dieser geselligen Abende zu Ende ging, half Anna Meike beim Aufräumen, während Johann die Gäste hinausbegleitete und exakt noch so lange ein Schwätzchen hielt, bis drinnen alles wieder seine Ordnung hatte. Kam er dann endlich zurück, spielte er den Überraschten: »Oh, ich wollte doch noch … aber ihr wart mal wieder viel zu schnell.« Das nahm natürlich niemand ernst, aber das Ritual wiederholte sich und wurde schließlich zum geflügelten Wort mit verteilten Rollen. Johann begann, Meike und Anna vollendeten, indem sie Johann im Chor nachäfften: »... aber ihr wart mal wieder viel zu schnell.« Zwischen den dreien entwickelte sich im Handumdrehen ein tiefes Vertrauensverhältnis. Es gab keinerlei Geheimnisse, mit allem und jedem kam Anna zu Meike und Johann. Auch das angeknackste Verhältnis zu ihrer Mutter, über das sie noch niemals offen geredet hatte, kam zur Sprache. Dabei fiel Anna auf, dass Meike nicht Partei ergriff. Sie hörte einfach nur zu. Hin und wieder ermunterte sie Anna, sich in die Lage ihrer Mutter zu versetzen. Aber das geschah nicht vorwurfsvoll. Anna fühlte sich in jeder Phase verstanden und reagierte eher überrascht, als Meike ihr ankündigte, bei der nächsten Gelegenheit eine wichtige Geschichte aus ihrem Leben zu erzählen. Es war doch gar nicht nötig, dass sie was erklärte. Meike hatte natürlich das Drama mit der kleinen Barbara im Kopf, von der Anna noch nichts wusste.

Eines Tages erfuhr Anna, dass Johann und fünf weitere Architekten-Kollegen eine Woche Urlaub in der Steppe machen wollten. Jetzt, mitten im Winter. Sie konnte sich gar nicht beruhigen über diese verrückte und gefährliche Idee. Meikes stoische Ruhe brachte sie vollends aus der Fassung. Lieben die sich denn gar nicht, dachte Anna. Meike muss ihn doch von dieser Reise abbringen, wenn sie ihn liebt. Und Johann darf so etwas erst gar nicht wollen, wenn er sie liebt. Das Hochglanzbild von Meike und Johann bekam erste Kratzer. Erst viel später erzählte Meike dem jungen Mädchen von den hin und wieder seltsamen Anwandlungen ihres Mannes. Sie wusste, dass sie keine Chance hatte, ihn von solchen Dingen abzubringen. So hatte er sich Ende der zwanziger Jahre, während einer beruflichen Flaute, zu Fuß von Berlin nach

Rom aufgemacht. In München traf er zwei Bibelforscher auf Wanderschaft, die sich mit Mandolinenspiel über Wasser hielten. Gemeinsam durchquerten sie die Schweiz, bevor sich ihre Wege wieder trennten. Johann nutzte sein künstlerisches Talent, zeichnete Ausflugsziele und Landschaften und verkaufte die Blätter. Nach einem halben Jahr kehrte er wieder zurück und berichtete fasziniert, dass ihm sein Asthma, unter dem er seit der Kindheit litt, kaum Probleme bereitet habe. Meike wollte Johann nicht Unrecht tun, aber je länger sie mit ihm zusammenlebte, umso mehr war sie davon überzeugt, dass seine asthmatischen Anfälle Methode hatten. Immer wenn er gegen Widerstände etwas erreichen wollte, bekam er keine Luft mehr. Und meist ging die Rechnung auf. In Meikes Augen war Johann ein unkonventioneller, unbequemer, aber letztlich liebenswerter Fantast, weniger Techniker als Künstler. Doch damit kam Meike ganz gut zurecht. Durch ihre Eltern hatte sie ein gewisses Training im Umgang mit musisch veranlagten Menschen. Ihre Mutter betrieb ein Atelier für Kunstgewerbe, ihr Vater arbeitete zwar als Chemiker, hatte aber Schauspieler werden wollen und frönte dieser Leidenschaft nebenbei.

Für den 11. Februar war die Abreise der sechs Männer geplant. Aber am Vorabend stellte sich heraus, dass zwei verbummelt hatten, sich rechtzeitig um Pferde zu kümmern, und zwei weitere nicht in der Lage gewesen waren, ein geeignetes Gefährt aufzutreiben. Also blieben von der Gruppe nur Johann und sein Freund und Kollege Ernst übrig. Die beiden waren zwar verärgert, aber entschlossen, die geplante Exkursion auch allein zu unternehmen. Johann besaß ein eigenes Pferd, das er Maruschka nannte. Einen Schlitten hatte er zusammen mit Ernst auch entsprechend vorbereitet und ausgerüstet. Um das eine Tier zu entlasten und nicht zuletzt aus Sicherheitsgründen versuchte er auf die Schnelle, leihweise ein zweites Pferd von der Baustelle zu bekommen. Doch der Versuch misslang. Die Tiere wurden dort dringend benötigt. Für einen Augenblick erwog Johann, die Fahrt vielleicht doch lieber zu verschieben, aber ein Gespräch mit einem der Hauskutscher beruhigte ihn. »Was wollt ihr mit zwei Pferden bei dem Neuschnee!? Auf dem schmalen Weg ist doch ohnehin nur Platz für eins.« Das leuchtete Johann ein. Das zweite Tier, das neben dem Leitpferd eingespannt worden wäre, hätte immerzu im weichen Schnee laufen müssen. Sie wären also viel langsamer vorangekommen. Morgens um fünf ging es dann los. Johann und Ernst in dicken unförmigen Pelzen, jeder mit einem zweiläufigen Jagdgewehr und einer einläufigen Reservebüchse bewaffnet und mit jeweils einem Paar Skier ausgerüstet. In ihre Rucksäcke hatten sie Brot, Butter, Tee, Käse, Büchsenfleisch und noch einige andere Kleinigkeiten zum Essen gestopft. Ferner Kochgeschirr und Verbandszeug, zusätzliche Jacken und Riemen. Der Schlitten war hoch bepackt mit Heu und einem genau abgewogenen Sack Hafer. Drei Kilo pro Tag. Macht für sechs Tage exakt achtzehn Kilo.

Voller Tatendrang kontrollierte Ernst ein letztes Mal, ob auch alles gut verzurrt war, denn plötzlich aufkommende orkanartige Winde waren in der Steppe nichts Ungewöhnliches. Was nicht fest und sicher saß, verschwand im Nu in der unendlichen Weite. Trotz der frühen Stunde standen einige Barackenbewohner zur Verabschiedung bereit, die mit großem Hallo vonstatten ging. Maruschka bekam einen Klaps und setzte sich in Bewegung. Die beiden Männer saßen in ihren dicken Mänteln so eng nebeneinander gequetscht, dass sie sich kaum rühren konnten. Das Gespann verließ die Siedlung Richtung Westen, über den Berg, auf der anderen Seite herunter und dann quer über den Stausee hinaus in die Steppe. Den ersten Tag verbrachten sie damit, den See der Länge nach zu queren. Als sie das geschafft hatten, war es bereits dunkel geworden, und es wurde immer beschwerlicher, im Neuschnee den Weg zu erkennen. Johann war bei Tagestouren im Sommer schon mehrfach bis hierher und noch weiter gekommen. Er meinte also, sich gut genug auszukennen, um gefahrlos noch ein Stück fahren zu können. Er hatte einen ganz bestimmten Ort als Rastplatz im Auge und sah noch keine Veranlassung, sich von diesem Plan zu verabschieden. Außerdem hatte Johann sich den Tipp des Kutschers gut gemerkt: »Wenn Sie nicht weiterwissen, lassen Sie das Tier einfach laufen.« Genau das tat er jetzt. Lediglich bei erkennbaren Abzweigungen griff er lenkend ein, um die gewünschte Richtung beizubehalten. Aber das erwies sich in einigen Fällen als Fehler, wenn er erst später erkannte, dass die gewählte Spur zu weit nach rechts oder zu weit nach links führte. Dann kutschierte er mühsam in einem großen Bogen auf den Weg zurück, den er irrtümlich für falsch gehalten hatte.

Sich in der Steppe zu orientieren, ist schon bei Tageslicht kein Kinderspiel. Bei Dunkelheit wird es zur fast unlösbaren Aufgabe. Selbst Johann, weiß Gott kein ängstlicher Typ, wurde es mulmig. Schließlich lagen die Temperaturen zwischen dreißig und vierzig Grad minus. Ein auffrischender Wind, der dicke Nebelschwaden vor sich her blies, durchdrang spielend ihre Pelzmäntel. Die beiden fingen jämmerlich an zu frieren, und der Weg nahm und nahm kein Ende. Ständig dieser unangenehme Nebel, der sich auf alles senkte. Sogar die Augen fühlten sich an, als seien sie mit einer Eisschicht überzogen. Johann wusste sich nicht anders zu helfen, als seine Handschuhe auszuziehen, um mit der warmen Hand sein Gesicht rund um die Augen abzutauen. Das funktionierte natürlich immer schlechter, weil die Intervalle, die er zum Aufwärmen brauchte, immer länger wurden. Ernst und Johann wechselten kein Wort miteinander. Beide stierten angestrengt geradeaus. Sie hätten längst das kleine Dorf erreichen müssen, das ihnen laut Plan in der ersten Nacht als Zuflucht dienen sollte. Mit der klirrenden Kälte krochen Ängste in Johann hoch. Wie ist das Sterben, wenn man erfriert? Irgendwann muss doch der Punkt kommen, wo einem wohlig warm wird. Und wenn das so ist, wie alle sagen, dann habe ich gute Chancen zu überleben, denn noch friere ich mir die Seele aus dem Leib. Gerade als sich erste Gedanken an Meike einschlichen – was Johann mehr erschreckte als alles andere, weil er es in dieser Situation für Vorboten seines nahenden Todes hielt –, standen wie aus dem Nichts auf einmal Häuser da. Er mochte es erst gar nicht glauben und dachte an eine Halluzination oder Fata Morgana. Aber diese Häuser waren real, und sie hatten es endlich geschafft.

Ernst stieg gleich aus, um Quartier zu machen. Steif gefroren, wie er war, bewegte er sich zunächst etwas unbeholfen. Auf jeden Fall brauchten sie auch eine geschützte Unterstellmöglichkeit für das Pferd. Johann stand schon neben Maruschka. Das Tier tat ihm Leid. Um die Augen und Nüstern dieselbe weiße Eisschicht wie auf dem gesamten Körper, dessen Farbe eigentlich schwarz war. Johann legte seine warme nackte Hand auf Maruschkas Augen, was sie ruhig mit sich geschehen ließ. Endlich machte sich Ernst rufend und winkend bemerkbar. Er hatte ein Bauernhaus mit einem stallähnlichen Anbau gefunden, wo man sie aufnehmen wollte. Der Bauer war beim Ausspannen des Pferdes behilflich und führte die beiden dann ins Haus. Nach einem Windfang folgte ein Vorraum und hinter der zweiten Tür die Stube. Gleich neben dem Ofen schlief ein Kalb. Johann erklärte Ernst, der erst seit kurzem in Magnitogorsk arbeitete, dass dic Kälber hier um diese Zeit geboren und wegen der eisigen Temperaturen bis zum Frühjahr im Haus gehalten werden. Ganz langsam kehrten bei Ernst und Johann die Lebensgeister wieder. Sie entledigten sich ihrer dicken Pelze, und in den Blicken, die sie sich zuwarfen, war zu lesen, dass sie gut begriffen hatten, wie nah sie dem Erfrierungstod gewesen waren. Die Uhr zeigte neun. Auf dem großen Ofen lag bereits die Bauersfrau und schlief. Ein Schrank stand im Zimmer und in einer Ecke ein Tisch mit Bänken drum herum und einer Petroleumlampe darüber. Zwischen zwei kleinen Fenstern hingen Porträts von Stalin und seinem Kampfgefährten Woroschilow, dem Volkskommissar für Heer und Marine. Daneben ein Werbeplakat für irgendein Düngemittel. Gleich im Anschluss eine Konsole mit zwei Ikonen, eine gemalte und eine mit Silberblech verzierte.

Die Frau wachte auf und nahm wie selbstverständlich den Samowar in Betrieb. Weder missmutig noch besonders freundlich begann sie den Tisch zu decken. Der Bauer fing an, die beiden Gäste auszufragen. Die sprachliche Verständigung gestaltete sich etwas schwierig, aber Johann konnte sich zusammenreimen, dass sich der Bauer für einen Job am Hochofen in Magnitogorsk interessierte. Johann hätte ihm gern Auskunft gegeben, aber auf Russisch war er dazu nicht in der Lage. Als der Bauer das begriffen hatte, wurden nur noch Freundlichkeiten ausgetauscht. Bei Tee und schwarzem Brot saßen sie etwa eine Stunde beisammen und hatten sich gerade entschlossen, im kleinen Nebenraum ihr Nachtlager aufzuschlagen, als sie Geräusche hörten. In der Eingangstür erschien die Tochter der Familie, ein Bündel Bücher unterm Arm. Die Abendschule war zu Ende. Sie lachte die beiden Fremden an und meinte: »Noch zwei!« – »Wieso, noch zwei?« Das Mädchen erzählte von zwei Ausländern, die mit einem russischen Kutscher auf einem Schlitten mit zwei Pferden im Hof am anderen Ende des Dorfes abgestiegen waren; neben dem Kulturhaus, wo sie gerade herkam. Ernst und Johann schauten sich ungläubig an. Wer mochte das sein? Etwa zwei der vier Schlafmützen, die den Abreisetermin verschlampt hatten? Der Bauer bot an, die beiden zu diesem Hof zu begleiten, damit sie Klarheit hatten.

Ernst machte sich auf den Weg. Johann hatte keine Lust. Es waren tatsächlich zwei aus ihrer Gruppe, die in letzter Minute einen einheimischen Kutscher aufgegabelt hatten, einen versoffenen Bauernjungen, ein Schlitzohr erster Güte. Die übrigen zwei, denen es nicht gelungen war, rechtzeitig ein Pferd aufzutreiben, hatten ihnen bei der Abreise noch nachgerufen, sie bekämen möglicherweise doch ein Gespann. Man möge bitte im Dorf auf sie warten. Alles spräche dafür, dass sie bis zwölf Uhr Mittag des folgenden Tages auch dort einträfen. Als Ernst die Einzelheiten erzählte, schüttelte Johann nur den Kopf. »Diese leichtsinnigen Spinner!« Für die beiden war klar, dass sie am nächsten Tag in aller Herrgottsfrühe weiterfahren wollten, um bei diesen schwierigen Wetterbedingungen ihre geplante Reiseroute einhalten zu können. Deshalb legten sie sich jetzt auch sofort aufs Ohr, eingerollt in ihre Decken und Pelze. Ernst schlief seelenruhig. Johann kämpfte mit einer Wanze, die er schließlich beim

Licht einer Petroleumfunzel wutentbrannt und wollüstig zugleich zerquetschte.

Es war noch stockfinster, als der Bauer sie weckte. Sie bekamen noch einmal heißen Tee und schwarzes Brot und verabschiedeten sich dann. Johann hatte gelernt, dass man in solchen Fällen kein Geld anbieten durfte. Das war eine Beleidigung. Etwas anders verhielt es sich mit kleinen Geschenken. Deshalb hatte er vorsorglich Tabak portioniert und schob dem Bauern ein Säckchen rüber. Das war in Ordnung. Gemeinsam gingen sie in den Stall, um das Pferd zu füttern und zu tränken. Dabei stellten sie fest, dass Maruschka offenbar noch in der Nacht den Hafersack entdeckt, aufgerissen und sich hoffnungslos überfressen hatte. Dann musste sie eben mit weniger als den vorgesehenen Drei-Kilo-Rationen pro Tag auskommen. Um sieben waren sie reisefertig. Rundherum noch Finsternis bis auf eine kleine, leicht rötliche Stelle im Osten. Alles deutete auf einen schönen Tag hin – wenn man sich denn in dieser Gegend auf solche Anzeichen verlassen konnte. Das Wetter schlug oftmals ohne Vorwarnung ganz plötzlich um. Johann hatte das schon häufig erlebt: Es sah aus, als würde sich wunderschönes klares Wetter für ein paar Tage einnisten, und dann braute sich innerhalb weniger Minuten ein schwerer Sturm zusammen, der gewaltig durch die Steppe fegte. Am Ortsausgang kamen sie am Quartier der beiden Nachzügler vorbei, die gerade aufgestanden waren. Ihr junger russischer Kutscher versorgte die Pferde. Ein seltsamer Bursche mit aufgedunsenem Gesicht und winzigen Augen, deren pfiffiger wacher Blick so gar nicht zum Rest der Erscheinung passen wollte. Johann kannte den Typ vom Sehen und wusste nicht so recht, wie er ihn einschätzen sollte. Manchmal hatte er den Eindruck, dieser junge Kerl legte es mit Absicht darauf an, von allen für ein wenig blöd und versoffen gehalten zu werden. Er erinnerte sich an eine Begebenheit, wo der Junge dabeistand, als sich deutsche Architekten in ihrer Sprache stritten und seine Reaktion keinen anderen Schluss zuließ, als dass er sie genau verstanden hatte. Egal. Jetzt waren andere Dinge wichtig.

Johann und Ernst wollten keine Zeit verlieren und machten folgenden Vorschlag: Wir fahren Richtung Bjelorezk, diesem Städtchen etwa hundert Kilometer entfernt im Ural, und markieren in jedem Ort, den wir passieren, das erste Haus auf der rechten Seite. Wenn wir einen Kreis in den Schnee trampeln, sind wir durchgefahren, wenn der Kreis ein Kreuz enthält, dann haben wir in diesem Ort unser Nachtquartier aufgeschlagen. Das gute Wetter hielt an. Genauso hatten es sich die beiden gewünscht. Die weite schneebedeckte Steppe in warmes Winterlicht getaucht, vor ihnen die Berge des Ural, mal in rosigem Rot, mal in goldigem Gelb. Und Ernst, der scharf auf die Jagd war, konnte endlich seinen ersten Schuss abgeben. Traf aber nicht. Er hatte es auf eine Rieseneule abgesehen, die vor ihnen direkt am Wegesrand saß, nach dem Knall majestätisch ihre Schwingen ausbreitete und davonflog. Es dauerte etwa anderthalb Stunden, bis sie den Fuß des ersten Berges erreicht hatten. Für Maruschka brachen anstrengende Zeiten an, denn ab jetzt ging's bergauf. Johann wandte sich um und war überwältigt von der Aussicht. Sie schauten von oben auf die schier endlose weiße Steppe. Nirgendwo ein Zeichen menschlicher Behausung. In regelmäßigen Abständen blickten Johann und Ernst zurück. Sie konnten sich einfach nicht satt sehen. Da entdeckte Ernst plötzlich einen anderen Schlitten mit zwei Gestalten. Die beiden Kollegen konnten es unmöglich sein. Johann schlug vor, zu warten und sich nach dem rechten Weg zu erkundigen, denn er war sich nicht hundertprozentig sicher, bei all den Abzweigungen immer die richtige Entscheidung getroffen zu haben. Als der Schlitten näher kam, entpuppten sich die Eingemummten als Frauen. Die beiden Russinnen wussten auch nicht ganz genau, ob es sich um den besten und direkten Weg nach Bjelorezk handelte. »Aber ganz falsch kann es nicht sein«, meinte die eine und lachte: »Wir müssen nach Bjelorezk auf den Markt.« Da die beiden Frauen es anscheinend sehr eilig hatten, räumten Ernst und Johann die Spur, um die Russinnen mit ihrem Schlitten vorbeiziehen zu lassen. Es dauerte nicht allzu lange, und die Männer hatten sie aus den Augen verloren. Ernst konzentrierte sich wieder auf die Jagd, nahm diesmal große Gruppen von Rebhühnern ins Visier, traf aber wieder nur daneben.

Die Ebene lag nun weit hinter ihnen, und sie waren umringt von Bergen. In einem Tal zwischen der ersten Bergkette und einer zweiten mit noch höheren Kuppen fuhren sie Richtung Norden. Je höher sie kamen, umso schneidender pfiff der Wind von den imposanten Gipfeln herüber. So gut es ging, drehten Johann und Ernst ihre Gesichter seitwärts, um sich besser gegen den Eiswind schützen zu können. Nach einer Weile hatten sie die Russinnen eingeholt und übernahmen selbst wieder die Führung. Schließlich gelangten sie an einen Fluss, den sie überqueren mussten. Normalerweise im Winter kein Problem. Bei dreißig, vierzig Grad Frost trägt das Eis. Aber hier war alles anders. Stellenweise gluckerte Wasser zwischen den Eisschollen. Mitten auf dem Strom türmten sich bis zu anderthalb Meter hohe Eishügel, so als hätten hier gigantische Maulwürfe gewütet. Johann und Ernst konnten sich darauf beim besten Willen keinen Reim machen und wirkten reichlich ratlos, als die beiden Russinnen ihren Schlitten neben ihnen zum Stehen brachten. Wort- und gestenreich wurden sie aufgeklärt, dass es an dieser Stelle eine Vielzahl heißer Quellen gebe. Weil sie mit unterschiedlicher Intensität sprudeln, friert der Fluss immer wieder zu, bis es das heiße Wasser erneut schafft durchzubrechen, kleine Fontänen entstehen, gefrieren abermals und türmen sich auf die Weise übereinander. Maruschka war durch nichts zu bewegen, ihre Hufe auf den trügerischen Grund zu setzen. Erst als sich das Pferd der Frauen anschickte, den Fluss zu überqueren, trottete Maruschka unsicher hinterher. Es knackte und gluckste, und mehr als einmal brach Maruschka bis in Kniehöhe ein. Aber irgendwann hatten sie auch dieses merkwürdige Hindernis bewältigt.

Am anderen Ufer erwartete sie ein armseliges kleines Dorf. Nur eine Hand voll Holzhäuser, ein paar Zäune und, plötzlich wie aus dem Nichts auftauchend, Telegrafenmasten. Also mussten sie hier richtig sein. Das war sicherlich eine Verbindung nach Bjelorezk. An der erstbesten Haustür klopften die beiden und fragten nach Tee, den sie sogleich bekamen. Das gehörte selbstverständlich zur Gastfreundschaft in dieser Gegend. Die Kleidung der Menschen und die Inneneinrichtung der Häuser zeigte ihnen, dass sie bereits ein baschkirisches Dorf erreicht hatten. An einer Seite der Stube zog sich über die gesamte Länge ein etwa zwei Meter breiter und dreißig Zentimeter hoher Sockel entlang. Hier wurde mit gekreuzten Beinen sitzend der Tee eingenommen, und nachts diente die Fläche als Schlafgelegenheit. Johann bewunderte die farbenfrohen und mit Filz gefütterten Jacken der Baschkiren. Er hätte gern eine gehabt, wusste aber nicht, wie er sich verhalten sollte. Nicht dass der Eindruck entstand, er wolle sie geschenkt haben. Aber welcher Preis wäre angemessen? Und vielleicht hatten sie ja auch gar keine Jacke für ihn übrig. Er verwarf den Gedanken und schaute sich weiter in der Stube um. Einfache Regale, die unten etwas breiter und geschlossen waren, und ein Schrank standen gegenüber der Sitz- bzw. Liegefläche. Daneben ein Ofen, der so gar nichts gemein hatte mit denen, die Johann aus den russischen Bauernhäusern kannte. Das fantastische Gebilde aus weiß gekalktem Lehm, schief, rund und abgetreppt, wies an verschiedenen Stellen in unterschiedlichen Höhen Öffnungen auf. Eine diente zum Kochen. Da stand ein Topf direkt im Feuer. Zum gefahrlosen Hereinstellen und Herausnehmen musste man einen Bügel benutzen. Ein zweites Loch erwies sich als Feuerstelle zum Brotbacken. Ein weiteres Loch unter einer großen runden Wanne brauchte man zum Wasserkochen und zum Waschen. Das ausgeklügelte System war mehr für die Küchenarbeit gedacht und weniger zum Heizen. Dafür stand ein separates eisernes Öfchen im Raum.

An den Frauen faszinierte Johann nicht nur deren aparte Gesichter, sondern vor allem ihr reichhaltiger Schmuck. Fein verzierte Ringe und Armbänder in Hülle und Fülle. Manche Frauen trugen an jedem Finger drei Ringe und an jedem Arm drei oder gar vier Armreifen. Den Haarschmuck konnte er nicht so richtig zuordnen und rang sich schließlich durch zu fragen. Darauf wäre er freilich nie gekommen: alte Gewehrkugeln, von denen sie die Spitzen abgefeilt hatten, waren auf eine Schnur aufgezogen, am unteren Ende mit Münzen in allen erdenklichen Größen behängt. Die wissbegierigen ausländischen Gäste durften sich das genauer anschauen und entdeckten alte Zarenmünzen und fremdländische Währungen, unter anderem auch aus China. Das werden sie sich vor der Revolution in den Sparstrumpf gesteckt haben, dachte Johann, und nun ist es nichts mehr wert und taugt nur noch für Haarschmuck. Die ganz kleinen Mädchen trugen Westen, ebenfalls über und über mit Münzen benäht. Und die Festtagsgewänder der Männer waren Kaftane, mit kolossalen Ornamenten farbenreich bestickt.

Nach etwa einer Stunde brachen Johann, Ernst und die beiden Russinnen frisch gestärkt wieder auf. Der Weg führte sie über Eisplatten und eine verschneite Wiese in eine enge Schlucht. Rechts meterhohe Felswände, links ein gigantischer steiler Berg. Davon hatte Johann geträumt. Mitten rein in die Berge des Ural! Endlich die Wildheit der Natur unmittelbar erleben und nicht nur von ferne ahnen, durchs Fenster des sicheren Abteils der Eisenbahn. Sie gelangten an eine Stelle, wo sich der Weg gabelte. Sie hatten die Wahl zwischen einer Strecke, die geradeaus etwa zehn Meter oberhalb eines Flusses entlangführte, und einer Spur, bei der sie den Fluss nach links überqueren mussten, um auf der anderen Seite auf dem Eis weiterzufahren. Johann und Ernst neigten instinktiv dazu, sich weiter geradeaus zu orientieren. Aber die Frauen widersprachen heftig, und beide Männer waren sofort einverstanden. »Die werden ja wohl besser Bescheid wissen als wir«, murmelte Johann vor sich hin und nahm die Zügel wieder in die Hand. Hätten sie doch da schon geahnt, in welche Falle sie geraten würden.

Kaum hundert Meter weiter, genau unter einer kleinen alten Holzbrücke, brach Maruschka bis übers Knie ins Eis ein. Dahinter schwammen nur noch dünne Eisscheibchen im Wasser. Das war vom Ufer aus nicht zu erkennen gewesen. Also schnell zurück mit dem Gespann.

Aber so einfach war das nicht. Denn der Wind hatte einen Schneewall zusammengefegt. An der einen Seite lief er gut anderthalb Meter steil hoch. An der anderen Seite ging es gemächlicher bergauf. Sie standen aber so unglücklich, dass sie zum Wenden genau an der steilen Stelle ein Stück hinauf- und wieder herunterfahren mussten. Ein grotesker Anblick, dieses Gewürge und Getrampel. Maruschka spürte natürlich auch, dass sie hier nicht sicher waren, und zog, was ihre Kräfte hergaben. Der Schlitten der beiden Frauen wurde von einem kurzbeinigen Steppenpferdchen gezogen, das sich noch mehr quälen musste, weil es gleich immer bis zum Bauch einsank. Das Pferdchen stand unten, der Schlitten oben, die Frauen halfen beim Ziehen und Schieben. Zum Brüllen, wie das aussieht, dachte Johann und konnte sich nur mit Mühe das Lachen verkneifen. Die gefährlichsten Stellen hatten sie schon hinter sich gelassen. Endlich war es geschafft. Beide Gespanne verließen das Eis und steuerten den oben liegenden Weg an. Immer wieder führten Spuren von dort oben runter aufs Eis. Wenn es denn verlässlich tragen würde, wäre das Fortkommen auf ebener Fläche nicht so beschwerlich wie auf den verschlungenen Pfaden am Hang. Aber einen erneuten Versuch wollten sie lieber nicht wagen.

Sie hatten nur wenig Strecke zurückgelegt, als sie auch hier erst mal festsaßen. Eine über zwei Meter hohe Schneeverwehung versperrte ihnen den Weg. Links führte eine steile Böschung von etwa fündundvierzig Grad gut zehn Meter in die Tiefe. Unten waren Buschwerk und Eis zu erkennen. Rechts ragten Felswände empor. Sie sahen keine Chance, auf dem engen Pfad zu wenden. Der Schneewall erwies sich als unüberwindlich, besonders weil der Schnee viel zu weich war. Sie wären mit dem

Schlitten hoffnungslos stecken geblieben. Johann begab sich auf Erkundungstour und musste feststellen, dass sich diese weiche Masse viel länger hinzog, als er dachte, und ebenfalls in einer steilen Böschung endete. Wie es dahinter weiterging, war nicht zu erkennen. Die beiden Frauen blieben still in ihrem Schlitten sitzen und hofften auf einen zündenden Einfall der Männer. Johann und Ernst wateten auf der Suche nach einem gangbaren Weg bis über die Hüften im Schnee versinkend hin und her. Weil er keine andere Möglichkeit mehr sah, wagte sich Johann schließlich an den Abstieg hinunter zum Fluss. Eine kleine Lawine folgte ihm, konnte ihm aber nichts anhaben. Unten angekommen, testete er die Festigkeit des Eises und versuchte von hier aus einen Abstieg zu erspähen, den die Gespanne bewältigen konnten. Nach kurzer Diskussion sahen alle vier ein, dass sie keine andere Wahl hatten, als nun doch unten auf dem Eis weiterzufahren. Als Erstes lenkte Ernst Maruschka den Abhang hinunter. Maruschka stakste vorsichtig los, rutschte, sprang vor Schreck, und der Schlitten kippte seitlich weg. Ernst wurde hinausgeschleudert, Pferd und Schlitten hingen auf halber Strecke fest. Johann hatte das Unglück von unten beobachtet. Ihm war bald das Herz stehen geblieben. Der Schlitten hätte Ernst erschlagen können. Wie um Himmels willen sollten sie hier jemals heil wieder rauskommen? Johann kletterte hinauf, ergriff die Zügel und sprach beruhigend auf Maruschka ein. Ernst hatte sich aus den Schneemassen befreit und robbte in Richtung Schlitten, um Johann behilflich zu sein. Maruschka versuchte durch einen Sprung weiterzukommen, und das Gespann rutschte etwa einen Meter. Es blieb nichts anderes übrig, als auf diese mühselige und kräftezehrende Weise den Rest des Abhangs zu bewältigen, langsam und vorsichtig.

Nun waren die Russinnen an der Reihe. Sie hatten die Prozedur oben vom Weg aus verfolgt. Die eine lief runter zu den Männern und gab Zeichen, die zweite blieb beim Gespann und trieb das Steppenpferdchen an, das sich sehr geschickt anstellte. Das Tier konnte dennoch nicht verhindern, dass der Schlitten auf der Schräge kippte und Körbe und Kisten den Abhang herunterkullerten. Alle vier Reisenden waren derart mit den Nerven fertig und mit den Kräften am Ende, dass sie sich vor Lachen ausschütteten, als ihnen die Sachen entgegenrollten. Hinterher wusste niemand so genau, ob die Tränen daher rührten oder vielleicht doch eher Ausdruck von Verzweiflung waren. Vorsichtig setzte die Gruppe ihren Weg fort. Viel geredet hatten die beiden Männer bisher ohnehin nicht miteinander, aber jetzt fauchte Ernst unvermittelt seinen Freund an: »Deine Einsilbigkeit ist ja nicht auszuhalten!« Sie kamen nur noch sehr langsam voran. Johann war abgestiegen und führte Maruschka am Zügel. An diesem Tag saßen sie noch zweimal gründlich fest. Jedes Mal waren es verschneite Baumstümpfe und Sträucher, die sich im Gespann verhakten. Dabei zeigten die Frauen bemerkenswertes Geschick, die Schlitten wieder freizukriegen. Die Männer waren voll der Bewunderung und sagten das auch offen. Ohne die Kniffe der Russinnen hätten die Zwangspausen doppelt so lange gedauert.

Schließlich war ein Ende der Schlucht abzusehen. Der deutlich erkennbare Schlittenweg wirkte auf Johann wie eine bequeme Schnellstraße. Die Landschaft ringsum entschädigte sie für die Strapazen der letzten Stunden. Hohe, eigenwillig geformte Berggipfel, teils felsig, teils bewaldet, im Tal dichtes Buschwerk. Alles wirkte üppig und satt. Nach etwa zweistündiger leichter Fahrt, immer

Richtung Westen dem Licht hinterher, erreichten sie ein großes Baschkiren-Dorf. »Geradezu eine Metropole!«, entfuhr es Johann beim Anblick der gut vierzig Meter breiten schnurgeraden Hauptstraße, gesäumt von Holzhäusern mit kunstvoll geschnitzten Verzierungen an den ausladenden Hoftoren. In der Mitte des Ortes befand sich eine mohammedanische Holzkirche, die offenbar schon länger nicht mehr als Gotteshaus diente, sondern als Schule genutzt wurde. Die Mehrzahl der Baschkiren ist islamischen Glaubens. Die beiden Männer fragten sich zum Ortssowjet durch, um sich anzumelden und von ihrem Vorhaben zu berichten. Am liebsten wollten sie sich für drei bis vier Tage irgendwo einmieten, um von hier aus die Umgebung zu erkunden und endlich zu jagen. Sie wurden überaus freundlich aufgenommen. Als sie die Frage bejahten, ob sie ihr Quartier bezahlen wollten, brachte man sie in ein etwas abseits gelegenes Haus zu einer Bauernfamilie und wies ihnen ein geräumiges Zimmer zu. Den Raum konnten sie nur durch die Stube der Wirtsleute erreichen, die sie freudig begrüßten. Johann spannte als erstes Maruschka aus und brachte das erschöpfte Pferd in einen guten geschlossenen Stall. Nachdem er es versorgt hatte, nahm er den Hafersack vorsorglich mit ins Haus. Vorher tätschelte er Maruschka ausgiebig, dankbar für ihre Zähigkeit.

Die Bauersleute boten wie gewöhnlich Tee an, und es entspann sich eine lange Unterhaltung, so gut es eben sprachlich möglich war. Der Bauer und seine Frau arbeiteten wie fast alle hier im Kollektiv der Kolchose. Seine spezielle Aufgabe war es, sich vor allem nachts um die jungen Pferde zu kümmern. Davon gab es etwa zweihundert. In Herden grasten sie frei lebend in den Bergen rund ums Dorf. Auch im Winter. Da scharrten sie mit den Vorderhufen den Schnee weg, um an das Gras zu kommen. Nachts mussten sie zusammengehalten und vor den Wölfen geschützt werden. Diese nicht ganz ungefährliche Arbeit verrichtete der Bauer zusammen mit einem Kollegen. Für die Tiere war es wichtig, nicht einzeln weit auseinander zu stehen. Denn so würden sie leichte Beute für die Wölfe. Als der Bauer erzählte, dass in der vergangenen Nacht ein Rudel Wölfe in der Nähe gewesen war, reagierte Ernst wie elektrisiert: Eine Wolfsjagd – das war's doch überhaupt! Er war wild entschlossen, noch in der gleichen Nacht mit den beiden Bauern loszuziehen, und hocherfreut, dass die nichts dagegen einzuwenden hatten. Johann wäre eigentlich auch gern mitgegangen, aber er fühlte sich zu kaputt und war einfach zu müde von dieser elenden Fahrt heute. Bevor es ganz dunkel wurde, unternahmen sie gemeinsam noch eine kurze Wanderung durchs Dorf, um wie verabredet am Ortseingang rechts den Kreis mit Kreuz in den Schnee zu trampeln. Dann hinterließen sie im ersten Haus auf der rechten Seite ihre vorübergehende Adresse und stapften wieder zurück. Keiner der beiden rechnete ernsthaft damit, dass von den anderen vieren hier noch jemand auftauchen würde.

Gegen neun Uhr kam der Bauer herein, um Ernst abzuholen. Imposant, wie der Baschkire da in der Tür stand: mit Pelzen und Tüchern dick vermummt; seine Beine steckten in Walenki, diesen unnachahmlichen Filzstiefeln; über der Schulter sein Gewehr. Johann legte sich schlafen, schreckte aber schon kurz darauf durch Lärm und Pferdegetrappel wieder hoch. Lautes Sprechen, das Schlagen von Hoftoren, und dann erkannte er die Stimmen der zwei Kollegen, die sich den russischen Kutscher geangelt hatten. Kopfschüttelnd erhob sich

Johann und ging hinaus. Er war hin- und hergerissen zwischen Freude und dem Gefühl der Belästigung. Unmittelbar vor dem Dorf hatten die Kollegen Ernst noch getroffen. Sie waren ausgelaugt und erschöpft, obwohl sie doch zu dritt unterwegs waren und ihr Gespann von zwei Pferden gezogen wurde. Im Schein einer Petroleumfunzel beim Tee aus dem Samowar tauschten die drei Erlebnisse aus. Zwei Pferde waren wohl wirklich eher eine Belastung als eine Erleichterung, erfuhr Johann, denn nebeneinander konnten die Tiere so gut wie nie gehen, und der Kutscher musste immer öfter ausspannen, um überhaupt voranzukommen.

Obwohl es an diesem Abend spät wurde, erwachte Johann in aller Herrgottsfrühe und kümmerte sich noch im Halbfinstern um Maruschkas Versorgung. Als Tränke diente der Fluss, etwa vierhundert Meter vom Haus entfernt. In Abständen waren Löcher ins Eis gehackt, durch die man mit Eimern Wasser schöpfen konnte. Es wurde ein herrlicher Morgen, stahlblauer Himmel, strahlend schöner Sonnenschein. »Paradiesisch«, seufzte Johann, drehte den Kopf ins Licht, schloss die Augen und holte genießerisch Luft. Gemächlich machten sich Mensch und Pferd auf den Rückweg. Johann war gespannt, was sein Freund von den nächtlichen Abenteuern erzählen würde, und verlor sich in Gedanken, als Maruschka die langsame Trotterei offenbar satt hatte, in einem Satz an Johann vorbeipreschte und mit riesigen Bocksprüngen bis zum Hoftor galoppierte, das natürlich geschlossen war. Maruschka machte kehrt und tobte sich wie ein übermütiger kleiner Hund auf den Dorfstraßen aus. Johann hatte keine Chance, sie direkt zu verfolgen, und begann mit der systematischen Suche, Straße für Straße. Als er gerade wieder um eine Häuserecke gebogen war, stand Maruschka breitbeinig vor ihm und schaute ihn geradewegs an, als wollte sie sagen: »Na? Noch ’ne Runde?« Johann sprach beruhigend auf das Tier ein, näherte sich langsam und bekam die Zügel zu fassen. »Ein herrlich frecher Kerl!«, begeisterte er sich.

Es war schon lange Tag, als Ernst und der Bauer zurückkehrten. Der Deutsche durchgefroren und schmutzig, aber so aufgewühlt von den nächtlichen Ereignissen, dass für Müdigkeit kein Platz war. Die Wölfe hatten ein Pferd aus der Herde herausgedrängt und weggeholt. Weil die Männer bei Tageslicht die Spuren verfolgen wollten, kamen sie erst so spät ins Dorf zurück. Atemlos erzählte Ernst von seinem Abenteuer. Im Licht des zunehmenden Mondes hielten die Bauern zunächst Ausschau nach einer geeigneten Feuerstelle. Dann wurde eine Birke gefällt. Auf und um den Stumpf packten sie Reisig und zündeten es an. Sie trampelten den Boden um das Feuer herum fest, sodass man sitzen konnte. Ernst wunderte sich, wie gut dieser vertiefte Kreis um den Birkenstumpf die Wärme hielt. Einer der beiden Bauern bewachte das Feuer, der andere ritt immer wieder an die weidende Herde heran, um sie enger zusammenzutreiben. Im Gürtel steckte ein großes Beil mit langem Stiel. Das Gewehr hing über der Schulter. Ernst amüsierte sich über die Art, wie der Bauer seiner Wirtsfamilie das Pferd bestieg. Erst führte er das Tier an den Schlitten, um dann über den Schlitten aufs Pferd zu klettern. Diese Routine-Kontrollritte begannen Ernst zu langweilen. Weit und breit kein Wolf in Sicht, alles ruhig. Wie ärgerlich, sich dafür die Nacht um die Ohren zu schlagen. Missmutig nickte er schließlich ein. Doch plötzlich rissen ihn kräftige Stöße und aufgeregtes Geschrei aus dem Schlaf. »Wolki! Wolki!« Wölfe! Wölfe! Also doch. Benommen sprang

Ernst auf, und sogleich standen ihm die Haare zu Berge. In unmittelbarer Nähe heulte ein Rudel Wölfe, die Pferde preschten zur Feuerstelle, drängten sich da zusammen, die beiden Bauern sprangen im Dunkeln weg und versuchten Ernst mitzuziehen. Der sah so gut wie nichts, denn der Mond war hinter Wolken verschwunden. Wie sollte man in dieser Stockfinsternis auf Wölfe schießen? Man konnte nichts erkennen, nur das grauenhafte Geheul der Wölfe und das angstvolle Geschrei und Gestampfe der Pferde waren zu hören. Ein schreckliches Gedränge musste sich da abspielen. Die Pferde am äußeren Rand drückten mit Macht ins Innere des Kreises, um besser geschützt zu sein. Ernst hatte nur noch den Wunsch, dieses Inferno lebend zu überstehen, und konzentrierte alle seine Energien darauf, den Kontakt zu den beiden Einheimischen nicht zu verlieren. Nach einer Ewigkeit war der Spuk vorüber. Die Pferde beruhigten sich langsam, und wie zum Hohn gab eine Wolke den Mond wieder frei. In der beginnenden Morgendämmerung lasen die Männer aus den Spuren die Geschichte des nächtlichen Dramas. Ein Rudel von zehn bis zwölf Wölfen hatte eines der Pferde bis an die andere Seite eines kleinen Berges getrieben und dort getötet. Ernst hatte das Geheul noch im Ohr, als er die gewaltigen Spuren betrachtete. Mit handflächengroßen Hundetatzen war der Boden über weite Strecken niedergetrampelt. Rund um den Pferdekadaver hatten sie alles hart getreten. Es fehlte nur ein Stück vom Rücken. »Die werden wiederkommen und sich den Rest holen.« Das kannten die Bauern schon.

Johann und die beiden ausländischen Nachzügler beschlossen, die Bauern in der kommenden Nacht zu begleiten und ihnen nach Möglichkeit dabei zu helfen, das Wolfsrudel zu dezimieren. Aber bis dahin war noch Zeit, und das Bilderbuchwetter lockte auch jetzt schon zur Jagd. Lederjacken an, Patronengürtel um, Skier untergeschnallt und los. Die Skistöcke ließen sie zurück, damit sie nicht mit dem Gewehr ins Gehege kamen. Sie überquerten den Fluss und bestiegen einen Berg. Johann entdeckte einen Hasen, schoss aber nicht. Denn das arme Vieh zappelte in einer Schlinge. Das ging Johann gegen die Ehre. Als er näher herankam, stellte er fest, dass sich das Hasentier mittlerweile stranguliert hatte, und wünschte sich einen Augenblick lang, doch geschossen zu haben. Es wäre – hätte er gut getroffen – die kürzere Quälerei gewesen. Die drei Männer sahen auf ihrer Tour eine Menge Spuren von Hasen, Rehen, Hirschen, Füchsen und ihnen unbekannten Tieren, nur die Lebewesen selbst sahen sie nicht. Das blieb den ganzen Tag so. Aber das herrliche Wetter und die unberührte Landschaft versöhnten sie. Jedenfalls hatten sie eine wundervolle Skiwanderung. Jeder von ihnen genoss es, im wahrsten Sinne des Wortes als Pfadfinder aufzutreten. Es galt immer wieder auszukundschaften, wo man am besten einen Abhang hinunterfuhr – ohne Hilfe der Skistöcke, mit dem Gewehr in der Hand –, wenn Felsen den Weg versperrten. Die Sonne entfaltete eine solche Kraft, dass sich die Männer zum Ausruhen hinsetzen und ihre Mützen abnehmen konnten. Johann schwelgte im Glück und nervte die anderen mit seinen Gefühlsausbrüchen. »Ist es nicht wunderbar in dieser herrlichen weißen Berglandschaft! So weit man sehen kann, kein Haus, keine Wege, alles nur unberührte Erde, und da strolchen wir frei herum. Ich kann's nicht fassen!« – »Ja!«, stimmte einer der Kollegen ein: »Wie wunderbar, wenn wir uns mühsam die Berge hochkämpfen und dann schneller wieder runtersausen, als uns lieb ist, um unten festzustellen, dass wir doch nur wieder hoch müssen.« Erst jetzt bemerkte Johann den ironischen Unterton, und alle mussten lachen.

Müde und hungrig, aber gut gelaunt, kehrten sie mit dem gefundenen Hasen bewaffnet ins Dorf zurück. Sie hatten nach dem Abendessen kaum ihren Tee getrunken, als die Bauern sie schon abholten. Das fahle Mondlicht wurde von dicken Nebelschwaden zugedeckt. Dennoch konnten die Männer, als sie angespannt und erwartungsfroh an der besagten Stelle angekommen waren, deutlich erkennen, wie die Wölfe in der vergangenen Nacht gehaust haben mussten. Die beiden Bauern bedeuteten ihren drei Gästen, sich in der Nähe ein Versteck zu suchen, sich mucksmäuschenstill zu verhalten und zu warten. Wenn sich innerhalb der nächsten zwei Stunden nichts ereignen sollte, könnten sie zum Lagerfeuer kommen, meinte einer der Bauern und wies die ungefähre Richtung, in der sie dann gehen mussten. Den dreien war es mulmig, und Johann frotzelte: »Ja, so sind wir, setzen uns mitten in der Nacht neben eine Pferdeleiche und warten auf Wölfe.« Der Reiz war größer als die Furcht, und sie wollten sich natürlich auch nicht vor den Bauern blamieren, indem sie im letzten Moment kniffen. Also suchte sich jeder Einzelne brav ein Versteck und setzte sich – jeweils mit einer Doppellaufbüchse im Arm – so bequem wie möglich in Stellung. Johann beruhigte sich zusätzlich mit der Aussage seines Wirtsbauern. Nach dem Mahl in der vergangenen Nacht können die Wölfe so hungrig nicht sein, meinte dieser, und er musste es wissen, denn er war schließlich in der Gegend aufgewachsen.

Johann kauerte in einem Gebüsch. Totenstille. In der neblig weißen Mondlandschaft verschwammen die Konturen. Nur Schemenhaftes war zu erahnen. Es tat sich absolut nichts. Es war so still und schließlich so langweilig, dass Johann einnickte und sein Kopf vornüber auf die Brust fiel. Als er nach kurzer Zeit wieder erwachte, erschrak er nicht im Mindesten. Aus unerfindlichen Gründen fühlte er sich ruhig und sicher. Hin und wieder hörte er in der Ferne das Heulen eines Wolfes, aber es kam nicht näher, und Johann behielt seine Ruhe. Es mochten wohl so zwei Stunden vergangen sein, als sich einer seiner Kollegen bei ihm bemerkbar machte. Der arme Kerl fror sich halb tot und wollte nur noch so schnell wie möglich zum Lagerfeuer, allerdings nicht allein. Johann solle mitkommen, den dritten Kollegen habe er nicht gefunden. Die beiden brachen in der angegebenen Richtung auf. Die erste Zeit stapften sie entschlossen voran. Johann hatte keine Ahnung, wie lange sie schon gegangen waren, aber es kam ihm zu lang vor, um noch richtig zu sein. Diese Zweifel machten ihn unsicher, was seinem vor Kälte bibbernden Kollegen nicht entging. Er zeigte Nerven und begann mit zittriger Stimme, die im Ton immer höher wurde, den vorausgehenden Johann wild zu beschimpfen. »Eine Scheißidee war das! Ist sowieso ein Scheißland! Bis morgen früh sind wir alle erfroren oder aufgefressen. Das hat man nun nötig, dass man hier elend verreckt! Ich muss völlig bekloppt gewesen sein! Und du bist überhaupt das Letzte, du mit deinen Schnapsideen.« Johann zeigte keine Reaktion. Er war fest entschlossen, bei sich selbst keine Panik aufkommen zu lassen, obwohl auch er sich Sorgen machte. Er hörte nicht auf die Schimpfkanonaden seines Kollegen und bemühte sich, ruhig nachzudenken. Plötzlich entdeckte er in der Ferne glimmendes Rot zwischen den Sträuchern. Sein aufgeregter Kollege verstummte augenblicklich. Und nun hörte man auch das Wiehern der Pferde aus der

Richtung des Feuers. Das Geschrei wurde immer lauter. Johann hätte nie gedacht, wie viel Lärm eine solche Herde verursachen kann. In seiner Vorstellung waren Pferde immer friedvolle, geräuscharme Kreaturen gewesen. Bis jetzt. In der Wildnis verhielt es sich offenbar anders. Die Wildpferde bissen sich gegenseitig und wieherten immerzu, die ganze Nacht hindurch.

Angestrengt von der Wanderung durch den kniehohen Schnee und ausgelaugt von ihren Ängsten, erreichten die beiden schließlich das Feuer auf einer kleinen Lichtung mitten in dichtem Gebüsch. Eine der zwei dort sitzenden Gestalten entpuppte sich als ihr Kollege, der schon viel früher den Weg zum Lagerfeuer eingeschlagen hatte. Die Wärme tat wohl, die Furcht war verflogen, eine hastig geäußerte Entschuldigung angenommen. Wie gewohnt wechselten sich die beiden Bauern beim Zusammentreiben der Herde ab. Man hörte die Wölfe, aber sie kamen nicht. Der Morgen graute, und die Männer fuhren heim. Die drei Deutschen übermüdet, durchgefroren und letztlich enttäuscht. Nach einem warmen Frühstück legten sie sich schlafen und standen den ganzen Tag nicht wieder auf. Erst nach Sonnenuntergang streiften die vier Fremden durchs Dorf und schmiedeten Pläne für die Rückreise. Den beiden Kollegen von Johann und Ernst war ihr Kutscher abhanden gekommen. Anscheinend hatte er sich am Tag zuvor an Maruschkas Hafersack für seine Pferdchen bedient. Außerdem wollte er mehr Lohn haben und verlangte eine unverschämt hohe Summe. Es wurde verhandelt, getrickst und geblufft, und als er endlich einen Teil des ausgemachten Geldes ausgehändigt bekam, schwang sich die zerlumpte Gestalt stolz auf den Schlitten und flötete fröhlich: »Die fünfundsiebzig Rubel werde ich jetzt erst mal versaufen. Wenn die alle sind, dann komme ich wieder. Gehabt euch wohl so lange.« Die beiden Alleingelassenen wollten versuchen, von irgendeinem Schlitten mitgenommen zu werden, der zufällig zum Markt nach Magnitogorsk fuhr. Es gelang ihnen tatsächlich, und sie waren sogar eher zu Hause als die beiden anderen mit ihrem eigenen Gefährt.

Johann und Ernst nahmen mit kleinen Abweichungen dieselbe Route, die sie hergeführt hatte. Am späten Nachmittag des nächsten Tages erreichten sie ein kleines Baschkirendorf, an dem sie auf dem Hinweg vorbeigefahren waren. Diesmal wollten sie hier übernachten. Sie beratschlagten noch, an welcher Haustür sie am besten klopfen sollten, da hinkte ein Mann vorbei, ein Russe, und lud sie sofort in sein Haus ein. Es sei zwar klein, und er lebe in ärmlichen Verhältnissen, aber sein Herz sei groß. Die Hütte war in der Tat winzig. Sie maß allerhöchstens fünf mal fünf Meter. Die übliche Einrichtung fehlte nicht. Es war sauber und aufgeräumt, nur alles etwas primitiver und verschlissener. In einer Ecke hing an einer großen Spiralfeder eine Wiege von der Decke. Streng genommen ein Holzkistchen. Immer wenn das darin liegende Baby anfing zu schreien, versetzte die Frau der Kiste einen liebevollen Stoß, und das Kind war still, denn sein Bettchen federte noch lange nach. Hin und wieder zupfte auch das auf dem Boden spielende Geschwisterchen an der Wiege, mit dem gleichen Ergebnis.

Der Mann, er hieß Pawel, kaum dreißig Jahre alt, erzählte von sich und seiner Familie. Er war Invalide, konnte nicht arbeiten und erhielt nur eine kärgliche Rente. Pawel war in Not und unter Entbehrungen in der Ukraine aufgewachsen. Sein Vater hatte die Revolution begrüßt und kam in den Wirren um. Seine Mutter und Wassilij, sein älterer Bruder, versuchten die kleine Familie über Wasser zu halten. Der halbwüchsige Pawel begriff die politischen Zusammenhänge nicht, lernte aber schnell, wie lebenswichtig es war, flexibel zu bleiben. Den April 1919 würde er wohl nie vergessen. Der Bürgerkrieg hatte seinen Höhepunkt erreicht. Die sich bekämpfenden Parteien erhielten Zulauf von Idealisten, Fanatikern, Kriminellen und Abenteurern. Eine unberechenbare Mischung. Auf der einen Seite die Roten, auf der anderen die Petljura-Anhänger mit der gelb-blauen Fahne. Petljura, der Hauptataman der Gegend, den die Kulaken, also Großbauern, und galizische Regimenter unterstützten. Im Tagesabstand wurde Pawels Städtchen in diesem Monat erobert, rückerobert und erneut zurückerobert. Kaum einer kannte sich noch aus. »Brüderchen, weißt du, wer heute das Sagen hat?« wurde zum geflügelten Wort hinter vorgehaltener Hand. Werden die Juden geplündert, dann sind es die Petljura-Leute, hieß es. Wenn nicht, dann häng schnell ein Leninporträt auf, dann müssen's die Roten sein, und sie werden dich in Ruhe lassen.

Wassilij stand auf Seiten der Bolschewiki und begann seinen knapp sechzehnjährigen Bruder zu agitieren. Sozialrevolutionäre und Menschewiki sind die Feinde der Arbeiterklasse, bläute er ihm ein. Die Einzigen, die uns einfachen Menschen helfen werden, ein normales auskömmliches Leben zu führen, sind die Bolschewiki mit Wladimir Iljitsch Lenin an der Spitze. Pawel liebte seinen Bruder, und er vertraute ihm. Der würde ihn nicht belügen. Außerdem gefiel ihm die Idee, gemeinsam mit anderen für ein großes Ziel zu kämpfen. Welch wunderbares Gefühl, wichtig zu sein und gebraucht zu werden. Und nicht zuletzt genoss er das konspirative Drum und Dran, das Versteckspiel für eine gute Sache, den Kommunismus, der die Menschen weltweit befreien würde. Bis es so weit war, durfte man niemandem vertrauen und musste sehr vorsichtig zu Werke gehen. Nahezu täglich erlebte der Junge Verhaftungen und Schlimmeres, mal von der einen, mal von der anderen Seite. Ausweglosigkeit und Schmerz in einem Moment, Hoffnung und Freude im nächsten.

Als sich das Revolutionskomitee im Ort fest eingenistet hatte, begann die Kommunistische Partei mit der systematischen Rekrutierung junger Männer für die Rote Armee. Werberkolonnen schwärmten aus, und am Gebäude der Stadtverwaltung hing ein Plakat, auf dem ein Rotarmist den Betrachter durchdringend anblickte und ihn mit dem Finger quasi durchbohrte. Darunter stand zu lesen: »Bist du schon in die Rote Armee eingetreten?« Um die Wichtigkeit zu unterstreichen, hing gleich daneben ein Aufruf des Revolutionskomitees an alle Werktätigen, angesprochen als »Genossen!« – für die Verwendung dieses Begriffes wäre man hier noch vor einer Woche erschossen worden: »Die proletarischen Truppen haben die Stadt genommen. Die Sowjetmacht ist wieder errichtet. Wir fordern die Bevölkerung auf, Ruhe zu bewahren. Die blutigen Pogromhelden sind vertrieben. Damit sie jedoch nicht wiederkehren können, damit sie endgültig vernichtet werden, rufen wir euch auf, der Roten Armee beizutreten. Unterstützt mit all euren Kräften die Macht der Werktätigen. Die militärische Macht in der Stadt liegt in den Händen des Garnisonschefs, die zivile Macht in den Händen des Revolutionskomitees.« Die Kommunistische Partei war für Pawel so etwas wie eine Ersatzfamilie geworden, und er wollte nicht abseits stehen. Aufgeregt verfolgte er die Aktivitäten. Ein eilig gegründetes Parteikomitee war damit beschäftigt, die Organe der Sowjetmacht einzurichten. Dazu gehörten unter anderem ein Lebensmittelkommissariat und eines für Volksbildungswesen. Die meisten von Pawels Altersgenossen waren mit Begeisterung dabei. Das Komitee des Kommunistischen Jugendverbandes konnte den Ansturm kaum bewältigen. Aber viele der Älteren hielten sich aus Sorge vor weiterhin wechselnden Machthabern zurück.

Über ein Jahr zog Pawel als Rotarmist kämpfend durchs Land. Zerlumpt und gesundheitlich angeschlagen zwar, aber immer noch erfüllt von der historischen Aufgabe. Auch die seelischen Erschütterungen konnten seiner revolutionären Begeisterung nichts anhaben. Im Gegenteil. Er bewunderte die Kameraden, die für ihre kommunistische Überzeugung in den Tod gingen. Die Kraft zum Weiterkämpfen zog er aus seinem Hass auf die politischen Gegner und deren Grausamkeiten. Die Quälereien, die von den eigenen Leuten begangen wurden, machten ihm zwar zu schaffen, aber er war fest davon überzeugt, dass es sich dabei nur um unvermeidliche Reaktionen auf die Gewalttaten anderer handelte. Er hörte auf, in der Ichform zu denken. Für ihn existierte nur noch das Wir. Zweimal war Pawel außer Gefecht gesetzt. Ein Streifschuss und eine Typhuserkrankung zwangen ihn kurzzeitig zur Pause. Am 19. August 1920 wurde Pawel bei Lwow im Kampf gegen die polnische Armee durch Schrapnelle schwer verwundet. Fünfzehn Tage lang lag der Siebzehnjährige ohne Bewusstsein im Lazarett. Zuletzt im Sterbezimmer, weil ihm bei den gravierenden Kopfverletzungen niemand mehr eine Chance gab. Zur Überraschung des gesamten medizinischen Personals kam er dann doch wieder zu sich und erholte sich erstaunlich schnell. Mitte Oktober konnte er das Krankenhaus verlassen, ganz versessen darauf, wieder an der Front eingesetzt zu werden. Doch der Friedensvertrag mit den Polen kam schneller als der ersehnte Einsatzbefehl, und so kehrte Pawel im Dezember 1920 in sein Heimatstädtchen zurück. Wegen seines schlechten Gesundheitszustandes wurde Pawel erst im Frühjahr des folgenden Jahres zur Agitations- und Propagandaarbeit abkommandiert. Dafür musste er verschiedene Schulungen durchlaufen.

Zu dieser Zeit waren manche Truppenteile der Roten Armee in so genannte Arbeitsarmeen umgewandelt worden, die den Aufbau der Wirtschaft vorantreiben sollten. Um für den Winter gewappnet zu sein, hatte eine dieser Arbeitsarmeen bereits im Mai den Auftrag erhalten, in der Ukraine Brennholz zu schlagen. Im Herbst lagen 210000 Kubikmeter Holz aufgestapelt herum, aber offenbar hatte sich niemand Gedanken gemacht, wie man dieses Holz in die umliegenden Dörfer und Städte transportieren sollte. Den gigantischen Holzhaufen trennten sieben Kilometer von der nächsten Bahnstation. Geplant war das alles ganz anders. Von einem bestimmten Punkt im Wald sollten sich die Holzfäller zu den Schienen vorarbeiten. Aus nicht nachvollziehbaren Gründen – Dummheit oder Sabotage? – war die Arbeitsarmee aber immer tiefer in den Wald vorgedrungen, ohne sich um die vorgegebene Richtung zu kümmern. Ein dienstbeflissenes Mitglied des Exekutivkomitees, das zu einer Sondersitzung zusammentrat, fing an zu rechnen: Wenn die Strecke bis zu den Eisenbahngleisen zwei Mal täglich zurückgelegt werden kann, dann brauchen wir für den Transport des Holzes einen Monat lang etwa 5000 Fuhrwerke. Völlig absurd, denn tatsächlich hätten sie nicht einmal hundert Fuhrwerke in dieser Gegend auftreiben können. Nach stundenlanger Debatte warf einer einen Vorschlag in die Runde, den zunächst niemand ernst nahm. Man müsse so schnell wie möglich einen Schienenstrang zwischen Holzplatz und Bahnstation bauen. Während sich die anderen ereiferten, vertiefte sich der Rechenspezialist schon wieder in seine Kalkulationen und verschaffte sich mit seinem Ergebnis Gehör: »Dazu brauchen wir dreihundertfünfzig Arbeiter und zwei Ingenieure, damit müssten wir auskommen.« Sein Nachbar steuerte eine weitere Information bei, die den utopisch anmutenden Plan realistischer erscheinen ließ. Er berichtete von einem Schienenlager in der Nähe, da es bereits vor dem Krieg Pläne zum Ausbau des Netzes gegeben habe. Und plötzlich war aus der verrückt klingenden Idee ein konkretes Vorhaben geworden. Eines der größten Probleme bestand darin, dass für die Arbeiter kein Wohnraum vorhanden war. Lediglich eine total verfallene ehemalige Forstschule stand zur Verfügung. Da man in der Kälte niemandem zumuten könne, dort ohne Fenster und Türen unter einem löchrigen Dach längere Zeit auszuhalten, einigte man sich auf einen Schichtdienst. Alle zwei Wochen sollten die Arbeiter ausgetauscht werden. Und für die Schufterei seien junge kräftige Männer am besten geeignet. Also müssten in erster Linie die Komsomolzen ran. So traf es auch Pawel, der sich allerdings mit Begeisterung für den Einsatz meldete, froh darüber, endlich wieder eine Aufgabe zu haben.

Das Wetter war schlecht. Es regnete in einem fort, und die Wassermassen ließen den mühsam aufgeschütteten Bahndamm immer wieder wegrutschen. Zudem standen längst nicht so viele Freiwillige zur Verfügung, wie die Partei gedacht hatte, und der Schichtrhythmus von vierzehn Tagen konnte nicht eingehalten werden. Es kam zu ersten Desertionen verzweifelter junger Männer und zu drastischen Bestrafungen. Die Stimmung wurde immer schlechter. Dann meldete die Bahnverwaltung, es gebe keine Eisenbahnschwellen mehr. Transportmittel für die Schienen fielen aus. Zugesagte Lebensmittellieferungen kamen gar nicht an oder nur in geringerem Umfang. Die Verpflegung bestand aus Tee, einem mageren Linsengericht und anderthalb Pfund Schwarzbrot pro Tag. Fast alle Arbeiter hatten mit Erkältungen zu kämpfen. Als Nachtlager diente eine dünne Strohschicht auf dem nackten Betonboden. Pawel litt unter plötzlich auftretenden heftigen Kopfschmerzen, die mit seiner Verwundung zusammenhingen, ließ sich aber nicht unterkriegen und versuchte sogar, seine Arbeitskollegen zu motivieren. Selbst als sich die Sohle eines seiner Stiefel löste und der eiskalte Schlamm seinen Fuß umschloss, meinte er durchhalten zu müssen. Ein alter Bahnwärter, der mit seiner Frau notdürftig die Küche besorgte, half Pawel mit einem hohen Gummischuh aus und einem Stück Leinwand, als Ersatz für seine zerlumpten Fußlappen. Die Zeit lief ihnen weg. Wenn erst der Frost einsetzte, wie sollten sie dann Bahnschwellen verlegen? Das Gouvernementkomitee der Partei beschloss, kein einziges Mitglied des Kommunistischen Jugendverbandes vor der ersten Holzlieferung von der Baustelle abzuziehen. Auf einer tumultartigen Versammlung in den Ruinen des ehemaligen Forsthauses ließen die geschundenen jungen Männer Dampf ab, ein großer Teil lief davon, aber die meisten blieben. Die einen aus Angst, die anderen – wie Pawel – aus Überzeugung.

Am 2. Dezember fiel der erste Schnee. Ab da herrschte Dauerfrost. Statt der vorgesehenen dreihundertfünfzig Mann plagten sich zweihundertvierzig Verbliebene damit ab, die gefrorene Erde für die Eisenbahnschwellen aufzuhacken. Es fehlten immer noch knapp anderthalb

Kilometer Strecke. Währenddessen machte sich der Mangel an Heizmaterial immer dramatischer bemerkbar. Im städtischen Krankenhaus konnte nur noch jeden dritten Tag geheizt werden. Am 4. Dezember beschloss das Gouvernementskomitee, die Bauarbeiten spätestens bis zum 1. Januar 1922 abzuschließen. Ein lächerlicher Beschluss, was niemand so offen auszusprechen wagte. Nur der alte Bahnwärter murmelte voll bitterer Ironie: »Wenn sie bis dahin nicht alle krepiert sind, dann werden sie's wohl schaffen, die armen Schweine!« Die Gebietsparteiführung ließ sich nicht beirren. Die restliche Strecke wurde in sechs gleiche Bauabschnitte unterteilt und für jeden Abschnitt ein verantwortlicher Leiter bestimmt. Pawel bekam den fünften Abschnitt. Mit Orden und Auszeichnungen versuchte man die ausgemergelten jungen Kerle weiter anzuspornen. Sonderrationen und Urlaub wurde versprochen. Und es funktionierte tatsächlich. Ein verbissener Wettkampf begann. Pawels Füße waren angeschwollen und schmerzten. Es fiel ihm schwer zu gehen. Der Gummischuh füllte sich immer gleich mit Schnee, und auch der zweite Stiefel zerfiel allmählich. Durch die einseitige Ernährung hatten sich am Hals zwei Furunkel gebildet. Pawels Augen waren entzündet, er war bis auf die Knochen abgemagert, aber er verlor das Ziel nicht aus dem Blick und spornte seine Gruppe immer wieder an. Sich selbst schonte er am allerwenigsten. Bevor er frühmorgens seine Leute weckte, kümmerte er sich um den Tee, und wenn er sie abends von der Baustelle schickte, bereitete er die Werkzeuge für den nächsten Tag vor.

Entgegen aller Erwartungen machte es den Eindruck, als könnte der Bautrupp den Termin schaffen, da setzte am 20. Dezember ein Schneesturm ein, der nicht aufhören wollte. Am 21. Dezember stellte sich heraus, dass drei Mann unter Typhus litten, am 23. Dezember waren es schon zehn. Dann ging es Schlag auf Schlag. Täglich kamen Dutzende neuer Typhusfälle hinzu. Pawel taumelte nur noch. Er fühlte, dass er Fieber hatte. Aber was zählte das angesichts der wichtigen Aufgabe, die Stadt mit lebensnotwendigem Brennholz zu versorgen? Er schleppte sich vier weitere Tage zur Baustelle und zurück, bis er mit stechendem Schmerz in der Brust und Schüttelfrost zusammenbrach. Die Diagnose des herbeigerufenen Arztes lautete: Lungenentzündung, Bauchtyphus, Temperatur 41,5, entzündete Gelenke, zwei Geschwüre am Hals und ein erfrorener Fuß. Sie transportierten ihn zu seiner Mutter, die ihn zusammen mit Natascha, einer Jugendfreundin Pawels, langsam wieder aufpäppelte.

Es dauerte über einen Monat, bis Pawel einen klaren Gedanken fassen konnte. Es brachte ihn schier um den Verstand, die Vollendung der Strecke in den ersten Januartagen nicht an Ort und Stelle miterlebt zu haben. Wochenlang sprach er kein Wort. Nach wie vor von der Idee des Kommunismus beseelt, begann er über den Sinn seines Lebens nachzudenken. Wofür lohnt es sich zu leben? Um glücklich zu sein, hatte er ein Mal jemanden sagen hören. Und was braucht man zum Glück? War Glück allein nicht zu wenig und vor allem viel zu egoistisch? Nein, denn er war glücklich gewesen, an der Eisenbahnstrecke mitarbeiten zu dürfen, obwohl er fror und litt und bis zur Erschöpfung schuftete. Das Leben hat nur einen Sinn, wenn man sich nützlich macht und für andere einsetzt, dachte er. Wenn die Sache der Allgemeinheit die persönlichen Belange in den Hintergrund drängt. Arbeit und Beruf allein kann ein Leben nicht erfüllen. Nur wer ein Ziel hat und seine ganze Existenz in den Dienst dieses

Zieles stellt, der hat ein Recht zu leben. Aber man hat nur ein Leben und müsste sorgsamer damit umgehen, als ich es getan habe. Wozu bin ich jetzt noch nütze? Welche Aufgaben kann ich als Krüppel überhaupt noch übernehmen? Werde ich nicht zum Ballast für die Gesellschaft und für die Partei? Wäre es da nicht besser und sinnvoller, dem Leben ein Ende zu setzen? Das Schlimmste, was passieren kann, ist, dass man bereuen muss, was man im Leben getan oder wie man sein Leben verplempert hat. Es ist wichtig, dass man zum Schluss sagen kann, ich habe mein ganzes Leben dem Herrlichsten auf der Welt gewidmet, dem Kampf zur Befreiung der Menschen. Leiden gehört dazu. Aber die Qualität eines Revolutionärs zeigt sich darin, dass er zu leiden versteht, ohne es ständig zur Schau zu tragen. Welch eine Chance, zum ersten Mal in der Geschichte der Menschheit die Unterteilung in Knechte und Herren aufzubrechen, eine klassenlose Gesellschaft zu errichten und die Reichtümer dieses großen Landes allen und nicht nur wenigen Auserwählten zugute kommen zu lassen. Um das zu erreichen, muss man in Kauf nehmen zu leiden. Und die Kunst besteht darin, bereits in der Leidensphase Spuren des Glücks zu empfinden, das von der neuen Zivilisation mit den neuen Menschen ausgehen wird. Pawel berauschte sich an seinen Gedanken und glaubte fest an den Weitblick und die Weisheit der Partei und schließlich auch wieder an seine eigene Bedeutung als kleines Rädchen im großen Getriebe. Die Partei kümmerte sich um ihn. Man bot ihm wieder eine Stelle in der Agitprop-Abteilung an, schickte ihn jedoch erst zur vollständigen Genesung in ein Sanatorium im Kaukasus. Dort traf er auf typische Vertreter der alten und neuen bolschewistischen Garde, die allesamt eines verband: kraftvolle Begeisterung und eine hoffnungslos zerrüttete Gesundheit. Die einen hatten sie in zaristischen Folterkellern gelassen, die anderen beim schonungslosen revolutionären Aufbau.

Nach seiner Rückkehr heiratete Pawel Natascha und trat seinen Dienst in der Propagandaabteilung an. Dort kamen ihm die heldenhaften Taten der Jungkommunisten in Magnitogorsk zu Ohren. Er verschlang die Berichte, in denen er so viel Bekanntes entdeckte. Aber was waren die Strapazen beim Bau der Eisenbahnstrecke im Vergleich zu den gigantischen Anstrengungen, das weltweit größte Kombinat aus dem Boden zu stampfen? Gegen den Rat sowohl der Partei als auch der Ärzte machte sich Pawel mit seiner Frau Natascha nach Magnitogorsk auf. Er wollte wieder ganz vorn mit dabei sein. Aber sein verzweifelter Versuch endete enttäuschend. Körperlicher Arbeit war er nicht mehr gewachsen, leichtere Aufgaben waren mit anderen Parteigenossen besetzt, und unproduktiven Mitgliedern der Gesellschaft konnte man an so wichtigen Brennpunkten natürlich auch keinen Wohnraum zur Verfügung stellen. Pawel wollte sich die Schmach ersparen, als Gescheiterter in seine Heimatstadt zurückzukehren. Und so kam es, dass er sich mit Natascha in dem kleinen Baschkirendorf niederließ. Es schmerzte ihn sehr, seiner Familie nichts Besseres bieten zu können, und er klagte, wie schrecklich es für ihn sei, die anderen Männer zur Arbeit gehen und viel Geld verdienen zu sehen.

Er hatte Johann und Ernst nicht alles geschildert, und sie hatten längst nicht alles verstanden, aber sie waren auch so tief beeindruckt von dieser Lebensgeschichte. Sie schütteten literweise Tee in sich hinein und brachen schließlich auf, um Pawels väterlichen Freund zu besuchen. Dem ging es finanziell besser. Er arbeitete in der örtlichen Kolchose und war ein lustiger Typ. Bei ihm saßen eine ganze Reihe von Kollektivbauern. Witzbolde unter sich. Johann und Ernst taten sich sprachlich schwer, aber es reichte, um hin und wieder mitlachen zu können. Die Stimmung war ausgezeichnet. Man freute sich über die willkommene Abwechslung durch die Reisenden und lud sie für den Abend in den Club ein. Als Erstes stünde zwar eine Parteiversammlung auf dem Programm, aber anschließend würden Musik und Tanz geboten. Die Musikkapelle bestand aus einem Harmonikaspieler und einem Jungen, der eine selbst gemachte Holzpfeife meisterhaft beherrschte. Tanz hieß, dass immer abwechselnd einer der Umstehenden in die Mitte trat und in einem Solo auf der Stelle tanzend den Takt trippelte oder stampfte – je nach Statur; ruhig oder wild – je nach Temperament. Den Gästen wurde eine Sitzbank zugewiesen, von der sie einen ungehinderten Blick auf das Geschehen hatten. Insgesamt waren etwa vierzig Menschen versammelt. Einer von ihnen war ein Parteigenosse aus Magnitogorsk, ein Angehöriger der Geheimpolizei GPU, der auch erst mittags hier eingetroffen war. Er sollte untersuchen, warum im Dorf weniger Waren ankamen, als von Magnitogorsk aus losgeschickt wurden. Er glaube nicht an simple Betrügereien, meinte er im weiteren Verlaufe des Abends. In Zeiten wie diesen handele es sich um gezielte Sabotage. Aber er würde den Dingen auf den Grund gehen und hart durchgreifen. Das sei er der Partei und seinem Land schuldig. Bei dieser grandiosen Aufgabe, eine neue Sowjet-Zivilisation zu errichten, dürfe niemand abseits stehen.

Wieder zurück in Pawels winziger Hütte, kredenzte seine Frau noch ein gegorenes Milchgetränk, das sofort zu Kopf stieg. Die Atmosphäre war derart locker, dass Johann endlich eine Frage loswurde, die ihn schon die ganze Reise über beschäftigte, die er sich aber in nüchternem Zustand nie zu stellen getraut hätte. Das wäre ihm trotz seiner Neugier zu peinlich gewesen. Ihm war aufgefallen, dass er bei den Baschkirenbabys weder Windeln noch Tücher gesehen hatte, und er zerbrach sich den Kopf, wie diese unappetitliche Angelegenheit ohne die ihm bekannten Hilfsmittel bewältigt werden konnte. Als Pawel und seine Frau endlich begriffen, worauf Johann hinauswollte, mussten sie lachen. Dann klärten sie ihn auf. Bei den Baschkiren werden die Babys häufig gestillt, etwa ein Mal die Stunde. Im Anschluss daran halten die Frauen die Kinder über einen Eimer und streichen so lange sanft über den Bauch, bis beide Varianten der Notdurft erledigt sind. Praktisch, dachte Johann. Aber ob es auch gesund ist? Damit war dieses Thema für ihn erledigt.

Bei Pawel ging es zu wie im Taubenschlag. Irgendeiner steckte immer mal eben die Nase herein. Bei der Gelegenheit kauften Johann und Ernst von ein paar Mädchen, die auf einen kurzen Plausch vorbeischauten, einige Ringe und Armbänder als Mitbringsel für ihre Frauen. Bis Magnitogorsk war es nicht mehr weit, und so standen sie am nächsten Morgen zwar sehr früh auf, machten sich aber erst mittags endgültig auf den Heimweg. Den Vormittag verbrachten sie damit, eine neue Grube zu besichtigen, in der erst vor kurzem reiche Eisenerzvorkommen entdeckt worden waren. Die Mine sollte nun zügig ausgebeutet und das Erz sowohl nach Magnitogorsk als auch nach Bjelorezk transportiert werden. Die Verabschiedung von Pawel und seiner Familie geriet zu Johanns Verblüffung herzlicher, als es eigentlich seine Art war. Er versprach wiederzukommen. Die Kraft Pawels faszinierte ihn. Eine tolle Reise, dachte Johann, und ließ die Landschaftsbilder in seinem Kopf ablaufen. Seine ganz persönliche Fotoserie. Anfang und Abschluss bildete die endlose Steppe, die sich wieder vor ihnen ausbreitete, als sie von den Bergen herunterfuhren. Gegen Abend erreichten sie die heimischen Baracken. Zwei durchgefrorene bärtige Typen, hungrig, müde und zufrieden. Als sie die gut geheizte Kantine betraten, in der fast alle gerade beim Abendbrot saßen, wurden sie mit großem Hallo empfangen und aufgefordert, haarklein zu erzählen. Anna war ganz aufgeregt und erleichtert, dass Johann heil wieder zu Hause war. Ihr Blick sprang zwischen Meike und Johann hin und her. Sie erwartete eine stürmische Begrüßung und hätte ihn am liebsten selbst umarmt. Aber nichts dergleichen. Sie suchte vergeblich nach einer Gefühlsregung in den Gesichtern ihrer Freunde und registrierte verwundert die beinahe unterkühlte erste Berührung nach dieser langen Zeit ohne jegliche Nachricht voneinander.

Anna und ihre Eltern hatten sich gerade einigermaßen in Magnitogorsk eingelebt, da stellte sich heraus, dass ihre deutschen Ausreisedokumente nicht vollständig gewesen waren. Ein Formfehler, der nur in Berlin zu beheben war. Die ganze Familie musste sich auf den Weg machen. Ärgerlich, aber nicht zu ändern. Die Fahrt verlief reibungslos, ohne nennenswerte Zwischenfälle. Auch der Anschluss in Moskau klappte mit erträglichen Wartezeiten. Bei den überfüllten Bahnhofshallen ein Vorzug, den nur diejenigen wirklich ermessen können, die dort länger ausharren müssen. Innerhalb eines Tages waren die notwendigen Formalitäten in Berlin erledigt, und man konnte sich wieder auf den Rückweg machen. In Moskau hatten sie eine Übernachtung eingeplant, um sich in Ruhe mit entsprechendem Proviant für die Weiterreise nach Magnitogorsk eindecken zu können. Diesmal ohne jegliche Komplikation.

Alles verläuft planmäßig und ohne Hektik. Es schneit heftig, aber damit können die Moskauer gut umgehen, und die drei erreichen rechtzeitig den Bahnhof. In der Halle, wie immer, dicht gedrängte Menschenmassen. Die Luft ist verbraucht und schlecht und viel zu warm. Glücklicherweise hat Anna mit ihren Eltern noch einen Sitzplatz ergattert. Diesmal hat der Zug Verspätung, Genaueres ist nicht herauszubekommen. Sicherheitshalber stellen sich die drei auf eine mehrstündige Warterei ein. Ungeduld bringt nichts außer Ärger, besser, sich ins Unvermeidliche zu fügen. Schräg gegenüber sitzt ein Paar mit einem etwa vierjährigen Mädchen. Die Erwachsenen nebeneinander auf der Bank, das Kind auf einem Koffer im Gang. Es dauert eine Weile, bis Anna aus den Gesprächsfetzen erfährt, dass es auch Deutsche sind. Aber anscheinend an keinerlei Kontakt interessiert. Die Eltern der Kleinen – wirklich die Eltern? – fallen durch gesunde Gesichtsfarbe auf, das Kind ist blass, seine Augen rot unterlaufen. Der Mann – beinahe braun gebrannt, grauhaarig, grob geschnittenes Gesicht und stechende Augen. Der duldet wohl keinerlei Widerspruch und brüllt gern, denkt Anna, so wie der aussieht! Die Frau – erheblich jünger, blonde ungepflegte Haare, stumpfer Gesichtsausdruck. In einem Abstand von gut anderthalb Metern das kleine Mädchen. Es wirkt müde und unendlich traurig. Anna sucht Blickkontakt. Aber die Kleine traut sich nicht. Was sind das bloß für Leute, wundert sich Anna. Sie ist immerhin siebzehn und sitzt auf der Bank direkt neben ihren Eltern. Wie kann man ein so kleines Kind so verloren im Gang sitzen lassen!

Lange Zeit ist kein Wort gefallen. Hin und wieder unverständliche Durchsagen, Gegröle vom anderen Ende der Bank, Gekreische von einer Gruppe junger Frauen, die keinen Platz mehr bekommen haben und eifrig erzählend zwischen den Bankreihen flanieren. Das kleine Mädchen richtet sich auf, will etwas sagen. Der späte Vater reagiert unwirsch, und dem Kind erstirbt das Wort. Ein scheuer Blick zur Mutter. Die reagiert gar nicht. Es ist langweilig. Das Kind sitzt die ganze Zeit da ohne Beschäftigung. Vielleicht hat die Kleine Durst oder Hunger? Vielleicht muss sie zur Toilette? Anna hat Schokolade dabei. Soll sie sich einmischen? Mit welchem Recht? Möglicherweise gibt's Ärger. Wer weiß, was das für Leute sind! Und dann in einem fremden Land, dessen Sprache sie nur ungenügend spricht. Sie versucht sich gedanklich abzulenken, schafft es aber nicht. Die Kleine ist ja auch viel zu warm angezogen, fällt ihr plötzlich auf. Während das seltsame Elternpaar seine Jacken und Mäntel abgelegt hat, ist das Mädchen bis oben hin zugemummelt. Vielleicht ist es ihm einfach zu warm. Das Mündchen zittert und verzieht sich immer wieder, als begänne es zu weinen. Es macht den Eindruck, als traue sich das Kind nicht einmal das. Ob es geschlagen wird? Warum haben die Eltern einen sonnengebräunten Teint und das Kind eine beinahe grünlich schimmernde Blässe? Ob es krank ist? Noch weniger zu verstehen, dass es dann so ganz allein da sitzt. Schon wieder eine halbe Stunde vergangen. Kein Wort. Mittlerweile haben die Erwachsenen etwas zu lesen ausgepackt. Das Kind sitzt apathisch auf dem Koffer, hin und wieder der bebende kleine Mund und hilflos umherblickende Augen.

Plötzlich steht der Mann auf. Er ist kräftig und groß. Er geht in Richtung Ausgang. Kaum ist er außer Hörweite, sagt das dünne Stimmchen des verschüchterten Mädchens: »Mama, ich …«, weiter kommt es nicht. »Schsch«, zischt die Alte, die so alt noch gar nicht sein kann. Dreißig vielleicht. Sie hat wohl auch Angst vor ihrem Begleiter. Anna sieht, wie dieser unsympathische Hüne am Ende der Bankreihe mit anderen Wartenden lacht und scherzt. Als er zurückkommt – versteinerte Miene. Er würdigt das Mädchen und die Frau keines Blickes. Das Kind weint still vor sich hin, die blonde Frau starrt in die Gegend, der Mann sitzt und tut so, als ginge ihn das alles gar nichts an. Anna ärgert sich über sich selbst. Warum steht sie nicht einfach auf, geht die paar Schritte und tröstet die Kleine? Was sind das für Monster? Wieder eine gute halbe Stunde vergangen. Die Frau erhebt sich und verschwindet in Richtung der Toiletten. Kein Wort. Die Blicke des Mädchens wandern der Mutter hinterher. Als die Frau wiederkommt und an ihrer Tochter vorbeigeht – kein aufmunterndes Wort, keine liebevolle Berührung, nichts, gar nichts. Der Zug nach Magnitogorsk ist abfahrbereit, heißt es plötzlich. Anna und ihre Eltern raffen das Gepäck zusammen und gehen zum Bahnsteig. Ihre Sitzplätze bleiben nicht lange leer. Drei der ununterbrochen kichernden jungen Frauen, die sich offenbar so viel zu erzählen haben, breiten sich auf den Sitzen aus, ohne den Gesprächsfaden abreißen zu lassen.

Zurück in Magnitogorsk vergingen einige Wochen mit zum Teil öden Tagen und meist unterhaltsamen Abenden, bis Anna allseits kundtat: »Ich muss hier irgendwas Sinnvolles tun.« Nun waren die ausländischen Arbeiter und Architekten zum großen Teil mit Familie gekommen, das hieß, die Kinder brauchten Unterricht. Diese Aufgabe erledigte eine Frau Müller, von Beruf Lehrerin und mit einem Ingenieur verheiratet. Frau Müller wohnte mit ihrem Mann allerdings in Amerikanka, so nannten hier alle das Viertel, das eigentlich Bereski hieß. Bereski bestand aus annähernd hundertfünfzig solide gebauten Steinhäusern mit fließendem Wasser und Dampfheizung, etwa zehn Kilometer von den Arbeitsplätzen in Magnitogorsk entfernt. Die meisten der drei- bis vierhundert Bewohner dieser vergleichsweise luxuriösen Vorstadt waren amerikanische Fachleute. Daher der Name Amerikanka. Aber auch einige deutsche Ingenieure sowie hohe Sowjetfunktionäre lebten hier.

Frau Müller hatte ein doppeltes Problem. Einmal war es sehr umständlich und beschwerlich, von einer Siedlung zur anderen zu gelangen, denn im Winter türmte sich der Schnee, in der Tauwetterperiode blieb man im Schlamm stecken, und die staubige Hitze im Sommer kostete unendlich Kraft. Zum anderen war die deutsche Kolonie immer weiter gewachsen, so auch die Zahl der Kinder im Alter zwischen sechs und vierzehn, die unterrichtet werden mussten. Die Müller war längst ein Nervenbündel, als ihr Annas Wunsch zu Ohren kam. Die gelernte Pädagogin bot dem jungen Mädchen an, sich um die Erstklässler zu kümmern und ihnen Lesen und Schreiben und ein bisschen Rechnen beizubringen. Anna war begeistert von dieser Aufgabe. Ihre anfänglichen Zweifel, dafür doch gar nicht ausgebildet zu sein, zerstreute Frau Müller aus verständlichem Eigeninteresse und behauptete, dass eine pädagogische Ausbildung erst bei den größeren Kindern von Belang sei. Der Unterricht fand wie bisher für alle gleichzeitig in einem Raum statt, nur ab sofort mit zwei Lehrkräften. Es dauerte nicht lange, bis Anna feststellte, wie schwierig es war, Kindern das Alphabet beizubringen, und wie anstrengend, das in der Geräuschkulisse eines

Zimmers zu tun, in dem sich zur selben Zeit auch die älteren Schüler samt Lehrerin aufhielten. Aber aufgeben? Das war nicht ihre Sache. Eines Tages fragte Frau Müller, ob Anna denn schon ein Arbeitsbuch habe. Hatte sie nicht. Sie wusste nicht einmal, dass sie so etwas hätte beantragen müssen. Also machte sie sich auf den Weg zur zuständigen Behörde, die ebenfalls in einer Baracke untergebracht war, und setzte stolz ihre mittlerweile erworbenen russischen Sprachkenntnisse ein. »W schkolje«, in der Schule wolle sie arbeiten. Ihr russisches Gegenüber fischte nach den passenden Papieren und fragte: »Als was denn?« Annas Antwort kam wie aus der Pistole geschossen: »Kak uborschtschiza«, wobei sie felsenfest der Meinung war, dass dieses komplizierte Wort Lehrerin heißen musste. Der Beamte schüttelte den Kopf und meinte trocken: »Njet.« Anna hatte sich innerlich schon auf diverse Schwierigkeiten und bürokratische Verhinderungsstrategien eingestellt und schleuderte dem Mann kampfeslustig ein entschlossenes »Doch!« entgegen. Der ließ sich nicht aus der Ruhe bringen und wiederholte gelassen und kein bisschen lauter als vorhin: »Njet.« Das ging eine Weile so hin und her, bis der russische Beamte Anna mitleidig anschaute und fragte: »Wo arbeiten Sie denn? In welcher Schule?« »Bei den deutschen Kindern.« »Njet«, wiederholte er. Anna war den Tränen nahe, aber den Triumph gönnte sie diesem sturen Behördenmenschen nicht, nahm all ihren Mut zusammen und forderte nunmehr auf Deutsch eine Erklärung. In der Dienststelle ging die Sucherei nach einem Kollegen los, der ein wenig Deutsch sprach. Endlich war er gefunden. Er ließ sich zunächst von seinem Landsmann über das Problem informieren, befragte Anna und fing plötzlich fürchterlich an zu lachen. Anna verstand nun gar nichts mehr. Machten die sich jetzt auch noch über sie lustig? Nachdem sich alle Anwesenden ausgiebig amüsiert hatten – mittlerweile waren aus den Nachbarbüros neugierige Kollegen dazugekommen –, klärte man Anna endlich über das Missverständnis auf. Sie hatte nur die Vokabeln verwechselt: Statt Utschitjelniza für Lehrerin hatte sie sich als Uborschtschiza, Putzfrau, bezeichnet. Dem jungen Mädchen war das alles sehr peinlich, aber letztlich konnte sie erleichtert das Arbeitsbuch in Empfang nehmen.

2.

So gewaltig der Winter über die Steppe hereinbrach, so gewaltig verschaffte sich der Sommer Raum. Die Landschaft nahm sich keine Zeit für gemächliche Übergänge. Hier wurde kein Frühling eingeläutet. Hier erschien der Sommer mit Paukenschlag. Im April hatte eine dicke Eisschicht noch alles im Griff. Anfang Mai taute der Boden so schnell, als hätte jemand unterirdische Kochplatten angestellt. Schlammige Brühe breitete sich aus. Auch die Latrinen tauten auf und fingen an zu stinken. Mitte Mai hatte die Sonne den Schlamm zu Staub getrocknet, die Hitze wenig später das gerade erst grünende Steppengras verbrannt. Ungeziefer, das in der Isolierung der doppelwandigen Barackenwände überwintert hatte, übernahm das Kommando. Die Plage war so schlimm, dass ein paar Baracken weiter, in einer Entfernung von fünfzig bis hundert Metern, die russischen Arbeiter und die zwangsverpflichteten Kulaken nachts die Bretter ihrer Bettgestelle auf die Straße legten, um dort zu schlafen und nicht von Wandläusen aufgefressen zu werden. Hin und wieder wurden alle Möbel rausgeräumt, mit heißem Wasser traktiert, aber das Ungeziefer überlebte sämtliche Attacken.

Im Juni begannen die Ferien. Die russischen Kinder fuhren mit ihren Lehrerinnen immer in ein Sommerlager, nach Jangelsk, dreißig Kilometer von Magnitogorsk entfernt. Den deutschen Kindern bot man an mitzukommen. Anna war sofort dafür. Achtzehn Schüler aller Altersstufen auch, und so begab sich diese Gruppe zusammen mit den Russen per LKW durch die Steppe ins

Ferienlager. Frau Müller blieb in Amerikanka. Jangelsk war genau das, was man sich unter einem typisch russischen Dorf vorstellt: rechts und links der Straße lauter kleine Holzhäuser mit Garten drum herum. Die Fensterläden und das Gesims zum Teil kunstvoll geschnitzt und bemalt. In der Dorfschule, dem größten Gebäude von Jangelsk, hatte man für die Urlauber Pritschen aufgestellt. Eines der Klassenzimmer war für die deutschen Kinder vorgesehen, zwei für die russischen, und ein separater Raum diente den Lehrerinnen als Schlafgelegenheit. Doch Anna machte von diesem Angebot keinen Gebrauch, sie wollte bei ihren Schülern bleiben. »Ich kann sie doch nicht allein lassen«, erklärte sie ihr Verhalten den russischen Kolleginnen. »Ich spreche wenigstens ein bisschen Russisch, aber die Kinder überhaupt nicht. Die haben vielleicht Angst so ganz allein.«

Gleich in der ersten Nacht fielen die Wanzen über sie her. Annas Körper war von Bissen übersät, die sich im Handumdrehen zu unförmigen Hubbeln entwickelten und entsetzlich juckten. Als die Russinnen das merkten, waren sie sehr verwundert, zeigten ihre unversehrten Arme und Beine und luden Anna ein, die kommende Nacht vielleicht doch im Lehrerzimmer zu verbringen. Eigentlich war es nicht zu begreifen, denn die Zimmer trennte nur ein Gang, der für Wanzen schließlich kein unüberwindliches Hindernis darstellte. Aber aus unerfindlichen Gründen machten diese Viecher um den Schlafraum der Erwachsenen einen Bogen. Zunächst quälte sich Anna mit schlechtem Gewissen, denn die Kinder wurden von den Wanzen weiter drangsaliert. Sie erleichterte sich ihre Entscheidung, dauerhaft zu ihren Kolleginnen zu ziehen, mit verschiedenen Beruhigungsstrategien: Die Kinder hatten sich schließlich kaum beklagt, also litten sie wohl nicht so sehr darunter wie Anna. Außerdem lebten sie alle schon viel länger in dieser Gegend und waren demzufolge an solche Dinge eher gewöhnt. Und zu guter Letzt machten sich die russischen Lehrerinnen auch nicht verrückt damit, dass sie ihren Schützlingen die Wanzenbisse nicht ersparen konnten.

Für Annas Sprachkenntnisse war die Zeit des Ferienlagers ein Gewinn. Es blieb ihr gar nichts anderes übrig, als sich der neuen Sprache zu bedienen. Keine der Lehrerinnen war des Deutschen mächtig. Auch wenn die Frauen abends zusammensaßen, eine Unterhaltung war nur auf Russisch möglich. Wissbegierig schnappte Anna immer mehr Wörter auf. Sie hatte den Klang im Ohr, die Aussprache kompliziertester Lautverbindungen bereitete ihr kaum noch Schwierigkeiten – sie wusste nur vielfach nicht, was es bedeutete. Manchmal benutzte sie Ausdrücke nur nach Gefühl. Sie hatte keine Ahnung, was sie da sagte, aber das Empfinden, es könnte irgendwie passen. Eine häufig gebrauchte Formulierung war »eto wsjo rawno«, und Anna machte sie sich zu Eigen. Da niemand lachte oder verwundert schaute, schien es wohl richtig zu sein, wie sie den Ausdruck einsetzte, der so viel hieß wie »ist ja egal«. In regelmäßigen Abständen kam ein Inspekteur zur Kontrolle, der die deutsche Sprache gelernt hatte. Anna sammelte die Begriffe, die ihr unklar waren, und ließ sie sich von ihm übersetzen. Auf die Weise begann sie sich langsam in die russische Sprache einzuleben.

Und dann war da noch dieser alte Arzt. Eines der Kinder hatte sich beim Herumtoben den Arm gebrochen, und man schickte Anna und das weinende Unfallopfer zu ihm. Der nicht besonders große Mann mochte etwa sechzig Jahre alt sein, fülliges graues Haar, gütige Augen. Anna gefiel die ruhige Art, mit der er das kaputte Kinderärmchen behutsam versorgte. Erst als sie schon mehrere russische

Sätze abgesondert hatte, verriet er seine guten Deutschkenntnisse. Er praktizierte bereits seit der Jahrhundertwende in diesem Distrikt. Wie sie später erfuhr, war er von jeher Sozialist und gleich 1905 in die Martowsche Gruppe der Menschewiki eingetreten. Auch nach der bolschewistischen Machtübernahme unterstützte er sozialdemokratische Positionen. Aber über Politik wollte er nicht reden. Das kam Anna sehr entgegen. Etwas anderes faszinierte sie. Der Doktor, er stellte sich als Nikolai vor, kannte das Gebiet zwischen Ufa und Magnitogorsk wie seine Westentasche, und was noch viel interessanter war, er wusste eine Menge über die Geschichte der Gegend.

Ursprünglich lebten hier nur Baschkiren, die sich der Viehzucht widmeten. Ein mühseliges Geschäft, denn der ungestaute Uralfluss versiegte im Sommer fast ganz und fror im Winter vollständig zu. Später zogen Mongolen und Tataren durch die Steppe. Die beiden etwa zweihundertfünfzig Meter hohen Hügel, die den Eisenkern von Magnitogorsk bilden, waren damals uninteressant. Im Laufe der Zeit entwickelte sich trotz der kargen Natur eine bescheidene Form von Ackerbau. Die Russen tauchten erstmals Anfang des 18. Jahrhunderts auf, als sie in Tscheljabinsk, ungefähr zweihundert Kilometer nordwestlich, einen militärischen Vorposten eingerichtet hatten. Sie erkundeten die Gegend, zeichneten Landkarten und versuchten Steuern einzutreiben, was sich die Bewohner aber nicht so ohne weiteres gefallen ließen.

Eines Tages fiel einem Russen auf, dass seine Kompassnadel verrückt spielte, und er nannte das Dorf am Fuß des Hügels, wo es passiert war, Magnitnaja, also das magnetische Dorf. Der Winter zwang ihn zur Heimkehr, aber im Frühjahr kam er mit einer Gruppe von Männern zurück, die er an diesem Hügel graben ließ. Dabei entdeckten sie Eisenerz in Hülle und Fülle. Die Dorfbewohner, Baschkiren und Kirgisen, interessierte das immer noch nicht. Sie ließen die Russen, die ihnen mit ihrer Graberei nur merkwürdig vorkamen, gewähren. Die Nachricht von den reichen Eisenerzvorkommen sprach sich schnell herum und weckte das Interesse eines russischen Großgrundbesitzers und Industriellen namens Mjasnikow. Der gründete 1747 einen Grubenbetrieb und setzte als Arbeitskräfte Leibeigene aus Zentralrussland ein. Im Sommer förderten sie das Erz, und im Winter wurde es mit Schlitten nach Bjelorezk abtransportiert und dort in kleinen mit Holzkohle beheizten Öfen geschmolzen. Auf diese Weise konnten jährlich knapp vierzig Tonnen Erz produziert werden. Für Mjasnikow ein einträgliches Geschäft. Bald nahm er einen Teilhaber auf, expandierte und bekam 1753 von Zarin Elisabeth den ganzen Magnetberg geschenkt. Dann folgten einige dunkle Transaktionen, bis sowohl die Grube als auch das Schmelzwerk in Bjelorezk in den Besitz eines Metallkonzerns mit Namen Vogau & Co. gelangten, dessen Anteile mehrheitlich von Franzosen und Belgiern gehalten wurden. Die Produktion stieg bis auf zweihundert Tonnen Erz jährlich.

1913 waren es schon 50000 Tonnen pro Jahr. Der Arzt merkte, dass Anna mit diesen Größenordnungen nichts anfangen konnte. »Für heutige Begriffe ist das natürlich lächerlich«, meinte er, »heute braucht man zwei Tage, um 50000 Tonnen zu erzeugen.« Als 1861 die Leibeigenschaft verboten wurde, übernahmen Baschkiren, Kirgisen und russische Gastarbeiter deren Aufgaben. Nikolai konnte sich einen Seitenhieb auf die Vereinigten Staaten von Amerika nicht verkneifen, wo es erst zwei Jahre später gelang, die Sklaverei abzuschaffen.

Die wesentlichen Arbeitsvorgänge blieben über die Jahre unverändert. Mit der Muskelkraft von Menschen wurde das Erz abgebaut, mit der Muskelkraft von Pferden transportiert. Man begnügte sich damit, das an der Oberfläche liegende Erz abzuschürfen. Es war ja im Überfluss und in bester Qualität dort vorhanden. Durch die Oktoberrevolution 1917 und den darauf folgenden Bürgerkrieg kam der Eisenerzabbau völlig zum Erliegen. »Wenn hier gar nichts mehr lief – warum hat man wieder damit angefangen? In dieser Wüste. In diesem Klima. Weitab von jeder Zivilisation. Und was das kostet!« Der alte Arzt lächelte verständnisvoll und antwortete geduldig auf Annas Einwände. »Unser Land hat ein gigantisches Experiment begonnen. Wir wollen eine gerechte Gesellschaft aufbauen. Genosse Lenin war noch der Ansicht, dieses Ziel mithilfe europäischer Länder erreichen zu können. Er war davon überzeugt, dass auch dort revolutionäre Prozesse eingeleitet würden. Genosse Stalin vertraut nur auf unser Land und die Kraft seiner Menschen. Wir müssen es allein schaffen. Notfalls gegen den geballten Widerstand der restlichen Welt. Und dafür brauchen wir die Schwerindustrie. Fabriken und Maschinen für die Produktion, also zum Aufbau; und Waffen für die Verteidigung, also zum Schutz des Landes.« Diese Worte beunruhigten Anna: »Sie tun ja so, als gäbe es morgen Krieg.« Statt darauf einzugehen, fuhr Nikolai mit seinen Erklärungen fort. »In Magnitogorsk sitzen wir auf Eisen. Im Kusbass in Westsibirien sitzen sie auf hundert Meter dicken Kohleflözen. Magnitogorsk und Kusbass liegen im Herzen des Landes, Tausende Kilometer von unseren Grenzen entfernt. Auch mit Flugzeugen nicht so ohne weiteres zu erreichen. Wir müssen das *hier* machen. Und was die Kosten angeht – für Kapitalisten ist diese

Aufgabe zu gewaltig, wir überlassen die Lösung den Arbeitern.« Ohne den letzten Satz in seiner ganzen Tragweite verstanden zu haben, fragte Anna weiter: »Sehen das die meisten Menschen so? Oder gab's auch Streit und Widerstände?« Der Alte nickte heftig, und Anna rätselte, ob sich die Zustimmung auf den ersten oder den zweiten Teil ihrer Frage bezog. »Oh ja, es gab diesen Streit«, seufzte Nikolai. Er dachte lange nach, und es machte den Eindruck, als wolle er es bei dieser kurzen Antwort bewenden lassen. Doch schließlich erzählte er vom Industriegebiet in der Ukraine und im Donbass.

Diese Gegend verfüge über eine relativ gut ausgebaute Infrastruktur, sagte er. In den Jahren zwischen 1925 und 1930 waren immer wieder Einwände sowohl von Wissenschaftlern als auch von Wirtschaftsführern zu hören. Als Erstes kritisierten sie die im Vergleich zum Donbass doppelt so hohen Grundkosten des Ural-Kusbass-Industrieprojekts. Darüber hinaus bemängelten sie die unmenschlichen Anforderungen an Millionen von Arbeitskräften, die gebraucht wurden, um ein so gigantisches Industrieprojekt im wahrsten Sinne des Wortes aus dem Boden zu stampfen. Warum also nicht Vorhandenes ausbauen? Warum etwas Unvorstellbares aus dem Nichts aufbauen und dafür unendliches Leid in Kauf nehmen? Lohnten die Opfer? »Und warum haben sich die Kritiker nicht durchgesetzt?« – »Die Deutschen sind 1918 bis in die Ukraine gekommen. Verstehst du?« Nikolai erzählte noch etwas über die starke Persönlichkeit Stalins und dessen Entschlusskraft. Von der Rede, die Stalin im Februar 1931 vor Wirtschaftsführern gehalten hat: Innerhalb von zehn Jahren müsse das russische Volk mit den kapitalistischen Nachbarn gleichziehen, sonst würden die Feinde in Russland eindringen und es vernichten.

Nikolai sprach auch über seine eigenen Vorbehalte gegen die Rücksichtslosigkeit, mit der man bei der Industrialisierung des Landes zu Werke gehe, und über sein Verständnis dafür, dass in Prozessen von historischer Bedeutung Einzelschicksale nichts zählen, und seien es Millionen von Einzelschicksalen. »Eines Tages wird man uns dankbar sein. Nicht nur hier, überall auf der Welt. Aber ich werde das wohl nicht mehr erleben.«

An einem der irrsinnig heißen Sommermorgen luden die russischen Lehrerinnen Anna ein, mit ihnen in die Banja, in die Sauna, zu gehen. Anna vermutete zunächst, sie habe sich verhört. Bei der Hitze geht doch kein vernünftiger Mensch in die Sauna! Aber alle redeten auf sie ein, wie gut das tue, und Anna machte dann doch mit. Schließlich muss man sich in einem fremden Land auch auf fremde Dinge einlassen, dachte sie und nahm sich vor, zukünftig noch viel mehr auszuprobieren. Da gingen die Frauen also die staubige Dorfstraße entlang, vier Russinnen und die Deutsche, auf dem Weg in die Banja. Anna hatte das Gefühl, jeden Moment einen Hitzschlag zu erleiden. Die Sonne brannte unerbittlich, und die Banja lag am anderen Ende des Dorfes. Anna triefte jetzt schon aus allen Poren. Bei jedem leichten Luftzug, den sie im Grunde als wohltuend empfand, puderte der feine Staub der Straße ihre feuchte Haut. »Ich muss fürchterlich aussehen«, dachte sie und hätte sich gern mal in diesem Zustand betrachtet. Aber mit einem Spiegel war in absehbarer Zeit nicht zu rechnen. Endlich hatten sie das kleine Häuschen erreicht, das Anna an einen Brotbackofen erinnerte. Die Steine waren glühend heiß. Es standen Wasserbottiche herum, darin Schöpfkellen und daneben Birkenzweige. Anna ahmte alles nach, was ihr die Russinnen vormachten, auch das gegenseitige Abklopfen mit den Birkenreisern. An einem Brunnen konnte man sich abkühlen und dann wieder hinein in die dampfende Sauna. Obwohl sich an der Temperatur nichts geändert hatte, empfand Anna den Rückweg auf der Dorfstraße als angenehm kühl. Ein Besuch in der Banja gehörte von Stund an für sie zum Pflichtprogramm.

Anna wunderte sich sehr, als eines Tages Franz Kögler in Jangelsk angeritten kam. Dieser hagere, rotblonde Typ mit dem kantigen schmalen Gesicht war in Magnitogorsk für die deutsche Baracke als so genannter Politerzieher zuständig, ein Tscheche, verheiratet und überzeugter Kommunist. Er hielt seine Schulungen über die Sowjetunion und die Kommunistische Partei in der Roten Ecke ab, und im Prinzip bestand Anwesenheitspflicht für alle. Aber man nahm das wohl nicht so genau. Als Kögler versuchte, den deutschen Architekten die Internationale auf Russisch beizubringen, erntete er nur Gelächter. Von da an hatte er es schwer, überhaupt ernst genommen zu werden, und so versuchte er, sein ramponiertes Ansehen durch übertrieben autoritäres Verhalten aufzupolieren, was natürlich nicht gelang. Seine Auftritte waren nur noch peinlich. Wahrscheinlich gehörte es zu seinen Aufgaben als Politerzieher, auch im Sommerlager nach dem Rechten zu schauen, vermutete Anna. Sie dachte sich auch nichts dabei, als er sie nach dem Essen zu einem Spaziergang einlud, auf dem sie ihm in aller Ruhe erzählen könne, wie das Leben hier so ablaufe und wie sie zurechtkomme. Unbefangen und beinahe beflissen – schließlich wollte sie nichts falsch machen – berichtete Anna von der morgendlichen Gymnastik, den Spielen, den Singstunden und davon, dass die russischen und deutschen Kinder die meiste Zeit miteinander verbrachten und Wege gefunden hatten, sich zu verständigen. Sie merkte nicht, dass die beiden das Dorf schon weit hinter sich gelassen hatten, als Franz Kögler plötzlich zudringlich wurde. Es kam für sie so überraschend, dass sie zunächst gar nicht reagieren konnte. Er zwang ihr Küsse auf, hielt sie mit einem Arm fest und fing an, mit der anderen Hand an ihr herumzufummeln. Von einem Moment auf den anderen begann Anna – wie angeschaltet –, sich vehement zu wehren. Damit wiederum hatte Kögler nicht gerechnet und ließ sie los. Er guckte sie völlig verdutzt an, Anna funktionierte wie ein Automat, holte kräftig aus und versetzte ihm eine schallende Ohrfeige.

Sekundenlang standen beide wie angewurzelt da. In Anna kroch die Angst hoch. Dem Gesichtsausdruck von Franz Kögler war nichts zu entnehmen. Weit und breit waren die beiden allein. Schreien hätte überhaupt nichts gebracht. Wer hätte sie hier draußen hören sollen? Anna fixierte die graugrünen Augen in diesem langen hageren Gesicht und pumpte alle Energie in ihren Blick, als wolle sie den Mann hypnotisieren. Bloß keine Angst zeigen. Eher bring ich dich um, du Schwein. Hast du schon mal überlegt, was dir passiert, wenn das rauskommt? Was glaubst du, was die hier mit dir machen? Ich bin stark, und du bist ein elender Schlappschwanz. Und jetzt hau endlich ab. Gesagt hatte sie kein Wort, nur gedacht. Und Kögler wandte sich tatsächlich ab und ging zurück. Anna blieb stehen, schaute ihm nach, wusste plötzlich nicht mehr so genau, ob sie das träumte oder nicht, und ertrank dann in grauenhaften Bildern von Gewalt. War es jetzt vorbei und überstanden, oder würde er es sich doch noch anders überlegen? Sie wartete, bis der große dünne Mann ganz klein geworden war, sank zitternd zu Boden und weinte. Es lag nicht nur an der Sprache, dass sie den russischen Frauen nichts davon erzählte. Bisher hatte sie keine Sehnsucht nach ihrem neuen Zuhause in Magnitogorsk gehabt, aber jetzt fieberte sie mit jeder Faser der Rückreise entgegen, um mit Meike darüber reden zu können. Um es vorwegzunehmen: Anna hat die Vorträge von Franz Kögler nicht mehr besucht, und er hat sie auch nicht gemahnt. Wahrscheinlich hatte er viel zu viel Angst, Anna könnte ihn bei seiner Frau verpetzen.

Nach den vier Wochen Sommerlager stürzte sich Anna mit frischem Mut wieder auf den Unterricht, aber nach einiger Zeit merkte sie, dass diese Aufgabe ihre Kräfte überstieg. Meike war die Erste, die es erfuhr. Johann war der Nächste. Mittlerweile fühlte sich Anna regelrecht krank und bekam ihre innere Unruhe nicht in den Griff. Schlafstörungen und Appetitlosigkeit folgten. Meike und Johann waren vergattert, nichts zu verraten, aber sie machten sich Sorgen um das junge Mädchen, das immer blasser und dünner wurde. Johann hatte sich gleich zu Beginn wegen seines Asthmas in Behandlung eines amerikanischen Arztes begeben, den er regelmäßig aufsuchte. Als wieder einmal ein Termin anstand, nahm er Anna einfach mit, um sie in Amerikanka untersuchen zu lassen. Die erste Diagnose des Mediziners lautete Skorbut. Anna müsse umgehend zurück nach Deutschland. Hier in dieser Wildnis habe sie keine Chance, auf die Beine zu kommen. Mittendrin fragte er plötzlich: »Warum sind Sie eigentlich so nervös?« – »Ich bin doch nicht nervös.« – »Na, und ob Sie nervös sind. Was ist los mit Ihnen?« Mühsam zog er Anna jedes Wort aus der Nase, bis sie schließlich auch ihm erzählte, dass sie sich von der Lehrtätigkeit hoffnungslos überfordert fühlte. Und auf einmal war von Skorbut nicht mehr die Rede. Allerdings solle sie eher heute als morgen diesen Job drangeben. Darauf wäre sie möglicherweise auch ohne die Hilfe des Arztes gekommen. Johann und Meike hielten sich unter einem Vorwand den Abend frei, um mit Anna über ihre Zukunft zu beraten. Es war ja nicht nur von Belang, wie sie ihre Zeit in der Sowjetunion verbrachte. Viel wichtiger schien den beiden Holländern die Frage zu sein, wie Anna sich ihr weiteres Leben in Deutschland vorstellte.

Da erst fiel Anna auf, dass sie sich darüber überhaupt noch keine Gedanken gemacht hatte, und es ärgerte sie ungemein, weil es so kurzsichtig und dumm war. Warum hatte ihre Mutter sie nicht danach gefragt? Warum befassten sich wildfremde Menschen so liebevoll mit ihr? Bevor sie in Selbstmitleid zerfließen konnte, suchte sie nach einer vernünftigen Antwort auf die Frage nach der Perspektive und fand sie erstaunlich schnell: »Architektur interessiert mich, hat mich schon immer interessiert. Durch Eugen, durch Onkel Franz. Den May habe ich in Frankfurt auch schon kennen gelernt. Ja, Architektur könnte mich reizen.« Meike kommentierte kurz: »Sehr vernünftig.« Johann wandte sich sofort der praktischen Umsetzung zu. »Wenn du später in Deutschland Architektur studieren willst, dann brauchst du ein Praktikum. Mach's doch hier. In der Tischlerei. Dann kannst du zu Hause gleich loslegen.« Anna war Feuer und Flamme. Der Leiter der Tischlerei, ein Deutsch sprechender Bulgare namens Kutur, der mit seiner Frau Tanja in Magnitogorsk lebte, willigte nach anfänglichem Widerstand ein. Der Tischlermeister Rosenkranz, ein Deutscher, fand die Idee, einen weiblichen Lehrling auszubilden, zunächst etwas ungewöhnlich. Aber Annas persönliche Vorstellung überzeugte Kutur und Rosenkranz. Sie beschlossen, das junge Mädchen väterlich unter ihre Fittiche zu nehmen. Ganz einfach war die Situation ja wirklich nicht. Die hier lebenden weiblichen Wesen waren entweder gestandene Ehefrauen oder Kinder. Anna mit ihren siebzehn Jahren hing so richtig dazwischen und musste hin und wieder schon mit Nachdruck klarstellen, dass sie kein Freiwild war.

Frau Müller reagierte nicht gerade begeistert, als Anna ihr den Entschluss mitteilte, aber sie hatte schon so etwas kommen sehen. Ihr selbst ging es gesundheitlich ja kaum besser, und sie war eine ausgebildete Pädagogin mit Erfahrung. Auch wenn es ihr schwer fiel, wünschte sie dem jungen Mädchen viel Glück für die kommende Aufgabe. Nun brauchte Anna ein neues Arbeitsbuch, denn jetzt war sie Utschenik stolara, Tischlerlehrling. Diesmal gab es keine sprachlichen Komplikationen. Die Tischlerei befand sich direkt neben dem Projektbüro, ebenfalls in einer Baracke. Etwa zehn Leute waren dort beschäftigt. Unter anderem auch ein russischer Tischlermeister, der nach alter Tradition Möbel baute und nach eigenem Rezept Politur herstellte. Mit dieser Flüssigkeit bearbeitete er seine Werke sieben, acht Mal hintereinander, immer unterbrochen von akribischem Schleifen und Polieren. Das machte die Oberfläche nahezu unverwüstlich. Seine Möbel enthielten weder Nägel noch Schrauben oder Leim. Die einzelnen Bretter wurden verzapft, also konisch ineinander geschoben. Als einzige Frau war Anna hier so etwas wie ein Wundertier. Aber nach anfänglicher Skepsis und Zurückhaltung wurde sie von der gesamten Belegschaft akzeptiert. Sie lernte, Zapfenlöcher zu stemmen, zu hobeln und auch den Hobel zu richten, damit er keine Scharten schnitt. Mit ihrem Einsatz und ihrer unkomplizierten Art gewann sie den Respekt ihrer männlichen Kollegen.

Eines Tages machte die Nachricht von einem Unglück an den Hochöfen die Runde, dessen Folgen durch die kopflose Reaktion der zuständigen Leute wesentlich verschlimmert wurden. Menschen waren zum Glück nicht zu Schaden gekommen, aber der materielle Verlust ging in die Millionen. Dabei hätte man ihn durch richtiges Verhalten auf einen Bruchteil begrenzen können. Das Holzgerüst um einen Hochofen hatte irgendwie Feuer gefangen. Zwischen Hochofenwand und Gerüst waren feuerfeste Ziegel gemauert, um das Holz vor der Hitze zu schützen. Statt nun in Ruhe abzuwarten, bis die Holzkonstruktion niedergebrannt war, bestand die herbeigerufene Feuerwehr darauf, den Brand zu löschen. Die anwesenden sowjetischen und ausländischen Ingenieure warnten verzweifelt vor den Auswirkungen. Ließe man das Feuer brennen, so wären nur die Bretter und ein paar Arbeitstage verloren. Mit einigen tausend Rubeln – eine lächerliche Größenordnung für Magnitogorsker Verhältnisse – hätte sich der Schaden leicht beheben lassen. Aber die heißen Mauern mit kaltem Wasser abzuspritzen, würde auch die kostbaren importierten feuerfesten Ziegel zerstören. Die Einwände halfen nichts. Es wurde gelöscht. Dafür war die Feuerwehr schließlich da. Der anschließende Schaden belief sich auf 1,2 Millionen Rubel. Die Reparatur sollte sich über mehrere Monate hinziehen. Der rege Telefon- und Telegrafieverkehr mit Moskau führte gleich am nächsten Tag zur Verhaftung des Betriebsleiters, einiger seiner Untergebenen und des Einsatzleiters der Feuerwehr. Aus undurchsichtigen Gründen erreichte ein anderer Betriebsleiter innerhalb kürzester Zeit die Freilassung aller Verhafteten, und über die Zusammenhänge wurde nun allenthalben wild spekuliert.

Johann hatte sich angewöhnt, für die freien Tage Touren zu organisieren. Manchmal fuhren sie nur zu dritt: Johann, Meike und Anna. Manchmal kamen auch Annas Eltern oder Arbeitskollgen mit. Entweder ging's zum

Schwimmen an die Plotina, den Stausee, oder sie wanderten durch die Steppe. Ihre Erkundungsreisen führten sie immer weiter hinaus, sodass die Strecken nicht mehr an einem Tag bewältigt werden konnten. Also packten sie Decken und Planen auf den Pferdewagen und übernachteten im Freien. Die Sommernächte in der Steppe konnten empfindlich kalt werden. Und so passierte es mehr als ein Mal, dass die Ausflügler allesamt, Männer und Frauen, unter den Decken eng zusammenkrochen. Anna fühlte sich wie in einer großen Familie sicher und geborgen. Und an den verrückten Ideen Johanns fand sie immer mehr Gefallen. Als sie eines Abends davon schwärmte, mal wieder einen richtigen Wald zu sehen, reagierte Johann prompt und schlug eine Tour von etwa dreihundert Kilometern vor, damit Anna ihren Wald erleben konnte. Die anderen machten sich zwar lustig und erklärten die beiden für verrückt, fuhren aber schließlich auch mit. So etwas wollten sie sich denn doch nicht entgehen lassen. Auf diesem Ausflug hörten sie nachts die Wölfe heulen. Anna versuchte Johann, an dessen Seite sie lag, ihre Empfindungen zu beschreiben. »Ist es dumm, dass ich keine Angst habe?« – »Nein, das ist nicht dumm. Ganz im Gegenteil.« – »Wieso?« – »Weil sicher ist, dass die Wölfe nicht bis hierher kommen. Und dass du das spürst, ohne es zu wissen, ist nicht dumm, sondern wunderbar.«

Eine dieser Touren führte Johann und Anna in einen nahe gelegenen landwirtschaftlichen Betrieb. Meike war zu Hause geblieben, sie hatte keine Lust, sagte aber, dass sie sich nicht wohl fühle und ausruhen wolle. Die Initiative ging diesmal von Aleksandr, einem russischen Kollegen, aus, dessen Bruder Fjodor auf dem Gut als Verwalter arbeitete. Zu dritt machten sie sich auf den Weg. Der staatliche Bauernhof war erst vor einem Jahr angelegt worden, um Magnitogorsk aus nächster Umgebung besser versorgen zu können. Sergej Ordschonikidse, der Kommissar für Schwerindustrie, hatte sich höchstpersönlich darum gekümmert, dass von Moskau aus entsprechende Baumaterialien, Maschinen und Saatgut angewiesen wurden. »An alles haben sie gedacht«, meinte Aleksandr unterwegs, »alles ist vorhanden – außer gutem Grund und Boden, und Menschen, um diesen zu bebauen.« Das in die Steppe gepflanzte Gut kämpfte nicht nur gegen fehlende Niederschläge und eine hauchdünne Humusschicht. Es litt auch unter Treibstoff- und Reifenmangel. Die einzige Verbindung zwischen dem Hof und der Stadt hielten LKWs aufrecht. Bei dem schlechten Straßenzustand war der Verschleiß enorm. Doch nach der großzügigen Anfangsausstattung fühlte sich niemand mehr so recht zuständig, und Reifen und Benzin wurden für strategisch Wichtigeres, nämlich den Aufbau der Schwerindustrie, benötigt. Wegen des beängstigenden Personalmangels war es der Betriebsleitung gestattet worden, die Löhne für Mechaniker und Traktorenführer kräftig zu erhöhen. Doch auch eine Verdoppelung des Verdienstes konnte das Problem nicht lösen.

Es war Mittag, als die drei das Gut erreichten. Die Sonne brannte unbarmherzig. Der landwirtschaftliche Betrieb siedelte im weiten flachen Tal des Uralflusses. Freies Land, so weit das Auge reichte, nur leider ziemlich unfruchtbar. Um einen Brunnen herum standen ein paar Gebäude, darunter ein großes, aber fast leeres Lagerhaus, ein Verwaltungsgebäude, eins für die Schlaf- und eins für die Speiseräume. In Richtung Fluss schlossen sich ein Kuhstall und noch weitere Bauten an. Anna fiel sofort auf, dass überall landwirtschaftliche Maschinen im Freien standen. Aleksandr erklärte ihr, warum: »Vieh oder

Menschen würden sterben, wenn sie im Winter kein Dach über dem Kopf hätten, aber nicht die Maschinen.« Und das Bauholz habe für Geräteschuppen eben nicht mehr gereicht. Wie einfach die Dinge doch manchmal liegen, dachte Anna und ärgerte sich über ihre Frage. Fjodor begrüßte seinen Bruder mit überschwänglicher Freude und bezog die beiden Ausländer mit ein. Von nun an gestaltete sich die Unterhaltung etwas umständlicher, denn Fjodor sprach nur Russisch.

Als Erstes führte er seine Gäste in den Speisesaal, wo ein bemerkenswert üppiger Imbiss auf sie wartete. Mittendrin stürmte ein drahtiger junger Mann herein, der irgendwie lustig aussah: In seinem fröhlich lachenden Gesicht funkelten zwei Äuglein undefinierbarer Farbe, seine leicht gebogene schmale Nase wies auf die beiden oberen etwas zu groß geratenen Schneidezähne, und seine strohblonden Haare standen in alle Richtungen. Er strahlte die kleine Gesellschaft an: »Na endlich, dann macht mal voran, damit wir loslegen können!« Johann und Anna begriffen nichts, und auch Aleksandr war zunächst irritiert. Dann stellte sich heraus, dass der lustige Blonde mit dem für diese Gegend untypischen Namen Otto sie verwechselt hatte. Seit Tagen erwartete man auf dem Gut Spezialisten, die defekte Traktoren reparieren und dafür benötigte Ersatzteile mitbringen sollten. Als Otto den fremden Wagen entdeckt hatte, glaubte er, die angekündigten Helfer seien endlich eingetroffen. Doch statt enttäuscht oder wütend zu sein, animierte er die drei Besucher, ihn zu begleiten. Vielleicht hätten sie eine gute Idee, wie man die »kaputten Dinger« wieder zum Laufen brächte. Gemeinsam spazierten sie zu einem Weizenfeld, dessen armseliger Zustand einem die Tränen in die Augen treiben konnte. Otto immer voran. Unterwegs erzählte er, dass von den insgesamt zwölf Traktoren neun nicht mehr führen. »Aber dieser hier ist der wichtigste!« Und dann standen sie am Rande des Feldes vor dem zusammengebrochenen Gerät. Otto tanzte um den Traktor herum und tätschelte die Maschine, als handele es sich um ein zutrauliches Haustier. Johann wollte wissen, warum ausgerechnet dieser Traktor so wichtig sei. Otto grinste nur und zeigte auf ein Loch oben am Kühler. »Ja, und?« Johann verstand überhaupt nichts. Otto baute sich vor Johann auf, stemmte die Hände in die Hüften, legte den zotteligen Kopf etwas schief, riss seine Äuglein auf, so weit er konnte, und sagte: »Wie kommt es bloß, dass diese Ausländer, diese hoch gebildeten Fachleute, nicht die technischen Möglichkeiten dieses Loches verstehen?« Er sonnte sich noch eine Weile in seinem Wissensvorsprung und begann dann gnädig mit der Aufklärung: »Na, Kartoffeln kannst du darin kochen, sogar zwei oder drei auf einmal.« Und Otto erzählte, dass immer derjenige den Traktor fahren durfte, der am Vortag am meisten geleistet hatte. Und nun war ausgerechnet dieser wunderbare Mehrzweckapparat kaputt. So ein Jammer.

Noch während ihres Aufenthaltes traf dann tatsächlich der lang ersehnte Reparaturtrupp ein. Vierzehn Mann, nur Deutsche und Österreicher, ausgestattet mit Werkzeug, aber ohne Ersatzteile. Die Männer machten sich gleich an die Arbeit. Johann und Anna schauten zu. Die verschiedensten Defekte waren zu beheben. Manche ganz leicht. So hatten allein bei zwei Traktoren verrußte Zündkerzen die Maschinen lahm gelegt, verursacht durch schlechten Treibstoff. Manche Probleme erwiesen sich als fast unlösbar, wie gerissene Zylinder, ausgelaufene Kugellager oder völlig demolierte Schaltungen. Dem Team gelang es, sechs der neun Traktoren wieder in Gang zu setzen, indem sie die restlichen drei entsprechend ausschlachteten. Fjodor war das gar nicht recht, und auch hier fiel es Johann schwer, die Hintergründe zu begreifen. Sollte er doch froh sein, dass wenigstens die sechs Traktoren repariert werden konnten. »Ihr versteht wirklich gar nichts!«, presste Fjodor hervor und ließ Johann, Anna und Aleksandr stehen. Der wusste natürlich, was los war. Die Kontrollkommission der Partei fand es zwar völlig in Ordnung, teures Gerät das ganze Jahr über schutzlos im Freien stehen zu lassen. Das war halt so. Aber wer weiß, wie sie reagieren würde, wenn sie statt der zwölf hier registrierten Traktoren nur noch neun vorfänden. »Denn das hier«, meinte Aleksandr und zeigte auf den unförmigen Blechhaufen, der kaum noch an Traktoren erinnerte, »das ist gefährlich. Die drei Traktoren sind einfach weg. Verschwunden. Versteht ihr?«

Bevor sich die drei Besucher am nächsten Tag wieder auf den Rückweg machten, konnten sie noch beobachten, wie ein Österreicher und ein Deutscher aus der Reparaturmannschaft die Gutsarbeiter zusammenriefen, um einen kleinen technischen Grundkurs abzuhalten. Es kamen nicht alle, aber letztlich saß doch eine beachtliche Zahl von Männern – zur Hälfte Russen, zur Hälfte Baschkiren und Tataren – erwartungsvoll um die beiden Ausländer herum, die erstaunlich gut Russisch sprachen. Die meisten der Gutsarbeiter waren vorher Schafhirten gewesen und hatten nie in ihrem Leben mit irgendwelchen Maschinen oder Motoren zu tun gehabt. Man hatte ihnen notdürftig die Schaltung erklärt, das Gas- und das Bremspedal gezeigt und gesagt, dass sie da drauftreten müssten. Schluss. Pflege oder gar Wartung von Apparaten kam nicht vor.

Angesichts dieser außergewöhnlich schlechten Voraussetzungen – unfruchtbarer Boden, keine Ersatzteile und unqualifizierte Arbeitskräfte – sollte die weitere Geschichte dieses Gutes nicht unerwähnt bleiben. Johann hat es vier Jahre später noch einmal allein besucht. Da waren aus einigen tatarischen Schafhirten solide Traktoristen geworden. Andere hatten sich zu recht ordentlichen Mechanikern entwickelt. Der Betrieb verfügte jetzt auch über ausreichend Geräteschuppen, und der Maschinenpark war bis auf kleinere Ausfälle voll einsatzfähig. Kartoffeln und Getreide befanden sich in einem guten Zustand, ebenso das Kohlfeld mit einer Ausdehnung von zweihundert Hektar. Das Vieh machte einen besseren Eindruck als in den meisten anderen Gegenden Russlands. Kurzum, es war einen gewaltigen Schritt vorangegangen. »Hätte man etwa zwanzig derartiger Landgüter um Magnitogorsk angelegt«, erzählte Johann später im Freundeskreis, »so hätte die Stadt eine ausreichende Versorgung mit Gemüsen und Molkereiprodukten aus nächster Nähe erhalten. Damit wäre eines der beschwerlichsten Probleme der Werksleitung gelöst gewesen.« Fjodor war zu dem Zeitpunkt nicht mehr auf dem Gut. Als Johann nach ihm fragte, stieß er auf eisiges Schweigen. Ob ihm die fehlenden drei Traktoren tatsächlich den Hals gebrochen hatten? An anderer Stelle erfuhr Johann, dass sich Fjodor als Junge bei Parteistreitigkeiten innerhalb des Kommunistischen Jugendverbandes wohl auf die falsche Seite geschlagen haben musste, auf die Seite Sinowjews, der später, im August 1936, wegen »antisowjetischer, trotzkistischer Aktivitäten« zum Tode verurteilt und erschossen wurde.

Eines Tages hieß es in der Barackensiedlung in Magnitogorsk: »Antreten zum Desinfizieren.« Die Prozedur fand in eigens hergerichteten Güterwaggons, getrennt nach Frauen und Männern, statt. Anna blödelte mit Meike rum. Es kam ihr albern vor. Sie hatte sich zwar selbst schon mal durch einen Pferdesattel Filzläuse eingefangen, war sie aber durch eine Salbe aus Deutschland schnell wieder losgeworden. Eine offizielle Begründung für die Massendesinfizierung war nicht in Erfahrung zu bringen. Auch konnte niemand genau sagen, wogegen desinfiziert werden sollte. Zur vorgeschriebenen Zeit erschienen alle Frauen aus Annas und drei umliegenden Baracken am Güterwagen. Kaum war man drin, musste man sich ausziehen. Die Kleider wurden einer separaten Behandlung unterzogen. Die Frauen sollten nackt eine Schleuse durchqueren, in der sie mit einer streng riechenden Luft von allen Seiten angepustet wurden. Es herrschte eine merkwürdige Atmosphäre. Eine Mischung aus Ängstlichkeit, Scham und albernem Gekicher. Anna und Meike, die zu den jüngsten gehörten, taxierten ihre Geschlechtsgenossinnen sehr genau. Da war die gut gewachsene junge Frau des schwedischen Architekten aus der Nachbarbaracke mit den auffallend langen Beinen und den schmalen Hüften. Da war Tanja, die Bulgarin, deren makellose Schönheit selbst die Frauen der Siedlung bezauberte. Anna beneidete sie vor allem um ihre festen Brüste, denen die Schwerkraft offenbar nichts anhaben konnte. Mit Tanjas Wespentaille konnte Anna durchaus konkurrieren. Aber der Rest hielt einem Vergleich mit der schönen Bulgarin nicht stand, räumte Anna selbstkritisch ein. Gegen Tanjas feingliedrige Hände kamen ihr die eigenen schlanken Finger dick und unförmig vor. Ihre Fesseln empfand sie im Gegensatz zu Tanjas geradezu als elefantös.

Meike schien Annas Gedanken zu ahnen. »Guck mal da rüber«, feixte sie. Da zog sich Frau Schweiger, die üppige Frau eines deutschen Arbeiters, umständlich aus. Es schien keinen Zentimeter ihres Körpers zu geben, der nicht schlaff herunterhing oder schwabbelte. Statt sich dezent abzuwenden und die Qualen der etwa fünfzigjährigen Frau nicht unnötig zu vergrößern, fingen Anna und Meike an, laut zu lästern und zu lachen. »Dass die sich so anstellt. Man sieht doch auch, wenn sie angezogen ist, wie sie aussieht.« Anna gluckste so ungeniert, dass sie sich beinahe verschluckte, als ein lilafarbener Schlüpfer mit langen Beinen zum Vorschein kam. Auch Meike prustete los. »Ihr jungen Dinger habt gut lachen.« Anna und Meike hätten nie damit gerechnet, von der verschüchterten Frau angesprochen zu werden. »Wenn ich so gebaut wäre wie ihr, dann würde ich auch meinen Schlüpfer sofort ausziehen.« Anna bekam einen purpurroten Kopf und schämte sich entsetzlich. Meike versuchte zu retten, was zu retten war: »Frau Schweiger, ziehen Sie das Ding doch endlich aus. Mit sieht's doch wahrscheinlich lächerlicher aus als ohne. Sind doch alles Frauen hier. Ist doch egal.« Anna nahm sich vor, sich bei Frau Schweiger zu entschuldigen. Daraus ist dann nichts geworden.

Auch wenn die Ausländer mit Grundnahrungsmitteln besser versorgt wurden als die Sowjetbürger, so ging die Hungersnot doch nicht spurlos an ihnen vorüber. Zum einen trafen sie täglich auf darbende Einheimische, von denen sehr viele diese Entbehrungen nicht überlebten. Zum anderen flossen die eigenen Lebensmittellieferungen immer spärlicher. Schließlich war es so, dass selbst der Laden für Ausländer nur noch sporadisch versorgt wurde. Hungern mussten die ausländischen Gäste zwar nicht, aber sich außergewöhnlich karg ernähren. Manchmal gab es wochenlang nur Käse. Dann nur eine spezielle Hammelwurst, die Anna nicht ausstehen konnte. Der strenge Geschmack widerte sie an, und sie ekelte sich vor dem gelben ranzigen Fett, das der Wurst ein so unappetitliches

Aussehen verlieh. Kartoffeln und Gemüse gab es überhaupt nicht. Hin und wieder waren Fischkonserven im Angebot, und einmal tauchten plötzlich säckeweise Bonbons auf. Wer davon haben wollte, musste allerdings einen ganzen Sack von fünf Kilo kaufen, da Waagen fehlten, um kleinere Mengen abzugeben. Anna war nicht die einzige, die sich schämte, in einem fremden Land besser versorgt zu sein als diejenigen, die hier zu Hause waren. Wenigstens lag der Ausländerladen in Magnitogorsk etwas abseits und abgeschirmt. In Moskau konnte man die Waren im Schaufenster bestaunen. Eine Unverschämtheit der einheimischen Bevölkerung gegenüber, fand Anna. Und sie war fest davon überzeugt, dass man so etwas in keinem anderen Land der Welt den Menschen hätte zumuten können, ohne Mord und Totschlag zu riskieren. Auch ein Thema, das Anna sehr beschäftigte: Kriminalität und Gewalt. Eigentlich hätte man doch annehmen müssen, dass sich diese gebeutelten Menschen, die nichts zu verlieren hatten, mit Gewalt bei den besser gestellten Ausländern bedienten und sie aus Wut über so viel Ungerechtigkeit malträtierten oder gar töteten. Nichts dergleichen. Sicher, ihre Behausungen und Arbeitsstellen wurden von russischen Staatsbediensteten geschützt und kontrolliert, was in diesem Falle auf dasselbe rauskam. Aber es waren ja zum Teil weite Wege zurückzulegen, vorbei an sowjetischen Siedlungen mit ausgemergelten Einwohnern. Und nie ist jemand auch nur ein Haar gekrümmt worden. Untereinander – ja. Da reichte ein Goldzahn, um sein Leben lassen zu müssen. Aber Ausländer waren tabu.

Das Elend rundherum machte Anna fertig. Sie hätte nie gedacht, mitansehen zu müssen, wie Menschen verhungern, Kinder an Unterernährung sterben. Aber jeder, der diesen Leuten auch nur ein Stück Brot zustecken wollte, machte sich strafbar, und da kannten die Sowjets kein Pardon. Anna begriff die Zusammenhänge noch nicht so ganz, als sie gesprächsweise hörte: »Nur die Kulaken müssen hungern, und Kulaken sind Volksfeinde. Wer Volksfeinden hilft, ist selbst ein Feind des Volkes.« Sie hätte gern mehr erfahren, wusste aber nicht so genau, wen sie hätte fragen sollen, und sie fürchtete sich auch ein wenig. Denn es wurden so viele Scheußlichkeiten erzählt, je nachdem, wer abends bei Meike und Johann zusammensaß. Sie konnte nicht beurteilen, ob Gerüchte ausgemalt oder Tatsachen berichtet wurden. Jedenfalls wirkte es bedrohlich, und sie beschloss zunächst, sich rauszuhalten. Auf manch merkwürdige Dinge konnte sie sich überhaupt keinen Reim machen. So sah sie eines Tages, nicht weit von ihren Baracken entfernt, eine Gruppe von etwa vierzig bis fünfzig dunkel gekleideten Männern mit auffälligen Kopfbedeckungen. Als sie näher kam, erkannte sie orthodoxe Priester, deren lange schwarze Gewänder in Fetzen an ihren Leibern hingen. Alles starrte vor Dreck, die Gewänder, die Priesterhüte, die langen Haare, die einigen bis zur Taille reichten. Die Männer aus allen Altersgruppen schufteten mit Hacke und Schaufel und wurden von einem halbwüchsigen Bauernjungen beaufsichtigt. Das Kerlchen saß mit dem Gewehr auf den Knien auf einem kleinen Hügel. Das Bild wirkte auf Anna wie eine makabre Inszenierung, und sie wehrte sich dagegen, es als Realität zu akzeptieren.

Andererseits hatte sich an diesem scheinbar kulturlosen Ort gerade erst eine Theatervereinigung gebildet, die sich TRAM nannte. In Bezug auf den Namen war Anna haarscharf einer Blamage entgangen. Sie hatte schon Luft geholt, um zu fragen, warum sich ein Theater ausgerechnet hier den Namen Tram, also Straßenbahn verpasst, als jemand die Abkürzung erklärte. TRAM stand für Teatr rabotschej molodioschy, also Theater der Arbeiterjugend. Zunächst wurde in einem kleinen hölzernen Klubhaus gespielt, das der Eisenbahnergewerkschaft gehörte. In den Sommermonaten gingen die Schauspieler auch auf Tournee über die Dörfer. Im Oktober stellte die Stadt den Theaterleuten ein festes Gebäude zur Verfügung, und alle feierten das als Riesenfortschritt. Aber gerade als die erste Vorstellung in den neuen Räumlichkeiten vorbereitet war, wurde das Haus auf Befehl von oben eingerissen, weil man das Baumaterial für andere Objekte benötigte.

Der Star der Truppe hieß Schura Kalgorodowa. Schura stammte aus einer armen Bauernfamilie ohne Land. Ihr Vater hatte für den örtlichen Großbauern als Holzfäller für zwanzig Kopeken am Tag gearbeitet. 1928 verließ die fünfzehnjährige Schura ihr Elternhaus, beseelt vom Wunsch, Schauspielerin zu werden. Niemand versuchte sie aufzuhalten. Ein Esser weniger am Tisch. Schura träumte von Ruhm und Erfolg, musste aber bald feststellen, dass kein Theateragent auf sie gewartet hatte. Barfuß und unterernährt schlug sie sich irgendwie durch. Zurück nach Hause wollte sie um keinen Preis. Dafür war sie zu stolz. Mit unbändigem Willen verfolgte sie ihr Ziel, in Moskau als Schauspielerin erfolgreich zu sein. Um nicht vor die Hunde zu gehen und als Prostituierte in der Gosse zu landen, begann sie zu stehlen. Sie entwickelte beachtliches Geschick und schloss sich einer Räuberbande an, die Dörfer, Züge und Märkte unsicher machte. Das ging fast vier Jahre so, bis sie Anfang 1932, im Alter von neunzehn, mit drei Männern und einer weiteren Frau nach Magnitogorsk kam. Natürlich nicht um zu arbeiten, sondern um durch Stehlen und Spekulation bequem an das Geld anderer Leute zu kommen.

Schura war eine schöne, gut gekleidete und wagemutige junge Frau geworden. Im Futter ihres Mantels hatte sie – für alle Fälle – einen fünfundzwanzig Zentimeter langen Dolch mit geschnitztem Schaft eingenäht. Die Idee mit der Schauspielerei ließ sie immer noch nicht los. Und diese Leidenschaft vereitelte eher zufällig das erste in Magnitogorsk geplante große Ding. Die Bande wollte die Wohnung eines leitenden Ingenieurs ausräumen. Schuras Aufgabe bestand darin, diesen Mann in ein Gespräch zu verwickeln, das nicht länger als fünf Minuten dauern sollte. Aber sie verlor jedes Zeitmaß, weil die Rede auf das Theater in Leningrad kam. Der Coup ging daneben, und es wurde gezankt und gestritten. Das Schlimmste aber war, dass Schura bei weiteren Einbrüchen immer mehr Fehler machte und dadurch sicher geglaubte Beutezüge vereitelte. Das Gespräch über das Leningrader Theater hatte sich tief eingegraben, und sie bekam das Thema nicht mehr aus dem Kopf.

Als im März 1932 das TRAM gegründet wurde, nahm sie all ihren Mut zusammen und erklärte ihren Kumpanen, die Bande verlassen zu wollen, um endlich ihrem Lebenstraum näher zu kommen. Ihre Gaunerkollegen waren trotz der schlechten Leistungen Schuras damit nicht einverstanden und drohten, sie umzubringen. Aber sie ging. Der Theaterleiter erkannte ihr Talent, war von ihrer glühenden Begeisterung und Kraft und nicht zuletzt ihrer Schönheit fasziniert und nahm sie auf. Zusammen mit jungen Arbeitern, die für die Schauspielausbildung freigestellt wurden, bekam sie Unterricht. Die Drohbriefe, die sie von ihren früheren Freunden erhielt, versuchte sie zu ignorieren, aber eines Abends wurde sie überfallen. Es kam zu einem Handgemenge, bei dem auch Messer gezückt wurden. Dank des mutigen Einsatzes eines jungen Schauspielkollegen und ihrer kraftvollen Gegenwehr trug

Schura lediglich eine Schnittwunde an der Hand davon. Den beiden gelang es, den Angreifer zu überwältigen und ihn der Miliz zu übergeben. Es dauerte drei Monate, bis auch die anderen Bandenmitglieder aufgespürt und verhaftet werden konnten. Bei der anschließenden Gerichtsverhandlung sagte Schura als Zeugin aus. Sie selbst wurde für ihre früheren Straftaten nicht zur Verantwortung gezogen. Ihre vier Komplizen bekamen Haftstrafen zwischen zwei und fünf Jahren. Damit war Schuras Verbrecherlaufbahn endgültig beendet. Sie konnte sich nun voll und ganz ihrer Karriere als Schauspielerin widmen.

Das Theater hatte wie alle anderen gesellschaftlichen Bereiche auch mit Provisorien zu leben. Als das kleine Clubhaus für den Besucherandrang nicht mehr ausreichte, war die Truppe gezwungen, ihre Stücke in Fabrikhallen aufzuführen oder aber von einer Roten Ecke in die andere zu ziehen. Bei gutem Wetter fanden die Vorstellungen sogar im Freien statt. Das Repertoire umfasste Klassiker und zunehmend neue agitatorische Stücke, die Planerfüllung, Arbeitsdisziplin und ähnliche Themen aufgriffen. Die meisten Schauspieler gehörten dem Kommunistischen Jugendverband an, der eng mit der Theaterleitung zusammenarbeitete. Das junge Team wagte sich auch an heikle Themen heran, wie zum Beispiel Konflikte zwischen Arbeiterbelegschaft und leitender Verwaltung oder Versorgungsorganisationen. Sie waren ganz aus dem Häuschen, als sie merkten, dass sie mit ihrer engagierten künstlerischen Arbeit sogar etwas verändern konnten. Es gab da zum Beispiel einen heftigen Streit zwischen den Hochofenarbeitern und der NARPIT (Narodnoje pitanije, etwa »Volksernährung«), der für die Lebensmittelversorgung verantwortlichen Organisation. Die Arbeit am Hochofen ist bekanntlich besonders anstrengend und ungesund. Die

Arbeiter konnten mit Fug und Recht erwarten, in der Kantine warme Mahlzeiten vorgesetzt zu bekommen. Das war aber schon seit langem nicht mehr der Fall. Die eigentlich heißen Speisen wurden regelmäßig kalt serviert. Die Hochofenarbeiter beschwerten sich immer wieder, aber nichts passierte. Bis die Theatergruppe daraus ein bitterböses Stück machte. Bald redete die ganze Stadt davon, und die Leitung des NARPIT wurde komplett ausgetauscht. Fortan war das Essen heiß, wenn es auf den Tisch kam.

Schuras Ruf sollte bis nach Moskau dringen. Als gefeierte Künstlerin trat sie dort im März 1934 bei der landesweiten Theaterolympiade auf. Zusammen mit einigen Kollegen aus Magnitogorsk wurde sie von Sergej Ordschonikidse, dem Kommissar für Schwerindustrie, empfangen, der dem Theater vor lauter Begeisterung dreißigtausend Rubel und ein Lastauto versprach und sein Versprechen auch umgehend einlöste. Das erfolgreiche Gastspiel in der Hauptstadt führte dazu, dass sich das renommierte »Kleine Theater« in Moskau bei TRAM mit Rat und Tat engagierte. Man schickte Bühnendekorationen nach Magnitogorsk und leihweise einen erfahrenen Regisseur gleich hinterher. Die TRAM-Truppe arbeitete hart und entwickelte sich künstlerisch immer weiter. Ende 1935 standen Stücke von Ostrowski und Gorki auf dem Spielplan. Ein Jahr später wurde dem Ensemble das großzügig ausgestattete Theater des Hauses der Ingenieure und Techniker in Magnitogorsk vermacht. Nun verfügten sie über eine große Drehbühne und einen Zuschauerraum mit 1500 Plätzen.

Im Oktober 1932 kam die Kälte. Da die Tischlerei-Baracke nicht beheizbar war und man Anna diese harten Arbeitsbedingungen nicht zumuten wollte, schickte sie ihr Chef ins Büro. »Zeichnen lernen musst du schließlich auch. Dann fängst du halt jetzt schon damit an.«

In diesen Tagen war eine gewisse Unruhe zu spüren. Russische Ingenieure und Verwaltungsbeamte hatten sich schon seit längerem mit dem amerikanischen Konzern McKee Company überworfen, der mit dem Bau nahezu aller industrieller Projekte beauftragt war. Der Streit ließ sich offenbar nicht bereinigen, sodass die McKee Company lediglich das Hochofenwerk und den Bergbau in ihrer Verantwortung behielt. Die Planung des Walzwerks wurde den deutschen Firmen Demag und Klein übertragen, die weitere Ausführung des Kokswerks ging an einen amerikanischen Konkurrenten, die Firma Koppers & Co. Was dann noch übrig blieb – Martinwerk, Nebengebäude, Wasserversorgung, Transport etc. –, überließ man verschiedenen russischen Planungsgesellschaften. Da die Zuständigkeiten wechselten und es mit der Koordinierung haperte, ging eine Menge Zeit verloren. In den Wirren dieser Umorganisation passierte dann auch noch Folgendes: Weil Lagerraum und qualifiziertes Personal fehlten, wurden Werkzeuge, Arbeitsmaterial und zum Teil wertvolle Maschinen einfach vergraben. Schienen, Winkeleisen und Stahlseile überstehen diese ungewöhnliche Methode des Aufbewahrens vielleicht noch. Aber Zementmischmaschinen und elektrische Ausrüstungen hätte man auch gleich wegschmeißen können.

Sascha, der geheimnisvolle russischstämmige Amerikaner, wusste wieder einmal Genaueres und erzählte bereitwillig Einzelheiten bei einem seiner zahlreichen Besuche in der Baracke. Am 10. Dezember 1929 war mit McKee ein Vorvertrag geschlossen worden. Eine rege Reisetätigkeit von Delegationen bis zu zweihundert Mann ging dem voraus. Die Sowjets hatten sich zielsicher an

McKee gewandt. Die Firma genoss international einen ausgezeichneten Ruf und galt im Hochofenbau als führend. »Das Beste war gerade gut genug«, kommentierte Sascha, »Geld spielte überhaupt keine Rolle.« Für die Planung, den Bau, die Inbetriebnahme und die Regulierung der Produktion sollte die amerikanische Firma 2,25 Millionen US-Dollar bekommen.

Die Kosten für das technische Personal – etwa siebzig erfahrene Ingenieure aus den USA sollten an der Baustelle arbeiten – waren darin nicht enthalten. Die Sowjetunion stellte auch das gesamte Material, Arbeitskräfte, Dolmetscher und Führungsleute. Im März 1930 kam der endgültige Vertrag zustande. Am 1. Oktober 1932 sollte das Werk bereits fertig sein. Der Zeitplan war recht eng, aber den amerikanischen Konzern reizte die Größenordnung, und er ging die Verpflichtung ein. »Die hatten bloß nicht genug qualifizierte Leute«, sagte Sascha, und Anna meinte ein leichtes Grinsen zu bemerken. Dem war wohl so, denn Sascha fuhr betont beiläufig fort: »Ich meine die Amerikaner, nicht die Russen.« Tatsächlich reichte das Stammpersonal von McKee bei weitem nicht aus, um diesen gigantischen Auftrag zu bewältigen, also inserierte die Firma und schickte eine ganze Reihe von Leuten nach Magnitogorsk, von deren Qualität sie sich vorher im eigenen Betrieb nicht hatte überzeugen können. »Es lief dann alles etwas unkoordiniert«, meinte Sascha. Die Russen drängten auf Tempo und beschwerten sich, dass die technischen Zeichnungen aus den USA nicht schnell genug eintrafen. Die Amerikaner bremsten mit dem Hinweis auf Qualität. Gegenseitiges Misstrauen lähmte zusätzlich. Russische Ingenieure kontrollierten penibel die Berechnungen ihrer amerikanischen Kollegen, was weiteren Zeitverlust bedeutete und zudem die ausländischen Gäste verprellte. Obwohl die Ausschachtungsarbeiten noch nicht abgeschlossen waren, feierte man am 1. Juli 1930 den Baubeginn des Werks mit der Grundsteinlegung für den Hochofen. Doch die Probleme wuchsen. Immer wieder mischte sich Moskau ein, und Kompetenzgerangel wurde zum ideologisch gefärbten Machtkampf. Russische Stellen behielten sich letzte Entscheidungen vor und änderten eigenmächtig Pläne und Zeichnungen.

Alle hörten aufmerksam zu, als Sascha zur Illustrierung die Geschichte von der Gasreinigungsanlage erzählte. Dafür sollten bestimmte Teile in Deutschland bestellt werden. Der dort tätige russische Einkäufer bekam die zwischen Amerikanern und Sowjets abgestimmten Zeichnungen in die Hand, setzte sich aus irgendwelchen Gründen darüber hinweg und bestellte eigenmächtig größer dimensionierte Teile. »Vielleicht auch nach dem Motto: Das Beste und Größte ist gerade gut genug für uns«, lächelte Sascha. Dadurch passten allerdings sämtliche Anschlüsse nicht mehr und mussten zeit- und kostenaufwändig geändert werden. Die McKee-Techniker forderten zehn Wochen, um neue Zeichnungen anzufertigen. Die Russen protestierten und behaupteten, die Arbeit in zwei Wochen erledigen zu können. Tatsächlich hat es sechs Monate gedauert, bis mit neuen Plänen weitergebaut werden konnte. »Und dann stimmte es immer noch nicht. Wir mussten stückeln und improvisieren. Ja, das Beste ist gerade gut genug, leider haben wir Qualität, die machbar gewesen wäre, leichtfertig verschenkt.« Sascha zuckte die Achseln und erzählte weiter. »Um die Termine einzuhalten, haben die Sowjets dann im November schon beschlossen, den Amerikanern die Arbeit zu erleichtern.« Anna hing an seinen Lippen und beobachtete jedes Zucken der Mundwinkel, jedes Anheben der Augenbraue. Sie wusste nie genau, ob seine Sätze ernst oder ironisch gemeint waren. Sascha erzählte, dass sich in der Folge, ab März 1931, die deutsche Firma Demag um einen Teil der Anlage, nämlich die Walzstraße, kümmern sollte und die Firma Koppers & Co., ein amerikanisches Konkurrenzunternehmen von McKee, den koksochemischen Teil des Werks betreute.

»Ziemlich sprunghaft, diese Russen.« Der Einwurf stammte von Eugen. Und Sascha entgegnete: »Die amerikanische Technik ist sehr gut, das wissen auch die Russen. Aber deutsche, französische und britische Technik ist auch nicht schlecht. Und in einigen Bereichen ist die russische Praxis am besten für russische Verhältnisse. Warum sollen sie also nicht die besten fremden Ideen mit den besten eigenen verbinden wollen?« Bevor jemand der Anwesenden eine Antwort auf die ohnehin rhetorisch gemeinte Frage geben konnte, fuhr Sascha ungewohnt ernsthaft und beinahe traurig fort: »Man hätte einander mehr vertrauen sollen.« Johann mischte sich ein: »Das stimmt. Aber ist nicht der Zeitdruck das eigentliche Problem? Du siehst doch auch, dass manche völlig verzweifelt mit Arbeiten beginnen, für die simpelste Voraussetzungen fehlen. Und warum? Weil irgendeiner Druck macht, die Presse, die Partei, Moskau. Weil jeder immer gleich Verrat wittert.« Johann steigerte sich in eine kämpferische Stimmung: »Grenzt es nicht an ein Wunder, dass unter diesen Umständen überhaupt etwas zustande kommt?« – »Trotzdem«, Eugen bestand darauf, »wenn ich keine Ahnung habe, dann muss ich mir auch etwas sagen lassen. Technisch, organisatorisch und überhaupt.« Sascha grunzte dazwischen: »Seit fünf Jahren etwa ist eines der Ziele sowjetischer Politik, ausländische Technologie zu übernehmen. Das hat so 1927 rum angefangen. Ganz eindeutig. Und klar ist doch auch, dass die Russen diesen Prozess so schnell wie möglich abschließen wollen, um unabhängig und selbstständig zu sein.« Jetzt steigerte sich auch Sascha ein wenig in seinem Engagement: »Und ebenso klar ist, dass diese Wahnsinnsprojekte aus dem Ausland nicht nur die Besten und Edelsten angezogen haben, sondern auch die skrupellosen Geschäftemacher, die die Unerfahrenheit und Gutmütigkeit ihrer neuen Partner ausnutzen. Und das schaukelt sich auf. So einfach ist das.«

»Aber wenigstens die vielen Unfälle sollten den Russen zu denken geben und sie auf den Teppich holen. Die Baustelle ist doch eine einzige Pannenserie.« Eugen redete sich in Rage. »Und – unter uns – auf Menschenleben kommt's denen doch sowieso nicht an. Die haben ja genug ›Material‹.« Anna wartete gespannt auf Saschas Reaktion, der wieder völlig ruhig wirkte. »Stimmt schon, Eugen. Und viele dieser Unfälle wären sicher vermeidbar. Aber es gibt eben auch immer wieder Beispiele, wo die Russen mit ihrer Unbefangenheit, ihrer Entschlossenheit und ihren absolut unorthodoxen Methoden Erfolg haben. Soll ich dir eins erzählen?« Natürlich wollten alle das Beispiel hören, auch wenn niemand einen Ton sagte. Und Sascha berichtete von der Erzzerkleinerungsanlage der Firma Taylor, die nach Ansicht der Amerikaner Stück für Stück in Einzelteilen aufgestellt werden sollte. Die Russen setzten sich darüber hinweg, montierten das zweihundertsechzig Tonnen schwere Ding und stellten es als Ganzes mithilfe primitivster Mittel auf. »Der zuständige amerikanische Ingenieur ist weggelaufen. Und wisst ihr, was er gesagt hat? Die brauchen hier keinen Ingenieur, die brauchen einen Arzt.« Alle lachten. Auch Eugen. »Noch ein Beispiel gefällig?«, fragte Sascha spitzbübisch. Und dann folgte die Geschichte vom Schrägaufzug für die Erzloren des ersten Hochofens. Der Aufzug wurde aus Zeitmangel nicht wie vorgesehen in zwei Teilen montiert, sondern auch am Stück, was ein risikoreiches Unterfangen war. Bei dieser mehrere Tage dauernden Aktion setzten sich amerikanische Spezialisten allerdings über sämtliche Vorschriften hinweg und leisteten wertvolle Hilfe. Umgekehrt verließen einige Russen aufgebracht die Baustelle. »Das größte Problem bestand darin«, erklärte Sascha, »dass der Boden total schlammig war und jeder Kran, jede Brücke wegzurutschen drohte. Manche Kranfahrer waren zwar kurz vorm Durchdrehen, aber gekippt ist keiner der Krane.« Nach dieser gelungenen Operation sei es zu russisch-amerikanischen Verbrüderungsszenen gekommen.

»Glück gehabt«, ließ sich Franz vernehmen, »aber richtig ist es trotzdem nicht. So kann man doch nicht arbeiten. Unverantwortlich.« Franz erregte sich darüber, dass der Rest der Gesellschaft stille Bewunderung für dieses Husarenstück zeigte. »Ja klar, Glück gehabt«, gab Sascha ihm Recht. »Klar, gegen die Vorschrift. Klar, unverantwortlich. Alles richtig. Es kann eben so und so ausgehen. Die Frage ist, geht man ein solches Risiko ein? Sind Situationen denkbar, die unkalkulierbare Risiken rechtfertigen?« – »Dass sie den Hochofen mitten im Winter angeblasen haben, war ja auch so ein Ding«, meinte Eugen anerkennend. »Ja prima!«, ereiferte sich Franz, »und was sagst du zu der Unglücksserie, die dann folgte?« – »Wer weiß«, wiegelte Eugen ab, »ob einiges davon nicht so oder so passiert wäre.« Anna hatte keine Ahnung, worum es ging, und fragte danach. Geduldig erklärte Sascha die Zusammenhänge, die so detailliert offenbar auch Eugen und Franz nicht kannten. Der Hochofen Nummer eins war am 31. Januar 1932 angeblasen worden, obwohl McKee heftig dagegen protestiert hatte. Die amerikanische Firma berief sich auf eigene Erfahrungen und hielt die Inbetriebnahme im

Winter für unverantwortlich. Sowohl amerikanische als auch örtliche russische Stellen wandten sich direkt an Sergej Ordschonikidse mit der Bitte um Entscheidung. McKee riet, den Anstich ins Frühjahr 1933 zu verlegen, und bot an, eigens dazu zweihundert Ingenieure, Techniker und Meister aus den Vereinigten Staaten einfliegen zu lassen. Doch Ordschonikidse wischte die amerikanischen Bedenken beiseite, gab telefonisch grünes Licht und übernahm ausdrücklich die Verantwortung.

Dem Anblasen des Ofens waren bereits dramatische Tage vorausgegangen. Ursprünglich schon für den 29. Januar vorgesehen, scheiterte das Ereignis am Bruch einer Wasserleitung. Bei Schneesturm und dreißig Grad minus brach auch die Reserveleitung. Zwei Tage später, am 31. Januar, sah es zunächst so aus, als ob der erneute Versuch ebenfalls abgebrochen werden musste. Denn die Klappe eines Winderhitzers – diesem Schacht, über den Luft in den Hochofen geblasen wird – war geplatzt. Nach kurzer Beratung zwischen Technikern und Regierungskommission stand die Entscheidung fest: Das defekte Teil wird einfach ausgeschaltet, das Anblasen durchgeführt. »Zeitlich passte das ja perfekt«, meinte Sascha, »das muss man ihnen lassen.« Er spielte damit auf die 17. Parteikonferenz an, die just zu dieser Zeit, im Januar und Februar 1932, stattfand. Die Nachricht wurde dort mit frenetischem Beifall aufgenommen. Noch am 1. Februar erreichte ein Glückwunschtelegramm Ordschonikidses die Verantwortlichen in Magnitogorsk. »Und was war mit den Unfällen?« Anna, ganz bei der Sache, hatte schon kräftig rote Wangen. »Tja, Stalin muss einen siebten Sinn gehabt haben«, begann Sascha, »der hat nämlich erst viel später, irgendwann im März, gratuliert.« Und Sascha erzählte, dass bereits nach sechs Tagen der Kübel, mit dem Erz und Koks von oben zugeführt werden, abgerissen und in den Ofen gestürzt war. »Da hing er nun, knapp zwei Meter tief im Schacht.« Sascha ließ sich mit der Auflösung der Geschichte Zeit. »Das heißt, genau achtundvierzig Meter über der Erde. Und wir hatten zweiunddreißig Grad Kälte, und windstill war es auch nicht gerade.« – »Ich weiß«, sagte Johann, »und an die armen Schweine, die den Karren buchstäblich aus dem Dreck ziehen mussten, da oben auf den Gerüsten, haben sie Schnaps verteilt. Prost!« Er leerte sein Glas in einem Zug und stellte es lautstark wieder auf den Tisch.

Die Diskussion ging noch eine Weile hin und her, ob unsachgemäße Handhabung, Material- oder gar Konstruktionsfehler dafür verantwortlich waren, dass in der Folge immer wieder Wasserrohre platzten oder andere technische Ausfälle die Eisenproduktion stoppten. »Nun ja«, schloss Sascha, »seit dem ersten Juni läuft der zweite Hochofen auch – jedenfalls mehr oder weniger. Wsjo budjet. Wird schon werden.« Er stand auf. Es war spät geworden. Die anderen brauchten nur ihre nahe gelegenen Zimmer aufzusuchen. Sascha hatte einen längeren Heimweg. Anna begleitete ihn wie selbstverständlich vor die Tür und ging noch ein Stück schweigend neben ihm her. »Ich möchte dich etwas fragen«, sagte sie plötzlich, »aber du darfst nicht böse sein.« Sascha schaute sie nur freundlich an. »Ich möchte wissen, wer du bist. Du weichst immer aus, wenn dich jemand fragt. Ist es so schlimm?« Sascha verzog keine Miene und schwieg. »Du musst überhaupt nichts sagen. Ich mag dich auch so. Ich wollte … ich meine …« Sascha blieb stehen, nahm Annas Hände und führte sie ganz langsam an seine Brust. »Wenn ich es jemand sage, dann dir. Aber nicht jetzt.« Er nahm sie kurz in den Arm, drückte ihr einen flüchtigen Kuss auf die Stirn und schickte sie zurück zur Baracke.

3.

Eines Tages hieß es: »May kommt.« Auch im Wohnungsbau hatten die Zuständigkeiten gewechselt. Vertragspartner war nicht länger die Zekom-Bank, sondern erst der Trust für die Projektierung von Standardwohnungen und schließlich der Trust für Stadtbauprojekte. May bekam zunehmend Probleme, weil in seinen Entwürfen die »romantische Note« fehlte, wie es einer der Kritiker ausdrückte. Es kamen schließlich halbherzige Pläne heraus, die man mit Kompromissen verwässert hatte und die weder die sowjetische noch die deutsche Seite befriedigten. Diese Zerwürfnisse und der Mangel sowohl an Facharbeitern als auch an Material führten dazu, dass die meisten Bauvorhaben in der Planung stecken blieben. Von den wenigen Bauten, die begonnen werden konnten, erlebte ein großer Teil seine Vollendung nicht. May tobte, wenn wegen der unvorstellbar großen Wohnungsnot halb fertige Rohbauten bezogen wurden, noch bevor eine einzige sanitäre Einrichtung installiert war.

Für Groß-Moskau sollte May einen neuen Generalbebauungsplan erstellen, unter der Maßgabe, die Einwohnerzahl auf maximal vier Millionen zu begrenzen. Als Ziel war angegeben, »Moskau, die alte Hauptstadt des feudalistischen Russlands, in die würdige Metropole des ersten sozialistischen Landes umzuwandeln«. May wollte dieses Ziel in drei Etappen mithilfe von vierundzwanzig Trabantenstädten für jeweils hundert- bis hundertfünfzigtausend Bewohner erreichen. Das Stadtzentrum sollte letztlich der Verwaltung, dem Kulturbetrieb und der

Wirtschaft vorbehalten bleiben. Für den Transport zwischen Wohn- und Arbeitsstätte sah May elektrische Schnellbahnen vor. Auf diese Weise sollte niemand mehr als eine Stunde pro Tag unterwegs sein müssen. Aufgrund der örtlichen Besonderheiten bot May zwei verschiedene Varianten an. Einmal ein Industrie-Wohnkombinat, in das die überall verstreute Leichtindustrie umziehen sollte. Dabei trennten bandförmige Grünflächen Wohn- und Industriezone. Idealerweise erreichten die Werktätigen ihre Arbeitsstelle in höchstens zwanzig Minuten zu Fuß. Die zweite Variante trug der Tatsache Rechnung, dass man die Moskauer Schwerindustrie vor allem im Osten und Südosten der Stadt kaum umsiedeln konnte, sondern drum herum planen musste. Also waren die dazugehörigen Trabanten reine Wohnstädte. Um seine Auftraggeber zu überzeugen, arbeitete May zwei detaillierte Pläne aus. Einmal die Wohnstadt Lenino in der Nähe der südöstlichen Schwerindustrie und zum anderen das Industrie-Wohnkombinat Oktjabr an der Leningrader Chaussee im Norden. May kämpfte wie ein Löwe für seine Idee, die er in Grundzügen bereits 1925 bei einem Wettbewerbsentwurf für Breslau entwickelt hatte. Aber er konnte die Sowjets nicht überzeugen. Erst sehr viel später fanden die Russen Gefallen daran, als am 12. April 1958 Nikita Chruschtschow auf der Allunions-Baukonferenz eine programmatische Rede hielt, in der er die Trabantenstadt als Lösung anpries.

Die Dinge entwickelten sich also anders, als May und seine Mitarbeiter es sich gewünscht hätten. In Magnitogorsk kamen weitere Schwierigkeiten hinzu. Da der notwendige Wohnraum für die dort arbeitenden Massen fehlte, bauten die Menschen provisorische Hütten auch auf dem Gelände, das für Wohnblocks vorgesehen war.

Diese Leute konnte man nicht so ohne weiteres wieder vertreiben. Darüber hinaus eskalierte ein Streit über verschiedene Bautypen. Beide Seiten – die sowjetische und die deutsche – hatten zunächst das so genannte Kollektivhaus, das Obschtscheshitije, favorisiert, das ein Leben auf sozialistischer Grundlage ermöglichen sollte. Die Idee war, unter einem Dach nicht nur Wohnraum anzubieten, sondern auch die dazugehörigen sozialen Einrichtungen wie Säuglingsheim, Kindergarten, Klubs und Gemeinschaftsspeisesäle, da individuelles Kochen und Essen als kleinbürgerliches Relikt angesehen wurde. Nun war selbst den eingefleischtesten Kommunisten klar, dass man diese Lebensweise nicht von heute auf morgen verordnen konnte. Den Menschen sollte eine angemessene Übergangsfrist eingeräumt werden, um sie von den Vorteilen des neuen Wohnens zu überzeugen. Also mussten bauliche Mischformen entwickelt werden. Häuserzeilen mit einzelnen Wohnungen wurden unmittelbar neben Trakte mit Gemeinschaftseinrichtungen gesetzt. Die beiden Baukörper verband auf Höhe der ersten Etage ein geschlossener Korridor. So konnte man schrittweise zu kollektivem Wohnen übergehen. Aber es stellte sich schnell heraus, dass die meisten Menschen an diesen Kollektivhäusern kein Interesse hatten und eine individuelle Wohnung bevorzugten.

Ein Mitarbeiter von May, Walter Schwagenscheidt, der sich bereits einen Monat lang zur Inspektion in Magnitogorsk aufgehalten hatte, wusste nur Niederschmetterndes über den Baufortschritt zu berichten. »An Menge ist es so wenig, wie eine mittlere Baufirma in Deutschland mit einigen Technikern in einem Bausommer hinstellt, und an schlechter Qualität ist es mit nichts in Deutschland vergleichbar.« Entstanden waren vierstöckige Gebäude, von denen nur die Außenmauern, die Geschossdecken und die Treppenhäuser existierten. Innere Trennwände fehlten, und es machte auch nicht den Eindruck, als sollte in dieser Hinsicht weitergearbeitet werden. Denn in den etwa zwölf mal zwanzig Meter großen Räumen zwischen den einzelnen Treppenhäusern wohnten bereits an die hundert Menschen. Einige verschafften sich durch Bretterverschläge etwas Privatsphäre. Es waren weder Wasserleitungen noch Kanalisation installiert. Die Notdurft wurde auf der Straße verrichtet.

Schwagenscheidt stürzten die Erfahrungen dieser Reise in eine ernsthafte Identitätskrise. Er war kommunistischen Ideen gegenüber sehr aufgeschlossen und behauptete sogar, die meisten in der May-Gruppe seien viel kommunistischer als die Russen selbst. Aber hier lief irgendwas falsch. Sie zeichneten Pläne für »sozialistische Luxusstädte«, deren Umsetzung in ihrer Primitivität nichts mehr mit den ursprünglichen Entwürfen zu tun hatte. Schwagenscheidt sah die wesentlichen Ursachen für diese Misere in zwei Missständen, einem strukturellen und einem psychologischen. Das sowjetische Strukturproblem bestand darin, dass Planung und Bau in getrennten Händen lagen. Wenn der Entwurf das Architektenbüro verlassen hatte, begann die Zuständigkeit der Baustelle. Ein verbindendes Glied war nicht vorgesehen. Was mit den Zeichnungen weiter passierte, hatte nach sowjetischer Vorstellung die Planer nicht mehr zu interessieren. Alles was in dieser Richtung dennoch koordiniert wurde, waren Eigenmächtigkeiten von May, der es nicht gewohnt war, so zu arbeiten. Am psychologischen Dilemma hatte Schwagenscheidt weit mehr zu knabbern, weil es sein eigenes Weltbild beschädigte. Offenbar kann ein Großteil der Menschen, für die sozialistische Superstädte gebaut werden sollen, mit dieser Wohnform überhaupt nichts anfangen. Statt von mehrstöckigen Gebäuden und sanitären Einrichtungen begeistert zu sein, ziehen sie es vor, ebenerdig und viel einfacher zu leben. Sie bevorzugen eine andere Kultur, und wir haben es nicht begriffen. Wir haben vergessen, das wirkliche Leben zur Kenntnis zu nehmen. Wir gehen von uns aus und glauben, etwas Großartiges zu leisten für Menschen, die das, was wir wollen, nicht nur nicht verstehen, sondern ablehnen. Sie werden nicht glücklicher dadurch, weil es nicht ihren Bedürfnissen entspricht, und wir werden nicht glücklicher dadurch, weil sie mit unseren Hätschel-Projekten so unachtsam umgehen. Vielleicht ist das alles hier ein grandioses Missverständnis. Mit verzweifelter Energie begann Schwagenscheidt, einfache ausbaufähige Barackenstädte zu planen, von denen er glaubte, dass sie besser angenommen würden, und die zudem wesentlich preiswerter erstellt werden konnten. Von dieser Idee waren erwartungsgemäß weder May noch die Sowjets begeistert.

Streit und Konflikte gab es also genug, und May wollte selbst an Ort und Stelle nach dem Rechten sehen. Alle waren ganz aufgeregt. Ein vierköpfiges deutsch-russisches Komitee sollte den Besuch vorbereiten, entschied man in Moskau und bestimmte die Namen. Einer der beiden Deutschen, wie alle anderen Architekt und Stadtplaner, war Paul Herbertz. Ein junger Mann von fünfundzwanzig Jahren, groß und schlank, blond und blauäugig, kurz: eine Erscheinung wie auf einem Werbeplakat.

Paul Herbertz war stinksauer, als er von seiner Nominierung erfuhr. Er arbeitete seit geraumer Zeit in der Sowjetunion, hauptsächlich in Moskau, und hatte Einsätze in Kiew, Charkow und Tscheljabinsk hinter sich. Mit

Magnitogorsk verband er nichts Gutes: Die Hungersnot wütete auch dort, die Versorgung der Ausländer war besonders schlecht, und um den Ruf der ganzen Gegend stand es ebenfalls nicht zum besten. Schließlich handelte es sich um Verbannungsgebiet. Er empfand es als Zumutung, in diese unwirtliche Steppe reisen zu sollen. Wütend suchte er seinen Moskauer Mentor auf, einen bayerischen Statik-Professor, der ihm gut zuredete: »Gej Bua, fahr halt hi. Und wenn's dir gar net gfoit, dann kimmst halt wieder zruck.« Geduldig führte der Bayer Paul vor Augen, dass er sich eine Verweigerung gar nicht leisten konnte, da er sonst vertragsbrüchig werden würde und ihn die Sowjets sofort ausweisen könnten. Und dann? Was sollte dann aus seiner viel versprechenden Karriere werden? Wenn Paul es denn gar nicht aushalten sollte, meinte der Professor, könne er ja immer noch vertragsbrüchig werden und heimfahren. Das leuchtete Paul ein. Aber während der Reisevorbereitungen nahm er sich trotzig vor, sich ab sofort nicht mehr zu rasieren. Wenn schon am Ende der Welt, dann richtig. Und seine Moskauer Freunde irritierte er mit der Ankündigung, »da hinten« eine Kirgisin zur Frau zu nehmen. Er sträubte sich derart gegen die Vorstellung, ausgerechnet nach Magnitogorsk fahren zu müssen, dass er gar nicht merkte, wie kindisch es war, Dinge zu sagen wie: »Die werden schon sehen, was sie davon haben, mich da runter zu schicken.« Wen hätte er mit einer kirgisischen Ehefrau denn schocken sollen?

In Magnitogorsk angekommen, begab sich Paul sogleich ins Projektbüro. Sein angenehmes Äußeres hatte er bereits mit Erfolg verunstaltet. Unrasiert und in unförmigen Klamotten versunken, polterte er in den Raum. Johann, zu der Zeit Büroleiter, nahm ihn in Empfang: »Wo kommen Sie denn her?« Diese Begrüßung passte ins ohnehin negative Bild, und Paul fauchte: »Feiner Empfang ist das hier.« Es stellte sich heraus, dass man weder über Pauls Ankunft noch über seine Aufgaben informiert war und nicht so recht wusste, was man mit ihm anfangen bzw. wo man ihn unterbringen sollte. Es blieb gar nichts anderes übrig, als dass sich Johann, der mit Terminarbeiten bis zum Hals eingedeckt war, zunächst um diese Fragen kümmerte. Er schickte Paul einen Raum weiter, da solle er warten. In diesem Teil der Baracke saß Meike an ihrem Zeichentisch. Sie hielt den Ankömmling für einen Russen. Nicht zuletzt deshalb, weil er kein Wort von sich gab und sich einfach hinsetzte, ohne auch nur Guten Tag zu sagen. Paul beäugte jeden Winkel des Raumes, schielte auch auf die entstehenden Pläne; um die Frau genauer zu betrachten, war er nicht in Stimmung. Plötzlich blieb sein Blick auf Meikes Arbeitsplatz hängen. Er hatte einen Bleistiftkasten von Faber-Castell entdeckt und konnte gar nicht fassen, ausgerechnet hier so etwas vorzufinden. Ohne zu fragen, griff er nach dem Kasten, drehte ihn hin und her und starrte plötzlich wie vom Donner gerührt auf die Rückseite. »M. Bader« war da eingeritzt. »Das gibt's doch nicht«, entfuhr es ihm. Meike schaute verblüfft zu dem vermeintlichen Russen. »Bist du Meike Bader?«, fragte Paul, »du bist Meike Bader!« – »Der Herbertz«, hauchte Meike ungläubig. Paul und Meike kannten sich vom Bauhaus in Dessau und hatten sich aus den Augen verloren, als Paul das Institut verließ und Meike weiterstudierte. Das war jetzt fünf Jahre her.

Johann staunte nicht schlecht, als er nach einer ganzen Weile ins Zimmer kam und seine Frau in angeregter und trauter Unterhaltung mit Paul vorfand, der doch gerade erst angekommen war. Nach einigen Augenblicken löste sich die peinliche Verkrampfung auf allen Seiten in befreitem Lachen. Johann hatte kapiert, dass Paul lange vor seiner Zeit im Leben von Meike eine Rolle gespielt haben musste, von der er nicht ganz genau wusste welche, aber es war ja lange her. Paul war weder geschockt noch enttäuscht zu erfahren, dass Meike diesen Johann geheiratet hatte. Und Meike freute sich, ihren alten Freund wieder gefunden zu haben. Noch am selben Abend ging sie bei Anna vorbei, um ihr die Geschichte zu erzählen. Die Geschichte vom »Herbertz«. Obwohl sich Meike und Paul duzten, hatte sie ihn immer nur bei seinem Nachnamen gerufen. Seinen Vornamen hat sie nie benutzt. Auch jetzt im Gespräch mit Anna nicht. Das führte dazu, dass Anna Herbertz für eine niederländisch gefärbte Aussprache von Herbert hielt und selbstverständlich davon ausging, dass es sich dabei um seinen Vornamen handelte.

Anna hatte die ganze Geschichte längst wieder vergessen, als sie ein paar Tage später zu Meike ins Zimmer kam und dort ein stoppelbärtiger Typ rumsaß. Ohne ihn weiter zu beachten, wandte sie sich an ihre Freundin: »Kommst du mit? Heute Abend ist Kino.« – »Nein, du siehst doch, dass ich Besuch habe«, meinte Meike, und ehe sie dazu kam, die beiden miteinander bekannt zu machen, war Anna auch schon wieder verschwunden. Paul brachte diese kurze Begegnung völlig aus dem Konzept, er erkundigte sich verdächtig ausgiebig nach diesem jungen Mädchen. Meike, die es nicht liebte, lange drum herum zu reden, stellte ohne Umschweife fest: »Dich hat's wohl schwer erwischt, was?« und gab ihm bereitwillig Auskunft. Sie mochte Anna und sie mochte den Herbertz, und wenn die sich auch mochten, dann los. Wozu Zeit verlieren? Sie verabredete mit Paul für den nächsten Abend eine Einladung im kleinen Kreis und versprach ihm, dass Anna auch unter den Gästen sein werde. Als Paul in dieser Nacht nach Hause kam, steuerte er schnurstracks aufs Waschbecken zu: Der Bart musste weg.

Erwartungsvoll und beinahe nervös stiefelte Paul also gegen Abend des nächsten Tages, es war der 6. Oktober, zu Meikes Baracke. Sein deutscher Kollege Heinz Forbat, der die überraschende Einladung mit Freuden angenommen hatte, begleitete ihn. Forbat war Ende dreißig, verheiratet, aber ohne Frau in die Sowjetunion gekommen. Die hatte es vorgezogen, mit den beiden Kindern in Deutschland zu bleiben. Paul war noch damit beschäftigt, Meike, ihrem Mann und einem weiteren Ehepaar seinen Kollegen vorzustellen, als Anna den Raum betrat. Paul begriff es selbst nicht, aber er war in dieses Mädchen verliebt, ohne bisher auch nur ein einziges Wort mit Anna gewechselt zu haben. Er spürte ihre Ausstrahlung, er meinte, ihren Duft zu riechen. Er hielt die Situation für vollkommen verrückt und unwirklich, dachte aber keine Sekunde lang darüber nach, ob er sich darauf einlassen oder doch lieber dagegen wehren sollte. Tausend Gedanken schossen ihm gleichzeitig durch den Kopf, die alle um ein unbeschreiblich starkes Gefühl für diese Frau kreisten. Anna strahlte ihn offen an und freute sich auf ein paar amüsante Stunden mit den Gästen aus Moskau. Eine willkommene Abwechslung in dieser Einöde.

Der Abend begann mit einem bescheidenen Essen. Wie zufällig arrangierte Meike es so, dass Anna und der Herbertz eng nebeneinander saßen. »Tut mir Leid«, meinte sie scheinheilig und wies schulterzuckend darauf hin, dass in diesen Barackenräumen nun mal nicht mehr Platz sei. Dann setzte Meike das Koffergrammophon in Betrieb und legte Tanzplatten auf. Ohne auf Konvention und Höflichkeitsfloskeln zu achten, tanzte Paul nur mit

Anna, und die fühlte sich sauwohl. Was für ein sympathischer und noch dazu gut aussehender Mann! Sie genoss es, sich an ihn schmiegen zu können, sie brauchte keine Angst zu haben, Meike war ja da. Was sollte schon passieren? Es war einfach nur schön. Wie so oft, fiel mittendrin der Strom aus, und Paul nutzte die Gelegenheit sofort für einen langen innigen Kuss, den Anna ohne Zögern erwiderte.

Den Rest des Abends verbrachte man bei Kerzenlicht, und als sich die fröhliche Gesellschaft gegen Morgen auflöste und Paul sich mit einem flüchtigen Kuss verabschiedete, war bei Anna der Funke übergesprungen. Aufgewühlt ging sie in ihr Zimmer und konnte lange nicht einschlafen. Sie sehnte sich nach diesem Mann, von dem sie im Grunde nichts wusste, außer dass er Herbert hieß, wie sie annahm. Sie malte sich ein Wiedersehen mit intensiven Berührungen aus, steigerte sich in wohliges Körpergefühl und erschrak darüber, wie bedingungslos sie sich wünschte, in seinen Armen zu liegen. Widersprüchliche Gedanken überschlugen sich: Sie wollte ihn haben, ganz und total. Aber heiraten? Mit achtzehn? So sehr sie sich mit jeder Faser wünschte, von diesem und keinem anderen Mann zur Frau gemacht zu werden, so unmöglich war es in Annas Vorstellung, mit einem Mann ins Bett zu gehen, ohne mit ihm verheiratet zu sein. Meike war da anderer Auffassung. Das wusste sie. Und deshalb war Meike auch nicht der richtige Gesprächspartner für dieses Thema. Oder doch? Vielleicht gerade deshalb? Und wenn er sich nur einen Spaß mit ihr machte? Aber so konnte doch niemand dreinschauen, der lügt. Diese Blicke hatten so viel Wärme und Herzlichkeit. Und wie sanft und dennoch kraftvoll er sie beim Tanzen festgehalten hat. »Mein Gott, was mach' ich bloß?

Bis ans Ende der Welt würde ich für Herbert gehen, wenn es sein müsste.«

Sie dachte über das Glück nach und stellte fest, dass es ihr viel leichter fiel, ihre Gedanken zu sortieren, wenn sie traurig oder deprimiert war. Jetzt, wo sie innerlich vor Glück hüpfte und das Bedürfnis hatte, jedem davon zu erzählen, kamen nur bunte Kreisel dabei heraus, die sie nicht in Worte fassen konnte. Sie fühlte deutlich, dass ihr Herz schneller schlug als normal. Ihr wurde warm, fast heiß, dann fing sie an zu frösteln und zitterte, bis sie sich langsam wieder beruhigte. Ein seltsam aufregendes und trotz allem angenehmes Empfinden. Doch schlagartig wich die Farbe aus ihren freudvollen Fantasien, und die Angst drängte sich wieder dazwischen. »Vielleicht ist morgen alles vorbei, noch bevor es richtig begonnen hat? Vielleicht habe ich ihn gründlich missverstanden, und er wollte einfach nur nett zu mir sein? Vielleicht ist er gebunden? Weiß man's? Vielleicht sollte ich ihn ganz schnell wieder vergessen, um mir eine schreckliche Enttäuschung zu ersparen? Aber das schaffe ich überhaupt nicht mehr!«, stellte sie erschrocken fest und hatte plötzlich eine plastische Vorstellung von einem Begriff, über den sie sich bisher immer nur lustig gemacht hatte: »liebeskrank«. Endlich war der Morgen da, und sie ging natürlich doch zu Meike. Wem hätte sie sich sonst anvertrauen sollen?

»Du hältst nicht viel von Treue, oder?«, begann Anna vorsichtig. »Ach, weißt du, irgendwann kommt der Punkt in deinem Leben, wo dir zweierlei klar wird.« Meike ärgerte sich zwar über ihre mütterliche Attitüde, die ihr plötzlich auffiel, brachte den Gedanken aber zu Ende: »Zum einen ist es leider ziemlich unerheblich, wovon du etwas hältst oder ich etwas halte, wenn sich die meisten Menschen um dich herum mit dem durchsetzen, wovon sie etwas halten. Und zweitens spricht viel dafür, dass wir durch die kleinbürgerliche Erziehung, die wir genossen haben, vielleicht doch auf dem Holzweg sind. Mit lebenslanger Treue und Besitzanspruch.« Anna war noch damit beschäftigt, darüber nachzudenken, als Meike in theatralischer Pose fortfuhr: »Mein Mann! Meine Frau! Ist das nicht eine Zumutung für einen selbstständigen freien Menschen? Ich gehöre niemandem, nur mir selbst.« Sie redete auf Anna ein, sich nicht verrückt zu machen. Wenn sie Lust auf den Herbertz habe, dann solle sie sich keinen Zwang antun und nicht darauf warten, dass er ihr lebenslange Treue schwöre und sie heirate. »Ich hab 'ne Menge darüber gelesen«, meinte Meike, »und in diesem Land scheinen sie in jeder Beziehung damit beschäftigt zu sein, bürgerliche Fesseln abzustreifen.« – »Was meinst du mit bürgerlichen Fesseln?« – »Die Ehe zum Beispiel.« Anna war verwundert: »Aber du bist doch auch verheiratet.« – »Ja, und? Wenn du so willst – reine Formsache, ohne Verpflichtung.« Jetzt kam Anna nicht mehr aus dem Staunen heraus. »Hast du auch so gedacht, als du geheiratet hast?« Meike überlegte nur kurz: »Ehrlich gesagt, nein, aber ich hab's schnell gelernt, und vielleicht ist es tatsächlich richtiger, anders zu denken und freizügiger zu sein. Vielleicht hat Johann Recht.« – »Wieso Johann?«

Meike lachte ein wenig bitter und erzählte von dem Tag, als sie in Königsberg eintraf. Johann hatte sie gebeten zu kommen. Die beiden waren ein Paar, wenn auch noch nicht verheiratet. Johann kannte ihren Ankunftstag genau. Aber das Wetter war herrlich, die beiden hübschen Töchter aus der Nachbarschaft reizvoll und willig, und so zog Johann es vor, zwei Tage – es war ein Wochenende – am Meer, an der Kurischen Nehrung zu verbringen. Meike würde ihm schon nicht weglaufen. Und statt ein schlechtes Gewissen zu haben und sich bei ihr zu entschuldigen, beschimpfte er Meike, als sie ihn zur Rede stellte, sie sei engstirnig und altmodisch. Weil Meike bis über beide Ohren in Johann verliebt war, ging sie darauf ein und versprach Johann, wie sie es nannte, an sich zu arbeiten. »Ich hab dann ein System entworfen.« – »Wie? Ein System entworfen?« Die Unterhaltung verwirrte Anna immer mehr. Meike entschloss sich, ihr Gedankengebäude zum Thema zwischenmenschliche Beziehungen offen zu legen.

Am Anfang stand die Frage, was die Qualität einer Verbindung ausmacht. In ihrer Analyse, die sie auch schriftlich fixiert hatte, nannte sie sechs Punkte als Voraussetzung für das Gelingen einer Beziehung. Erstens, die Partner müssen gleichberechtigt sein. Zweitens, sie müssen gleiche Fähigkeiten haben in Bezug auf das Niveau ihres Bewusstseins. Sonst redet man aneinander vorbei, ohne es zu merken. Drittens, die Weltanschauung muss übereinstimmen. Das bedeutet ganz und gar nicht, dass die Partner derselben Religion angehören. Es bedeutet vielmehr, dass sie aufgeschlossen und tolerant sein müssen und sich nicht dogmatisch an Traditionen oder religiöse Vorstellungen gebunden fühlen. Viertens, kein Besitzanspruch. Fünftens, kein Absolutheitsanspruch. Sechstens, keine Eifersucht. Mit den ersten drei Punkten konnte Anna sich noch anfreunden, der letzte Punkt war auch in Ordnung, sofern man sich vertraute, aber die Punkte vier und fünf musste Meike erst mal erläutern, bevor Anna sich dazu äußern wollte.

Meike dozierte weiter. Eine Beziehung spielt sich auf drei Ebenen ab, die sich ihrerseits wiederum unterteilen.

Die erste ist die Aktionsebene, die zweite die Kommunikationsebene und die dritte die sexuelle. Wobei Meike Wert darauf legte, dass die genannte Reihenfolge keine Rangfolge darstellte. Die Aktionsebene umfasste einen ernsten und einen unterhaltsamen Teil, die sich im Idealfall mischten. Anna konnte sich darunter nicht viel vorstellen und bat um konkrete Beispiele. Unter Teil eins packte Meike eine berufliche Veranstaltung und politisches Engagement; unter Teil zwei Tanzen, Wandern, Schwimmen, Kino etc. Ehe Anna zur Besinnung kam, sezierte Meike die Kommunikationsebene. An erster Stelle stand Vertrauen, gefolgt von Verständnis. Den Abschluss bildete Unterstützung. Die sexuelle Ebene stand für sich, da nahm Meike keine weiteren Unterteilungen vor. Die Lektion war noch nicht beendet. »Was ist das Wesentliche einer Verbindung?«, fragte Meike, als ginge es darum, das Wissen in einer Schulklasse abzufragen. »Ich denke, das hast du gerade aufgezählt.« – »Nein – anders.« Meike schüttelte den Kopf und setzte ihren Vortrag fort. Auf das Wesentliche einer guten, funktionierenden Verbindung komme man dann am leichtesten, wenn man sich ein paar gezielte Fragen stelle. Und wieder bot sie Analytisches von eins bis drei. Erstens, was kann ich auf Dritte übertragen? Mit anderen Worten, was ist belanglos und austauschbar? Wenn nichts Exklusives übrig bleibt, dann ist es um die Qualität der Beziehung ganz schlecht bestellt. Zweitens, was kann ich wegfallen lassen, ohne dass die Beziehung Schaden nimmt? Anders ausgedrückt, was brauche und schätze ich am meisten? Und drittens, was verliert sich mit der Zeit, und was bleibt? Bleibt nichts, dann lohnt es nicht, an dieser Beziehung festzuhalten.

»So ein konstruierter Mist!«, brach es aus Anna heraus. »Was willst du? Eine Beziehung, die dich ausfüllt, die dir

Kraft gibt oder eine gute Note für eine Seminararbeit? Das glaubst du doch nicht alles! Ich fasse es nicht! Guckst du erst auf die Liste deiner Systematik, bevor du mit Johann ins Bett gehst, oder wie?« – »Du bist eben noch zu jung«, sagte Meike fast liebevoll. »Wenn du siehst, dass du von Lügen und Heuchelei umgeben bist – die meisten verheirateten Kerle haben eine Freundin oder etwa nicht, und ich bin mir nicht sicher, ob die Frauen das nicht genauso, nur etwas geschickter, handhaben – also, wenn du das siehst, dann musst du doch als intelligentes Wesen versuchen herauszufinden, woran es liegt und wie es zu ändern ist. Oder nicht?« Sie wartete Annas Antwort nicht ab. »Warum soll man nicht eine Theorie entwickeln und sie praktisch erproben, wenn man pausenlos feststellen muss, dass die praktizierte Praxis eine Beleidigung des Intellekts darstellt?« – »Na schön«, lenkte Anna ein. »Und wie sieht die optimal praktizierte Praxis deiner Meinung nach aus?« Meike erging sich im Allgemeinen. Beide Seiten müssen aktiv an der Partnerschaft arbeiten. Gemeinsame Interessengebiete, Betätigungsfelder und Bekanntenkreise seien hilfreich, aber nicht zwingend. Hauptsache, man tausche sich aus und habe Interesse aneinander. Alle Überlegungen führten immer wieder zu einem Ergebnis: das entscheidende Verbindungsglied sei die totale Kommunikation. Alles andere sei auf Dritte übertragbar, ohne dass es die Substanz der Beziehung gefährde. »Wenn du das erst einmal begriffen und verinnerlicht hast, lebt es sich viel leichter, glaub mir.«

»Nehmen wir an, Johann ist sauer auf dich und will nicht mit dir reden. Was machst du dann mit deiner Kommunikationsebene?« Meike strahlte: »Genau das ist der Punkt!« Anna hatte das Wesentliche offenbar verstanden. »Die Kommunikationsebene muss fest eingerichtet werden.« – »Du lieber Himmel, was heißt das denn schon wieder? Jeden Abend Konferenz oder was?« – »Ja, so ungefähr.« Das müsse man eben vereinbaren, und jeder sei daran gebunden. Meike lachte: »Hier geht das ja nicht, aber unter normalen Umständen hätten wir auch getrennte Schlafzimmer. Das macht freier, und der Sex wird besser.« Anna schüttelte den Kopf. Solche Abgründe hatte sie bei Meike nun doch nicht vermutet. Aber es kam noch heftiger. »Johann meint, wir müssen auf die zeitliche Koordinierung und auf die Profitgestaltung der Drittverhältnisse achten.« Anna begann an der Ernsthaftigkeit der Unterhaltung zu zweifeln. Ob Meike sie einfach nur veralberte? Aber die erklärte unbeirrt weiter: »Ist doch klar, es kann nur funktionieren, wenn einem die anderen Aktivitäten noch Zeit für den Hauptpartner lassen. Und wenn gerade mal beide anderweitig engagiert sind, dann müssen sie sich eben absprechen. Funkstille ist das Einzige, was in diesem System verboten ist.« – »Aha.« Es klang ganz und gar nicht überzeugt. »Und was meint ihr mit Profitgestaltung?« Auch das schien Meike völlig logisch zu sein: »Kontakte zu anderen – ganz gleich auf welcher Ebene – wollen wir in jeder möglichen Form für uns ausnutzen.« – »Und wie geht das?« – »Jede Bekanntschaft bringt etwas Neues, man erfährt etwas, man lernt etwas. Und diese Dinge gehören in die Hauptpartnerschaft. Man darf sie nicht für sich monopolisieren.« – »Auf gut Deutsch, wenn Johann mit einer anderen Frau schläft, und die benimmt sich dabei anders als du, und er findet das toll, dann bringt er dir das bei, oder wie?« – »Beibringen ist übertrieben, ich bin ja nicht blöd.« Meike wurde ärgerlich. »Er erzählt es mir einfach. Aber weißt du, was ich schlimm finde? Deine Frage! Wieso Johann und nicht ich. Das ist typisch. Du kannst dir nicht vorstellen, dass es mir genauso gehen könnte und ich ihm davon erzähle, was?«

Anna antwortete nicht. Sie mochte Meike nach wie vor und war sehr froh, mit ihr befreundet zu sein, aber auf diesem Gebiet trennten sie Welten. Daran waren wahrscheinlich diese neumodischen Bauhäusler-Typen schuld, die an allem etwas auszusetzen hatten, was alt, herkömmlich oder traditionell war. Inklusive Privatleben. Hoffentlich war Herbert nicht auch mit dem Bazillus infiziert.

»Sag mir eins«, setzte Anna noch einmal an, »bist du glücklich mit eurem System?« – »Es ist zumindest ein Weg. Neu und ungewohnt, aber durchdacht, das musst du zugeben. Auch wenn es dir nicht sympathisch ist.« Meike erzählte, wie schwer es ihr gefallen sei, so zu denken: »Ich war überhaupt nicht begeistert davon. Aber ich habe versucht herauszufinden, warum das so ist. Das hat mir geholfen.« – »Und warum ist, oder besser gesagt, war es so?« Meikes Erklärung ging folgendermaßen: Die meisten Menschen reagieren auf diesen neuen Weg zunächst einmal abweisend, weil sie ihn für unmoralisch halten. Dabei ignorieren sie die vielen nicht funktionierenden Ehen und begehen einen entscheidenden Fehler. Statt die Struktur, die Form der Ehe infrage zu stellen, machen sie einzelne Personen für das Scheitern einer Beziehung verantwortlich. Sowohl die Kirche als auch der Staat haben über die Jahrhunderte ein Umdenken verhindert. Die Erziehung in der klassischen Kleinfamilie produziert laufend Menschen, die unfähig sind, sich schöpferisch zu betätigen und neue Formen des Zusammenlebens zu finden. Die einzig mögliche Willensäußerung besteht in Scheidung. »Ich bin auch das Produkt einer solchen Erziehung. Frauen sind gleichberechtigt – aber Männer sind gleichberechtigter.« Anna überkam das kalte Grauen, und sie empfand tiefes Mitleid für ihre Freundin. Meike musste unendlich verletzt sein. Sie liebte Johann offenbar so sehr, dass sie sich von ihm eine Lebensweise aufzwingen ließ, die nicht die ihre war. Sie brauchte ein System zum Überleben und hatte sich eins zurechtgezimmert, das sie für angemessen hielt. Der verzweifelte Versuch einer emanzipierten berufstätigen modernen Frau, Dinge in den Griff zu kriegen, die ihr über den Kopf gewachsen waren. Die beiden umarmten sich wortlos. »Danke«, sagte Anna erst, als sie schon in der Tür stand. »Nichts zu danken – ich danke dir.« Verwirrt und deprimiert setzte sich Anna auf die Holzbank hinter der Baracke und dachte nach.

Die Sowjets hatten sich von der bürgerlichen Einteilung einer Arbeitswoche, die mit einem Sonntag endete, verabschiedet. Der Rhythmus der neuen Zeit war durch fünf teilbar: vier Tage Arbeit und dann ein Wychodnoj, ein Ruhetag. Das brachte zwar alles Mögliche durcheinander und bedeutete eine gewaltige Umstellung für die Menschen, aber in diesem Fall konnte Anna der Regelung, die sie ansonsten für völlig bescheuert hielt, nur Vorteile abgewinnen. Denn auf die Art musste sie auf die Gegeneinladung von »ihrem Herbert« nicht so lange warten. Am 13. Oktober ließen sich Anna und Meike zur Hotel-Baracke kutschieren, in der Paul, Heinz Forbat und einige russische Kollegen untergebracht waren. Johann fehlte. Der war zusammen mit einem Österreicher namens Franz Storkan, mit dem es eine besondere Bewandtnis hatte, mal wieder auf eine ganz abstruse Idee gekommen. Die beiden hatten sich einen Wagen zurechtgemacht, ein Pferd besorgt und wollten ein paar Tage in die Steppe fahren. Sie fühlten sich ausgebrannt und versprachen sich neue Kraft und Inspiration von diesem Abenteuerurlaub. Franz, Anfang dreißig, war noch ledig und hatte von Anfang an ein Auge auf Anna geworfen. Sie fand das ganz praktisch, weil es eine Art Schutz darstellte. Man wusste allgemein, der Österreicher interessiert sich für das Mädchen aus Frankfurt. Zudem sah Franz unverschämt gut aus, ein dunkler südländischer Typ mit exzellenten Manieren. Gebildet, sensibel, tolerant und humorvoll – im Grunde ein Glücksfall, aber mehr als Sympathie empfand Anna nicht und schob die Frage nach seinen Gefühlen weit von sich, da sie sehr wohl spürte, dass Franz sie am liebsten vom Fleck weg geheiratet hätte. Der dreizehn Jahre ältere Mann drängte sie aber nicht, sondern träumte nur davon, dass aus der kumpelhaften Freundschaft mit Anna eines Tages mehr werden könnte.

Als Meike und Anna die Hotelbaracke erreicht hatten, stürmte Paul gleich auf sie zu, nahm erst Meike und dann Anna in den Arm und geleitete sie in sein Zimmer, wo Heinz Forbat schon auf sie wartete. Zu viert verbrachten sie einen fröhlichen Abend. Paul und Anna verwöhnten sich mit kleinen liebevollen Gesten, gleichzeitig gingen sie so vertraut miteinander um, als würden sie sich schon Jahre kennen. Eine zufriedene Meike und eine überglückliche Anna fuhren um Mitternacht nach Hause, nicht ohne sich gleich für den 18. Oktober, den nächsten Wychodnoj, wieder verabredet zu haben. Bis dahin erwartete Meike auch Johann zurück. Der tauchte dann allerdings schon am folgenden Tag auf. Weder Franz noch er hatten vor ihrer Abreise den Zustand des Pferdes bemerkt. Erst als es sich in der Steppe weigerte, seine Arbeit zu tun, fiel den beiden auf, dass sie mit einem hochträchtigen Tier unterwegs waren. Aus Angst vor Komplikationen – wer wusste, ob die Stute problemlos werfen würde, und was sollten sie um Himmels willen mit dem Fohlen in der Wildnis anstellen – brachen sie ihre Tour ab und kehrten leicht missmutig zurück.

Der 18. Oktober war ein Tag wie aus dem Bilderbuch. Der Himmel tiefblau, kein einziges Wölkchen, die Landschaft in warmes gelbes Licht getaucht. Die Konturen weich und fließend, so als würden sie bei Berührung nachgeben und als sei es vollkommen unmöglich, sich irgendwo zu stoßen. Anna saß in ihrem Zimmer und fieberte dem abendlichen Treffen mit Herbert entgegen, da klopfte es, und er stand vor der Tür. »Was halten Sie von einem kleinen Spaziergang?« Sie schlenderten am Fluss entlang, immer weiter in die Steppe hinein. Es gab so viel zu erzählen. Schließlich setzten sie sich ans Ufer. Fernab jeder menschlichen Behausung. »Jetzt kommt's drauf an«, dachte Anna. Einerseits wünschte sie sich nichts sehnlicher, als in seinen Armen zu versinken, andererseits fürchtete sie sich davor. Nicht etwa, weil ihr seine Liebkosungen Angst gemacht hätten, ganz im Gegenteil, sondern weil sie fest davon überzeugt war, er könne nicht der Mann fürs Leben sein, sollte er eine solche Situation ausnutzen. Meike hätte sie wahrscheinlich ausgelacht, aber für Anna war es unendlich wichtig, dass sich ihr Herbert »anständig« benahm, und wenn sie es noch so sehr lieber anders gehabt hätte. Paul legte den Arm um sie, strich ihr übers Haar, drückte sie an sich, küsste sie immer wieder. Sonst nichts. Er versuchte nicht einmal, ihre Brüste zu berühren. Er spürte wohl instinktiv, wie wichtig es für Anna war, dass er sich – so völlig allein mit ihr – »richtig« verhielt. Nun war es ganz und gar um Anna geschehen.

Paul erzählte frank und frei von seinen beruflichen Zukunftsplänen, dass er die ganze Welt kennen lernen wollte und wie viel er noch vorhabe. Japan und China standen als Nächstes auf dem Programm. So was könne man einer Frau nicht zumuten, warf er irgendwann ein, da sei es von Vorteil, solo durchs Leben zu gehen. Anna fraß den Köder und sprudelte los: »Das kommt ja nun wirklich auf die Frau an. Sie sehen doch, wie viele Ehepaare hier in Magnitogorsk leben. Natürlich gibt es Frauen, denen das alles zu viel ist und die eine gewisse Bequemlichkeit und Sicherheit haben wollen. Aber doch nicht alle. Gucken Sie sich Meike an ...« Als Paul keinerlei Anstalten machte, etwas zu entgegnen, und sie nur anlachte, dämmerte es Anna, und sie knuffte ihn gespielt ärgerlich gegen die Schulter.

Am nächsten Tag stand Franz vor der Tür. Pauls Interesse an Anna war ihm nicht entgangen. Es erschien ihm zwar immer noch zu früh, Anna einen Heiratsantrag zu machen, andererseits wollte er aber auch nicht zu spät kommen. Anna ahnte, worauf dieser Besuch hinauslaufen würde, und verbarg mit Mühe das Chaos, das sich in ihrem Kopf zusammenbraute. Sie wollte Franz nicht an der Nase herumführen, ihn aber auch nicht verletzen. Wie sollte sie das bloß anstellen? Hätte Franz sie gefragt, bevor der Herbert aufgetaucht war, hätte sie sich mühelos auf ihre Jugend zurückziehen und um Bedenkzeit bitten können. Aber so? War es nicht unfair? Sie wusste doch ganz genau, dass sie Franz nicht heiraten wollte. Sie schaffte es nicht, ihm reinen Wein einzuschenken, sondern stotterte etwas von »überrascht« und »zu plötzlich« und vertröstete ihn auf später. Kaum hatte Franz die Baracke verlassen, raste Anna zu Meike: »Stell dir vor – das glaubst du nicht –, stell dir vor, der Franz will mich heiraten!« – »Na ja, und?« – »Na ja, und? Ist das alles?« – Meike schaute ihre jüngere Freundin intensiv an und fragte: »Liebst du ihn?« Statt zu antworten, gab Anna eine Mischung aus unbeholfenen Gesten und pustenden Geräuschen zum Besten, die allesamt Ratlosigkeit signalisierten. Es dauerte eine Weile, bis ihr der erste Satz gelang: »Wenn Franz der Richtige gewesen wäre, hätte ich mich doch nicht in einen anderen verlieben können, oder?« Meike schwieg und schaute sie weiter an, ohne die Miene zu verziehen. Anna erwartete eine Hilfestellung, irgendeinen Kommentar. Nichts dergleichen. »Aber der Franz tut mir so Leid.« Jetzt wurde Meike aktiv: »Willst du mit deinen achtzehn Jahren einen Mann aus Mitleid heiraten?« – »Nein, natürlich nicht.« – »Also, wo ist das Problem?« Ein bisschen mehr Mitgefühl hätte Anna schon erwartet, aber im Grunde hatte Meike Recht. Jetzt ging es nur noch darum, Franz möglichst offen und dennoch schonend beizubringen, dass sie jemand anderen liebte. Das brachte allerdings eine neue Schwierigkeit mit sich. Sie konnte ja schlecht dem Franz von ihrer Liebe zu Herbert erzählen, wenn der noch gar nichts davon wusste. Andererseits – wenn sie keinen Namen nannte und die Geschichte dem Herbert zu Ohren kam, könnte der auf die Idee kommen, es gäbe einen wichtigen Mann in ihrem Leben, den sie ihm bislang vorenthalten habe. Meike fand das alles unproblematisch. »Mach dich doch nicht selbst verrückt! Pass auf, als Erstes gehst du zu Franz und sagst ihm, dass du ihn zwar magst, aber nicht genug liebst, um ihn zu heiraten. Der Franz ist ein patenter Kerl. Der wird das kapieren. Und dann sprichst du mit Herbertz und erzählst ihm einfach nur von diesem Heiratsantrag, den du abgelehnt hast. Nicht mehr und nicht weniger. Klar?« Klar.

Nach dem Gespräch mit Franz spazierte Anna erleichtert in ihre Baracke zurück. Er hatte es ihr wirklich nicht schwer gemacht. Ein verständnisvoller lieber Kerl. Das war also geschafft. Nun konnte sie sich in Ruhe auf das Gespräch mit ihrem Herbert konzentrieren, den sie am 23. Oktober wiedersehen würde. Aber der hatte einen Vorwand gefunden, schon am 20. bei Anna vorbeizuschauen. Sie wunderte sich selbst, wie ruhig und locker sie auf die Geschichte zu sprechen kam. »Sie kennen doch den Franz?« Paul hatte von ihm gehört, und seine russischen Kollegen hatten ihn bereits vorgewarnt. »Wenn du die Kleine magst, dann greif zu, da läuft ein Österreicher rum, mit dem sie befreundet ist.« Anna erzählte unbefangen von dieser Freundschaft. Als sie beim Heiratsantrag angekommen war, unterbrach Paul ihren Redefluss. »Und? Was haben Sie geantwortet?« – »Ich habe ihm einen Korb gegeben.« – »Wollen Sie ihn nicht heiraten?« – »Nein.« – »Würden Sie mich denn heiraten?« – »Ja.«

Einen Heiratsantrag hatte sich Anna zwar anders vorgestellt – irgendwie romantischer und feierlicher und auch nicht per Sie –, aber das spielte alles keine Rolle mehr, sie ertrank in Glücksgefühlen. Paul hatte mit der spontanen Zusage nicht gerechnet. Fragend und ungläubig wiederholte er das »Ja?« – »Ja!«, kam es entschlossen zurück. Nun war erst einmal Pause. Sie brauchten beide Zeit, um sich zu fassen. Anna kam es gleichermaßen unwirklich und selbstverständlich vor. Beide stürzten sich sofort auf die praktischen Dinge. Als Erstes stiegen sie lachend und scherzend vom Sie aufs Du um. Und Paul dachte sich nichts dabei, dass Anna ihn – genau wie er es von Meike gewohnt war – weiter Herbertz oder Herbert nannte. Dann besprachen sie den Antrittsbesuch bei Annas Eltern. Pro forma sollte der schon sein, meinte Anna, »aber ganz gleich, was sie sagen, es bleibt dabei«. Paul drängte auf einen baldigen Hochzeitstermin, da er täglich mit einem Telegramm von May rechnete, das ihn wieder zurück nach Moskau beorderte. Und wenn sie bis dahin nicht verheiratet waren, konnte Paul seine Anna nicht mitnehmen.

Sie verabredeten sich für den übernächsten Tag. Anna ging sofort hinüber ins Zimmer ihrer Eltern. Eugen war noch nicht von der Arbeit zurück, aber Pauline saß auf dem Sofa und las. Anna wusste nicht so recht, wie sie das Gespräch beginnen sollte, denn ihre Eltern hatten keine Ahnung von Herbert. Sie schaute im Zimmer umher, betrachtete die Schränke und entdeckte plötzlich die auf ihnen gestapelten Koffer. »Welchen Koffer könntest du mir geben, wenn ich mal verreise?«, fragte Anna wie beiläufig. Pauline schaute für ihre sarkastische Gegenfrage kaum hoch: »Wieso? Kann man hier verreisen?« – »Es kann sein, dass ich demnächst mal nach Moskau fahre«, meinte Anna, und es klang immer noch ziemlich allgemein. »Was willst du denn in Moskau?« Pauline legte ihr Buch zur Seite, und Annas Stimme hörte sich nun an wie bei einer offiziellen Verlautbarung: »Morgen kommt ein Herr, den ich kennen gelernt habe. Er ist Mitarbeiter vom May, und wir wollen heiraten. Der kommt also morgen, um euch das zu sagen.« – »Ach, der Franz!« – »Nein, nicht der Franz. Den kennst du nicht.« – »Etwa der große Blonde?« – »Du kennst ihn?« Eine völlig verblüffte Anna stemmte die Hände in die Hüften. Sie war beleidigt, ohne genau zu wissen warum. »Der war mal bei mir und hat eine Milchflasche geholt. Sympathischer Typ.« Anna kam aus dem Staunen nicht heraus. Ihre Mutter schien weder überrascht noch verärgert, sondern ganz im Gegenteil hocherfreut. »Dann war der Herbert hier?« – »Herbert? Nein, der heißt nicht Herbert, der heißt irgendwie anders.« – »Ich werd doch wissen, wie der Mann heißt, den ich heiraten will.« – »Also Herbert heißt er nicht, da bin ich sicher. Wie ist denn sein Nachname?« Da erst fiel Anna auf, dass sie den nie erfahren hatte.

Als Eugen nach Hause kam, überfiel ihn Anna mit der Neuigkeit, und auch er reagierte ganz ruhig und gelassen: »Wenn er dir gefällt, mein Kind, dann muss er in Ordnung sein.« Am nächsten Tag war es so weit. Eugen hatte eine Flasche bereitgestellt, und endlich kam so etwas wie Feierlichkeit auf, als sich Paul formvollendet vorstellte – gestatten, Herbertz – und um Annas Hand anhielt. Paul berichtete bereitwillig von seinem Studium und seinen beruflichen Stationen, fand sogleich Berührungspunkte mit Eugen und einen guten Draht zu Pauline. Annas Eltern waren begeistert. Ein ordentlicher, korrekter und stattlicher junger Mann mit einer soliden Ausbildung und einer guten Arbeitsstelle.

Inzwischen hatte es zu regnen begonnen. Es goss wie aus Eimern. Paul hatte sich in Schale geworfen und war mit Anzug und Halbschuhen unterwegs. Vor dem etwa zwanzigminütigen Fußmarsch bis zu seiner Unterkunft graute ihm gewaltig. Seine Sachen wären sicherlich ruiniert, dachte er, bemüht, sich nichts anmerken zu lassen. Eugen schaltete als erster und bot seinem zukünftigen Schwiegersohn ein Paar seiner Stiefel an. »Ich hab ja genug davon«, meinte er, »da können Sie sich gern welche ausleihen.« Dummerweise passten Pauls Füße nicht mal durch den Schaft von Eugens Stiefel. Die waren Paul mindestens drei Nummern zu klein. Daraufhin bot Pauline dem jungen Mann kurz entschlossen an, auf der Couch zu übernachten. Die zwei Betten der Eheleute standen hinter den quer gestellten Schränken, die auf diese Weise als Sichtschutz dienten. Die Couch stand davor. Für eine Nacht würde das gehen. Doch Paul antwortete: »Wenn ich hier bleibe, dann bleib ich bei Anna.« Alle waren wie vom Donner gerührt. Aber es dauerte nur Sekunden, bis es ihnen so selbstverständlich erschien, als komme gar nichts anderes in Betracht. Anna war begeistert von Pauls Entschlossenheit. Da sie ohnehin am nächsten Tag zum Standesamt gehen wollten, wäre ihr alles andere auch lächerlich vorgekommen.

Allen Beteiligten wurde erst mit Verspätung klar, dass man sich mit dem Standesamt noch etwas gedulden musste, denn am darauf folgenden Tag war es wegen des Wychodnoj geschlossen, und einen Tag später wegen irgendeines Feiertages. Am 25. Oktober war es dann so weit. Gleich morgens um neun zogen Paul und Anna los. Sie hatten einen gehörigen Fußmarsch vor sich, denn die Wohnbaracken lagen am Rande der Industriestadt, und das Standesamt sollte sich irgendwo in der Nähe der Hochöfen befinden. Die genaue Adresse hatten sie nicht in Erfahrung bringen können. Straßenschilder oder Hausnummern gab es ohnehin nicht. Sie wussten nur, dass die russische Abkürzung für Standesamt SAGS (Büro für zivile Angelegenheiten) lautete, dass diese Behörde in einer der vielen Baracken untergebracht war, von denen eine aussah wie die andere, und dass man keine Trauzeugen brauchte. Der Dauerregen hatte die Wege aufgeweicht, und so rutschten sie mehr, als dass sie liefen. Nach kürzester Zeit waren sie bis über die Knie mit Schlamm besudelt. So hatte sich Anna den Gang zum Standesamt nicht vorgestellt. Gegen elf Uhr standen sie endlich vor dem richtigen Gebäude, eine Viertelstunde später vor der zuständigen Sachbearbeiterin, einer kräftigen Russin mit knallrotem Kopftuch. »Wasch pasport poshalujista«, Ihren Pass bitte, sagte sie zu Paul gewandt und vertiefte sich in das herübergereichte Dokument. »Familija?« – also Nachname. Paul antwortete brav »Herbertz«. Anna wunderte sich, kapierte aber die Tragweite noch nicht. Vielleicht hatte sie in der Aufregung etwas falsch verstanden. Ohne aufzuschauen fragte die Russin weiter: »Imja?« – also Vorname. »Paul.« Jetzt fiel Anna aus allen Wolken. Wieso Paul? Aus ihrem Herbert war plötzlich ein Paul geworden. Herbert – das war der Inbegriff ihrer schwärmerischen Liebe, Herbert – das war der Mann, mit dem sie ein Leben verbringen wollte. Und nun stand einer vor ihr, der Paul hieß. Sie hatte Mühe, ihre Tränen zurückzuhalten. Es gelang ihr dann aber doch recht schnell, sich zu fangen. Plötzlich kam es ihr albern und unreif vor, sich von einer solchen Nebensächlichkeit derart beeindrucken zu lassen. Außerdem – was sollte die Standesbeamtin von ihr denken. Paul, der sich erst keinen Reim auf Annas Reaktion machen konnte, rekonstruierte Stück für Stück die Zusammenhänge und musste schmunzeln.

Aber auch für ihn gab es eine kleine Überraschung. Er wusste zwar, dass Eugen nicht Annas leiblicher Vater war, aber er hatte nicht daran gedacht, dass sie aus diesem Grund einen anderen Nachnamen tragen könnte. Und so blieb ihm sekundenlang der Mund offen stehen, als Anna auf die entsprechende Frage nicht, wie von ihm erwartet, »Romberg« antwortete, sondern »Steitz«. Diesen kleinen Triumph kostete Anna aus. Der Standesbeamtin waren die diversen Irritationen nicht entgangen, und sie schaute misstrauisch von einem zum anderen. Merkwürdiges Pärchen, wenn die Frau ihrem Zukünftigen erst auf dem Standesamt ihren Mädchennamen buchstabieren muss, weil der nicht weiß, wie man den schreibt. Diese Prozedur wurde nötig, um die notwendigen Formulare in kyrillischer Schrift ausfüllen zu können, und Steitz eignete sich sehr schlecht für eine buchstabengenaue Übertragung. Wenn die Beamtin gewusst hätte, dass sich die beiden vor der Heirat innerhalb von sechzehn Tagen nur vier Mal gesehen hatten, hätte sie sich wahrscheinlich weniger gewundert. Oder vielleicht noch mehr.

Nachdem dieses Kapitel erfolgreich abgeschlossen war, tat sich das nächste Hindernis auf. In Annas Pass stand als Geburtstag der 14. August 1914, natürlich in lateinischer Schrift. Die Standesbeamtin konnte die Monatsangabe aber nicht lesen und rechnete den beiden mit Blick auf das Hochzeitsdatum, den 25. Oktober 1932, vor, dass Anna unter Umständen noch keine achtzehn Jahre sei und deshalb nicht heiraten könne. Durch das Chaos mit den Namen etwas verunsichert, fuhr Paul Anna an: »Aber du hast mir doch gesagt, dass du achtzehn bist – oder?« Anna wehrte sich: »Wenn ich das sage, dann stimmt das auch!« Paul erbat den Pass noch mal zurück, las Annas Geburtsdatum und versuchte die Standesbeamtin davon zu überzeugen, dass August August hieß. Die Dame mit dem roten Kopftuch ließ sich nicht erweichen und schickte die beiden zum Notar, um Annas Geburtsdatum zu beglaubigen, dann sollten sie wiederkommen. Wo sie einen Notar auftreiben könnten, sagte sie nicht. »Gdje-to tam«, irgendwo da draußen würden sie schon einen finden.

Die Suche war langwierig und frustrierend. Die beiden irrten im Matsch zwischen den Baracken herum und sprachen jeden an, den sie erwischen konnten. Aber ein Notariat kannte niemand, viele wussten nicht einmal, was ein Notar ist und was die beiden Ausländer überhaupt wollten. Nach mehr als drei Stunden vergeblicher

Sucherei trafen sie einen Amerikaner, der zwar erst seit kurzem in Magnitogorsk arbeitete, sich aber offenbar gut auskannte. Er war sehr hilfsbereit, begleitete sie sogar ein Stück, und man beschloss, sich wiederzusehen. Beim Notar ging dann alles sehr schnell. Er stellte ein offizielles Papier aus, dem die Standesbeamtin Annas Geburtsdatum einwandfrei entnehmen konnte. Da Paul und Anna die Öffnungszeiten des Standesamtes nicht wussten und auch vergessen hatten, danach zu fragen, hetzten sie nahezu im Dauerlauf zurück. Anna war am Ende ihrer Kräfte. In letzter Minute schlüpften sie ins Büro der fülligen Standesbeamtin, die Mitleid mit dem erschöpften Mädchen hatte und ihr eine Tasse Tee anbot. Mit der notariellen Beglaubigung war sie zufrieden, und innerhalb weniger Minuten hatten die beiden ihre Bumaschka, das ersehnte Papierchen, in Händen.

Es war schon dunkel, als sie nach Hause stolperten. Annas Mutter fanden sie völlig aufgelöst. Sie wartete schon seit Stunden und hatte sich entsetzliche Sorgen um ihre Tochter gemacht. Die bescheidene abendliche Hochzeitsfeier fand im kleinsten Kreis statt. Nur Annas Eltern und das frisch vermählte Paar. Heiraten hatte in diesen Kreisen keine so große Bedeutung, auch sprachen die äußeren Umstände dagegen. Es war schon spät, die beiden waren dreckig von oben bis unten, und was Richtiges zu essen gab es auch nicht. Immerhin hatte Pauline es geschafft, einen ganzen Käse zu organisieren und sogar einen kleinen Kuchen zu backen. Das junge Paar wohnte ab sofort in Annas Zimmer. Gewissenhaft und präzise, wie Paul nun einmal war, kümmerte er sich gleich am folgenden Tag um eine weitere Formalität. Anna stand im Lebensmittelbuch ihrer Eltern als dritte bezugsberechtigte Person. Solange alle vier in Magnitogorsk blieben, hätte man das Dokument nicht unbedingt umschreiben lassen müssen, und Anna maulte irgendwas von Zeitverschwendung und Haarspalterei. Aber Paul wollte die Papiere in Ordnung haben. Also zogen sie aufs zuständige Amt, die Heiratsurkunde, sein Lebensmittelbuch und das ihrer Eltern in der Tasche. Paul mobilisierte all seine Russischkenntnisse, um sein Anliegen vorzutragen, und der Beamte hörte aufmerksam zu. Ein kleiner dicker Mann mit hochrotem Kopf, so schmalen Äuglein, dass man unmöglich auf seinen Gemütszustand schließen konnte, und einer unförmigen Nase, aus der drei dicke schwarze Borsten wuchsen. Dennoch nicht unsympathisch. Er schien auf Anhieb verstanden zu haben, denn er streckte seine Hand mit den viel zu kurzen dicken Fingern und den viel zu langen gelben Fingernägeln nach der Heiratsurkunde aus.

»Dawai, dawai!« Jetzt erst merkten die beiden, dass der kleine dicke Russe wohl ziemlich betrunken war, denn er konnte nur noch lallen. Er beäugte das Dokument, drehte es um, legte es vor sich auf den Schreibtisch, angelte sich einen Federhalter und begann auf der Urkunde zu schreiben. Paul und Anna war das nicht geheuer. Der Beamte schrieb und schrieb. Schließlich platzte Paul der Kragen: »Was machen Sie denn da um Himmels willen?« Der Beamte murmelte einen unverständlichen Satz, legte den Federhalter aus der Hand und wischte mit seinem Ärmel über die frische Tinte hinweg. Die Rückseite der Heiratsurkunde sah nun aus, als hätte man sie aus einer Pfütze gezogen. Paul schnappte sich das Papier und versuchte das Geschreibsel zu entziffern. Der Beamte hatte das Recht auf Lebensmittelbezug einfach auf der Rückseite der Heiratsurkunde vermerkt. Er konnte gar nicht verstehen, warum Paul plötzlich so zornig war und wutentbrannt das Zimmer verließ. »Diese Ausländer!«, quetschte der Russe mehr mitleidig als ärgerlich hervor.

Paul und Anna suchten den ihnen bereits bekannten Notar auf und baten ihn, in irgendeiner Form zu bescheinigen, dass dieses etwas verunstaltete Ehedokument seine Gültigkeit behielt. Der Notar schüttelte amüsiert den Kopf – so etwas hatte er auch noch nicht erlebt – und beruhigte den aufgeregten Paul, der anfing, sich zu rechtfertigen: »Es handelt sich schließlich um ein Unikat. Und wie sollen wir von Moskau aus oder gar von Deutschland aus beweisen, dass wir verheiratet sind, wenn diese Urkunde nicht anerkannt wird.« – »Alles in Ordnung, junger Mann.« Lächelnd versah der Notar das Original mit einem erklärenden Kommentar und einem Stempel. Vorsorglich schickte er die jungen Leute zu einem Kollegen des kleinen dicken Russen, damit diesmal alles glatt ging. Dort bekamen sie dann anstandslos die gewünschte Eintragung. Ab sofort war Anna im Buch ihrer Eltern gestrichen und als Frau Herbertz in Pauls Buch bezugsberechtigt.

Anna drängte darauf, den hilfsbereiten Amerikaner endlich wie versprochen wieder zu treffen, und Meike und Johann, bei denen sich ohnehin immer alles an Geselligkeit abspielte, kümmerten sich um die Einladung. Meike war ganz versessen darauf, mal wieder jemanden aus einem anderen beruflichen Umfeld kennen zu lernen. Sie hatten zwar keine Ahnung, was und wo er arbeitete, sie wussten nur, dass er weder Architekt noch Stadtplaner sein konnte. Da kannte man sich untereinander.

John, ein hagerer, fast dünner Mann von zwanzig Jahren, hatte in Wisconsin studiert. Er stammte aus einem wohlhabenden Elternhaus, hatte bereits drei Europatrips hinter sich, denn sein Heimatland war ihm zu eng geworden. Er hatte sein Unbehagen nicht präzise formulieren können, sich aber seinem Vater anvertraut. Irgendwas schien mit Amerika nicht in Ordnung zu sein, wie John sich ausdrückte. Er habe den Eindruck, dass »die Bolschewiken die Antwort auf wenigstens einige der Fragen gefunden hatten, die man sich in Amerika vergebens stellte«. John kam mit der Werteordnung nicht zurecht, wo an oberster Stelle materielle Dinge zu finden waren. Er suchte nach Substanziellerem, nach Beständigerem und wollte nach Russland reisen, um dort beim Aufbau einer neuen Gesellschaft mitzuhelfen. Sein verständnisvoller Vater gab ihm den Rat, vorher ein Handwerk zu erlernen. Bei General Electric erhielt John eine Ausbildung als Schweißer. Ausgestattet mit seinem Befähigungsnachweis und einem Empfehlungsschreiben des Metallarbeiterverbandes, dessen aktives Mitglied er geworden war, reiste er nach Berlin, um sich dort das Visum für die Sowjetunion zu besorgen. In Berlin hielt er sich ein paar Wochen im Wedding auf, besuchte kommunistische Demonstrationen und unterschiedliche Parteiversammlungen. Derart vorbereitet, fühlte er sich fit für seine ehrgeizigen Pläne. Doch in Moskau angekommen, türmten sich die bürokratischen Hemmnisse bei seinen Versuchen, Arbeit zu finden. Es wurden zwar in vielen Teilen des Landes händeringend Schweißer gesucht, und die zuständige Verteilerstelle hätte ihn nur zu gerne vermittelt, aber erst musste er die Arbeitserlaubnis vom Passamt vorweisen. Da wiederum sah man sich außerstande, eine solche Bescheinigung auszustellen für jemanden, der keinen festen Arbeitsplatz nachweisen konnte. Mit geduldiger Penetranz gelang es John, nach etwa zehn Tagen in den Besitz aller erforderlichen Papiere zu kommen, inklusive einer Fahrkarte nach Magnitogorsk. Dort traf er im September 1932 ein. Also gut einen Monat, bevor er Anna und Paul von ihrer Sucherei nach dem Notariat erlöste.

John war von den fünfen der überzeugteste Anhänger einer neuen Gesellschaftsordnung. Anna fühlte sich zu jung, um politische Dinge beurteilen zu können. Meike schwankte zwischen Aufgeschlossenheit und Skepsis. Paul ging es lediglich um seine beruflichen Entwicklungsmöglichkeiten, die sowjetische Politik war ihm ziemlich egal. Nur Johann zeigte sich »leicht rosa«, wie Meike es zu nennen pflegte. Die fünf verbrachten einen unterhaltsamen Abend. John kam kaum zum Essen, da er ununterbrochen erzählen musste. Zwischen Meike und John knisterte es ein wenig, was aber nicht einmal Anna bemerkte. Johann und Paul sowieso nicht – die entsprechenden Antennen scheinen bei Männern irgendwie unterentwickelt zu sein.

John wohnte nicht in Amerikanka, der Steinhaussiedlung für die amerikanischen Spezialisti, sondern in den Baracken der russischen Arbeiter. In kürzester Zeit hatte sich der Amerikaner mit zäher Energie die russische Sprache angeeignet. Seine Qualitäten als Schweißer wurden sofort von jedermann anerkannt. Dieser Inostranez, dieser Ausländer, war weder überheblich noch sonst wie kompliziert, sodass ihn seine russischen Arbeitskollegen von Anfang an als einen der ihren akzeptierten. In den dreißig Zimmern der Baracke wohnten achtzig Menschen. Männer, Frauen und Kinder. Der älteste Bewohner war vierunddreißig Jahre alt. Die meisten Räume maßen zwei mal dreieinhalb Meter und wurden von jeweils zwei erwachsenen Personen genutzt. Die Möblierung bestand aus zwei eisernen Bettgestellen, auf denen Bretter lagen, einem Tisch, einem dreibeinigen Stuhl und einem kleinen Ziegelofen. Manche Räume verfügten auch über einen eisernen Ofen. Vorarbeitern und Ausländern stand bedeutend mehr Platz zu. John teilte sein Zimmer jedoch mit Kolja, einem zweiundzwanzigjährigen Vorarbeiter. Die beiden konnten sich über eine kleine Garderobe und einen zusätzlichen Stuhl freuen. Wegen der Kälte waren alle Fensterrahmen mit Zeitungspapier verklebt. Früher gab es hier auch noch eine Küche. Die diente jetzt in den meisten Baracken, so auch in Johns, als zusätzlicher Wohnraum. Die Leute waren also darauf angewiesen, ihr Essen auf den eigenen Öfchen zuzubereiten. Das für die Rote Ecke vorgesehene Zimmer wurde nicht angetastet. Eine Bibliothek von schätzungsweise zweihundert Büchern fand dort Platz, zwei Fahnen und jeweils ein Porträt von Lenin, Stalin und Woroschilow. Zweimal pro Woche erhielten an dieser Stelle die zahlreichen Analphabeten unter den Arbeitern Unterricht. Abends nach der Schicht traf man sich hier in der Regel, Balalaikas und Gitarren wurden mitgebracht – eine faszinierende Atmosphäre, wie John vorschwärmte. Er konnte sich gar nicht genug über die schönen Stimmen wundern und vor allem darüber, wie viele dieser einfachen Männer und Frauen Musikinstrumente beherrschten. Es wurde gesungen und getanzt. Vom revolutionären Arbeiterlied bis zu altrussischer Lyrik reichte das Repertoire. Für John war das Völkerfreundschaft. Da tanzte ein Ukrainer, da sang ein Tatare. Und alle machten mit.

Johns Baracke lag etwa drei Kilometer von seinem Arbeitsort bei den Hochöfen Nummer drei und vier entfernt. Beim Fundament des Hochofens Nummer vier stand eine Bretterbude mit Wellblechdach. In der Mitte ein raumbeherrschender eiserner Ofen auf einer zentimeterdicken Stahlplatte. An den Wänden Holzbänke, in einer Ecke ein Tisch, wiederum dreibeinige Stühle, und von der Decke hing eine große 500-Watt-Lampe herab. Hinter einem Verschlag stapelten sich Schläuche, Schraubenschlüssel und anderes Werkzeug. Ein Telefon war an der Wand befestigt. Von dieser Bude aus starteten die Arbeitseinsätze. Die drei Kilometer bis dorthin – eine beschwerliche Strecke über unebenen Boden – waren zu Fuß zu bewältigen. Der Tag begann morgens um sechs mit der Werkssirene. Aufstehen, Teetrinken. Für mehr blieb keine Zeit. Um sieben war Dienstbeginn.

Die Kälte hatte von Magnitogorsk längst Besitz ergriffen, und Meike wollte von John wissen, wie er sich bei seiner Arbeit im Freien gegen Frost und eisigen Wind schützte. John lachte nur: »Indem ich mich warm anziehe.« Aber damit gab sich Meike nicht zufrieden. Unbekümmert bohrte sie weiter: »Hast du spezielle Unterwäsche oder was?« Jetzt begann sich auch Johann dafür zu interessieren. Paul wurde es peinlich, und er versuchte das Thema zu wechseln. Anna amüsierte sich still. Aber John gab bereitwillig Auskunft und erzählte von seinen langen wollenen Unterhosen, über die er sehr froh sei. Die Leibwäsche seines Zimmernachbarn Kolja sei nur aus Baumwolle, außerdem endeten die Hosenbeine kurz überm Knie. John machte kein Hehl daraus, dass ihn allein die Vorstellung kurzer Unterhosen frösteln ließ. Die Oberbekleidung der beiden unterschied sich nicht wesentlich. Über Militärhemden zogen sie wattierte Jacken. Ihre Beine steckten in wattierten Hosen, und von den Füßen bis über die Waden in Walenki. Dicke Halstücher und ziemlich zerrissene Lammfelljacken komplettierten ihre Winterausrüstung. »Unsere Aufwärmpausen sind ganz genau geregelt«, ergänzte John und leierte die Vorschriften herunter. Bei minus 20 bis 25 Grad gab es alle zwei Stunden zehn Minuten Pause; bei minus 25 bis 31 Grad jede Stunde zehn Minuten; bei minus 31 bis 35 Grad wurde die Schicht um eine Stunde verkürzt, bei minus 35 bis 40 Grad durfte die Arbeitszeit nicht länger als insgesamt vier Stunden dauern, wobei nach jeder Stunde fünfzehn Minuten Pause angesagt waren. Unter minus 40 Grad wurde die Arbeit komplett eingestellt. »Das gilt aber nur bei Windstille.« Und John erklärte, dass bei Windstärke zehn schon bei minus 20 Grad nicht mehr gearbeitet würde und bei Windstärke acht bei minus 25 Grad.

Plötzlich wurde John ganz ernst: »Letzte Woche ist oben auf dem Gerüst am Hochofen Nummer drei ein Nieter erfroren. Ich glaube, das passiert hier öfter, aber es ist das erste Mal, dass ich damit zu tun hatte.« Die anderen wollten mehr wissen. »Es war schwierig, ihn zu bergen«, sagte John, ohne sich auf weitere Details einzulassen. »Es ist schon ein gigantisches Projekt, das alle Anstrengungen verlangt, aber es laufen viele junge Kerle hier rum, die fachlich kaum Ahnung und eigentlich auch keine Lust haben. Die sind nur notgedrungen hier, um eine Brotkarte zu bekommen, und denken, sie haben's hier besser als in ihren kollektivierten Dörfern.« Er nahm einen Bissen und fuhr fort: »Andererseits – es tut gut zu spüren, wie viele doch mit Begeisterung dabei sind. Haut und Knochen, aber ein Pensum legen die vor – unfassbar.« John schob als letzter das Besteck beiseite, lehnte sich zurück und erzählte von den gefährlichen Arbeitsbedingungen.

Zurzeit war er in Schwindel erregender Höhe damit beschäftigt, einen Teil der Ausblastrommel des Hochofens festzuschweißen. Der Wasserdampf des benachbarten Kühlbassins für Warmwasser schlug sich überall nieder und wurde sofort zu Eis. Die schwankenden Gerüste verwandelten sich in unberechenbare Rutschbahnen. Erst gestern war direkt über John wieder ein Schweißer abgestürzt. Da sein Fall von der Ausblastrommel gebremst und abgelenkt wurde, landete der arme Mann nicht dreißig Meter weiter unten auf dem Boden, sondern schwer verletzt auf einer fünf Meter tiefer gelegenen Plattform. »Unter solchen Bedingungen darf man doch Menschen nicht arbeiten lassen!«, schimpfte Anna. Paul schüttelte nur den Kopf. John zog die Schultern hoch: »Das habe ich ja auch gesagt, als ich mitgeholfen habe, den Jungen in die Krankenabteilung zu tragen. Aber was sollen die denn machen?« – »Wieso? Wie meinst du das?«, fragte Johann unwillig. John wiederholte die Erklärungen, die man ihm gegeben hatte. »Es gibt bei weitem nicht genügend Holz, um wirklich gute und sichere Gerüste zu bauen, wo man sich auch überall festhalten kann. Viele angelernte Bauernburschen sind sich der Gefahr gar nicht bewusst und beginnen bei fünfunddreißig Grad minus ihre Arbeit ohne Frühstück im Bauch.« John hob beide Hände, die Innenflächen nach außen gekehrt. »Die Sowjetunion befindet sich nun einmal im Krieg«, stieß er hervor. Ehe ihn aus den offen stehenden Mündern weitere Fragen erreichten, ergänzte er: »Im industriellen Krieg. Wenn das Experiment mit der neuen Gesellschaft, mit dem neuen Menschen gelingen soll, dann brauchen sie eine eigenständige Industrie. Und zwar schnell. Nach allem, was dieses Land erfahren hat, brauchen sie die in einer Gegend, die von äußeren Feinden nicht so ohne weiteres zu erreichen ist. Also hier. Auf harte klimatische Bedingungen kann man da keine Rücksicht nehmen. Und nicht zu vergessen, es liegt ja nun wirklich alles an Bodenschätzen rum, wovon man nur träumen kann.«

Und John zählte auf: »Erz findest du direkt an der Oberfläche mit einem Eisengehalt von sechzig bis achtzig Prozent. Wo gibt's das sonst noch? Und direkt daneben hast du Kupfer, Aluminium, Blei, Zink, Asbest, feuerfesten Ton, Pottasche, Kalk, Kreide, Dolomit, Magnetit, Sand, Mangan, Granit, Kohle, Öl und sogar Gold und Silber.«

Es entstand eine fast peinliche Pause, bis Johann das Wort ergriff. »Wahrscheinlich hast du Recht. An deren Stelle hätte ich auch Bedenken, dass die gierigen kapitalistischen Hyänen ringsum nur darauf lauern, diesem jungen sozialistischen Staat zu schaden. Damit der Bazillus nicht übergreift. Wahrscheinlich geht's wirklich nicht anders.« – »Außerdem«, John war wieder an der Reihe, »ihr müsst euch mal vorstellen, dass die durch Revolution und Bürgerkrieg ihre eigene Elite zerstört haben. Fachleute? Fehlanzeige. Verwaltungsspezialisten? Fehlanzeige. Die fangen ganz von vorne an, und dafür machen sie's weiß Gott nicht übel.« John wartete vergeblich auf Zustimmung und fuhr schließlich fort: »Zum Beispiel das Volkskommissariat für Schwerindustrie, zuständig für Tausende von Gruben, Werkstätten und Fabriken im ganzen Land.« Man merkte ihm an, wie viel ihm daran lag, seine neuen Freunde zu überzeugen. »Dieses Kommissariat wurde durch einen Federstrich in die Welt gesetzt und soll nun sofort fehlerfrei funktionieren.« Seine Stimme blieb oben und senkte sich nicht, als er auf die riesigen Dimensionen hinwies. Das Land umfasst ein Sechstel der Erde, die Bevölkerung zählt hundertsechzig Millionen Menschen. Das durch Krieg, Revolution und Hungersnot angerichtete Chaos lässt sich erst gar nicht beziffern. Die alte Verwaltung ist weg, eine funktionierende neue nicht in Sicht.

John war fast wütend darüber, dass diese Europäer wie die Ölgötzen dasaßen und durch gar nichts zu beeindrucken waren. Mit Urteilen und Verurteilungen waren sie schnell bei der Hand. Um Verständnis hingegen schienen sie nicht gerade bemüht. Er kramte in seinem Gedächtnis herum, mit welchen Beispielen er sich ihnen besser verständlich machen konnte. »Die vergleichsweise mickrigen Organisationen von Henry Ford, Andrew Carnegie oder Krupp konnten sich schrittweise über Jahrzehnte entwickeln. Hier muss das alles über Nacht passieren. Seht die Ergebnisse doch mal vor diesem Unterschied!« Paul hatte keine Lust, in trübsinnigen politischen Debatten zu versinken, und animierte Meike, das Grammophon in Betrieb zu setzen. So gesehen, war der Abend dann doch noch gerettet.

Zwei Wochen später trafen sich Meike und John zufällig in einem Insnab-Laden, einer dieser Verkaufsstellen für Ausländer. John durfte dort eigentlich nicht einkaufen, weil er auf eigene Faust in die Sowjetunion gekommen war und nicht aufgrund eines Vertrages mit Amtorg, der sowjetischen Handelsvertretung in den USA. Aber Kolja hatte John irgendwie einen Ausweis besorgt, der ihn berechtigte, diese Insnabs in Anspruch zu nehmen. Davon profitierte schließlich auch Kolja. Denn nur dort konnte man Importware kaufen. Auch Schuhe und Kleidung. Kolja selbst hatte einen Einkaufsausweis für den Technikerladen, den Ingenieure und Vorarbeiter nutzen durften. Außer Brot konnte man dort manchmal Fleisch, Butter, Fische und wechselnde Gebrauchsgegenstände erwerben. Das Übliche waren die Arbeiterläden, in denen man nicht einmal immer Brot bekam. Deshalb versuchten alle, sich einen Zwiebackvorrat anzulegen.

Dieses Problem hatten Meike und John nicht. Heute

gab es sogar Kaviar und kaukasischen Wein. Als sie auf der Straße zwei Kollegen von John trafen – Anja und Ilja –, bemühten sie sich krampfhaft, ihre Schätze verborgen zu halten. Sie fühlten sich unwohl dabei. Wie schaut man den Kunden der Arbeiterläden in die Augen, wenn man aus einem für hiesige Verhältnisse üppigen Einkaufsparadies kommt? Noch unangenehmer wurde es, als sich ein Gespräch entspann. Anja, eine der wenigen Frauen bei den Schweißern, war ziemlich wütend. »Wir haben für diesen Monat nur zweihundert Gramm Zucker bekommen. Stell dir vor! Und Tee ohne Zucker schmeckt doch widerlich.« Die junge Frau spuckte verächtlich auf den Boden. Ilja gab sich staatstragend. »Die Zuckerernte war miserabel, und sie konnten nur fünfzig Prozent des berechneten Bedarfs liefern. Das weißt du doch.« Aber Anja konterte sofort: »Und was ist mit den Zuckerexporten? Wir liefern Kandiszucker noch und noch ins Ausland. Das solltest du eigentlich wissen.« Ilja behielt die Ruhe: »Und dir sollte klar sein, dass wir diese Exporte brauchen, um vom Ausland Dinge zu importieren, die wir selber nicht herstellen können. Was willst du: Tee mit Zucker oder ein optimales Walzwerk?« Anja winkte ab. »Na schön. Aber in fünf oder zehn Jahren werden wir hoffentlich alles selbst aufessen können.« – »In fünf oder zehn Jahren«, wiederholte Ilja mit unbewegter Miene, »wird es keine Kapitalistenwelt mehr geben.« Und an John gewandt: »Eure Arbeiter werden sich wehren, und wir werden ihnen dabei helfen, nicht wahr?« Er klopfte John freundschaftlich auf die Schulter. »Aber sicher«, nickte John und schielte auf Meike, die sich damit aus der Affäre zog, dass sie vorgab, nicht genügend Russisch zu verstehen. Man verabschiedete sich, und die beiden Ausländer zogen weiter. John warb um Verständnis. »Es ist schon schwer für die Russen. Noch bis zum Ende der zwanziger Jahre war eine gut gefüllte Lohntüte Garant für einen gewissen Wohlstand. Wer Rubel besaß, der konnte sich etwas kaufen. Jetzt haben die Arbeiter zwar Geld, aber ihr Lebensstandard hängt davon ab, was in den Läden angeboten wird. Und das bei dieser unbeschreiblichen Schufterei.«

Meike interessierte sich mehr dafür, wie viele Frauen auf der Baustelle arbeiteten. Genau wisse er das auch nicht, meinte John, aber im Speisesaal säßen immer etwa zwanzig bis dreißig zwischen den Männern herum. Wegen der klobigen Winterbekleidung seien sie nur schwer auszumachen, lediglich die Kopftücher verrieten das Geschlecht. Als Schweißerin kenne er nur Anja, da müsse es aber noch ein paar mehr geben. Die meisten anderen arbeiteten seines Wissens als Nietnägelaufwärmerinnen. Außerhalb der Baustelle seien Hunderte von Frauen im Krankenbereich und in den Speisesälen beschäftigt. »Du machst dir keine Vorstellung, was da los ist«, begann John von der Kantine zu erzählen. »Tausende von Arbeitern müssen essen, aber es mangelt an Räumen, an Tischen und Stühlen, sogar an Löffeln und Essgeschirr und hin und wieder eben auch an Lebensmitteln.« John beklagte, dass er meist über eine halbe Stunde warten müsse, bevor er Platz finde. Und wenn er dann endlich einen Sitz belegt habe, ständen hinter ihm schon wieder die Nächsten. Das Gedränge und Geschrei sei unbeschreiblich. Die Qualität des Essens sei gar nicht so schlecht; nur die Portionen seien zu klein. Die Suppe enthielt immer Kohl, etwas Kartoffeln und Buchweizen, hin und wieder Knochen und sehr selten Fleisch. Dazu gab es Brot, allerdings rationiert. Im Esssaal für Arbeiter waren es zweihundert Gramm pro Person, die Ingenieure sollten dreihundert Gramm bekommen, hieß es. John wusste es nicht genau, denn ihm stand nur ein Platz im Arbeitersaal zu. Daran konnte auch Kolja nichts ändern. »Die Suppe soll die gleiche sein. Sagt jedenfalls Kolja.« John kramte seinen Essensausweis aus der Tasche, um ihn Meike zu zeigen. Auf dem dünnen braunen Stück Papier waren rundherum die Zahlen 1 bis 31 gedruckt, in der Mitte stand »Esssaal Nr. 30«. Wenn die Kellnerin die Mahlzeit servierte, riss sie eines der Nümmerchen ab. Bereits an der Tür kontrollierte ein dicker Tatar die Karten und teilte Holzlöffel aus. Die Temperatur im Speisesaal war so niedrig, dass man den Atem sehen konnte, aber im Vergleich zur klirrenden Kälte draußen so warm, dass alle ihre Jacken aufknöpften.

John hatte genug von diesem Thema. »Ich wollte dir doch schon die ganze Zeit etwas viel Wichtigeres erzählen.« Er tat recht geheimnisvoll, und Meike erwartete eine Art Liebeserklärung, zumindest ein charmantes Kompliment. Aber John hatte ganz was anderes im Kopf. »Die lassen mich hier an der Kommunistischen Hochschule studieren! Nächsten Monat kann ich anfangen. Wie findest du das?« Meike fasste sich schnell. Wer weiß, wofür es gut war, wurde ja doch bloß kompliziert. Mit diesen Gedanken hakte sie den Flirt mit John erst einmal ab und zeigte pflichtschuldiges Interesse. Es handelte sich um die Komwus, eine höhere Lehranstalt, die in der Regel nur Mitglieder der Kommunistischen Partei besuchen durften. Nach drei Jahren war das Studium abgeschlossen, das folgende Fächer umfasste: Russisch, Mathematik, Nationalökonomie, Leninismus, Geschichte der Kommunistischen Partei in der Sowjetunion, Geschichte der revolutionären Bewegungen in den westlichen Ländern, Parteilehre und Dialektischer Materialismus. Die meisten

Absolventen wurden entweder im Bereich Agitation und Propaganda eingesetzt oder in der Parteiverwaltung. Was John noch nicht wusste: Man schickte hier in Magnitogorsk bemerkenswert viele Studenten auf die Komwus, die nur unzureichend lesen und schreiben konnten, und die Eingangsvoraussetzungen für die Komwus entsprachen denjenigen, die üblicherweise für die fünfte Klasse der Grundschule galten. Das hätte seine Begeisterung wohl etwas geschmälert. So aber fieberte er dem ersten Schultag entgegen, besser gesagt, dem ersten Schulabend. Denn die Ausbildung lief neben der täglichen Arbeit.

Auch Johns Zimmergenosse Kolja besuchte seit geraumer Zeit viermal die Woche eine Schule. Das so genannte Technikum, eine etwas anspruchsvollere Lehranstalt mit den Fächern Algebra, Physik, Chemie, Mechanik, Materiallehre, Linearzeichnen, Konstruktionszeichnungen, Betonarmierung und Holzkonstruktionen. Wer hier unterrichtet werden wollte, musste sieben Jahre Schulbildung nachweisen und sich einer Prüfung unterziehen. Parteimitglieder wurden bevorzugt aufgenommen, Parteisympathisanten hatten ebenfalls gute Chancen. Klassenfeinde, zu denen auch Kulaken und deren Nachkommen zählten, wurden grundsätzlich abgelehnt. Das änderte sich erst 1936, als man in Moskau beschloss, für jeden gleiches Recht auf Unterricht zu gewähren.

Von all diesen Ausbildungsangeboten hatte Meike nichts gewusst. Sie konnte gar nicht glauben, dass Menschen trotz ihrer anstrengenden täglichen Arbeit die Kraft aufbrachten, regelmäßig zur Schule zu gehen. Sie musste zugeben, dass sie die russischen Arbeitskräfte unterschätzt hatte. Für dumm und primitiv hatte sie die meisten gehalten und ihnen nicht zugetraut, dass sie sich für etwas anderes als Saufen und allenfalls Weiber interessierten. Jetzt kamen ihr nur noch die eigenen Vorstellungen dumm und primitiv vor. Ein Glück, dass John davon nichts ahnte. Der erzählte wacker weiter. Allein aus seiner Baracke nahmen vierundzwanzig Bewohner, Männer und Frauen, die Doppelbelastung von Knochenarbeit und Schulbesuch auf sich. Sie belegten unter anderem Kurse für Landwirte, Hebammen, Postbeamte, Telegrafisten und Chauffeure. Zu dieser Zeit existierten in Magnitogorsk nur ganz wenige Tagesschulen für Erwachsene. Der Aufbau einer neuen Gesellschaft ließ es nicht zu, auf Arbeitskräfte zu verzichten, damit die ihre Energien auf der Schulbank oder im Studierzimmer verplemperten. Zwar wurde jeder animiert, zu lernen und sich weiterzubilden, aber zusätzlich, nicht ausschließlich. Dafür waren sowohl Unterricht als auch Lehrmaterial kostenlos. Wer studierte, erhielt mehr Urlaub und konnte sich während des Examens von der Lohnarbeit befreien lassen. Erst Ende der dreißiger Jahre verschwanden die Abendschulen mehr und mehr. Vollzeitstudenten erhielten Stipendien zwischen vierzig und fünfhundert Rubel im Monat. Nach 1940 wurden mit Rücksicht auf die Staatskasse, insbesondere den Verteidigungshaushalt, ab der siebten Klasse Unterrichtsgebühren erhoben.

Meike und John waren an der Ecke angekommen, an der sich ihre Wege trennten. »Wir sehen uns, oder?«, fragte John. »Wenn du willst, gern«, erwiderte Meike bemüht gelassen. John küsste sie auf die Wange und drückte ihre Hand etwas zu lang, als dass sie es für eine normale freundliche Verabschiedung nehmen konnte. Als er ihr dann auch noch sekundenlang in die Augen sah, ohne ein Wort zu sagen, war Meike irritiert und erfreut. Ihre fatalistischen Gedanken von vorhin passte sie sofort dem neuen Signal an, das sie zu empfangen glaubte. Wer weiß, wofür es gut ist.

4.

Es war Dezember 1932 geworden. Paul wartete täglich auf die Nachricht aus Moskau, die ihn mit seiner jungen Frau in die sowjetische Hauptstadt zurückbeordern sollte. Meike und Johann unternahmen währenddessen einen Besuch in Deutschland und baten Anna, auf ihren kleinen Hund, einen drahtigen Foxterrier mit Namen Pit, aufzupassen. Anna und Pit verstanden sich gut. Der Hund kam sie morgens regelmäßig wecken und war immer auf Balgereien aus. Doch eines Tages war Pit verschwunden. Anna machte sich Vorwürfe, und ihr graute davor, Meike und Johann von diesem Unglück erzählen zu müssen. Aber zwei Tage vor deren Rückkehr tauchte Pit plötzlich wieder auf. Anna erwartete eine stürmische Begrüßung, als der Hund auf sie zustürzte. Aber statt sie freudig anzuspringen und abzulecken, biss er sie in den Arm. Anna wehrte ihn ab, schlug ihm mit der flachen Hand auf die Schnauze und beschimpfte ihn. Der sonst so liebenswerte Hund fletschte die Zähne und ging erneut auf sie los. Es gelang ihr, sich aus dem Zimmer zu winden und die Tür hinter sich zuzuschlagen. Im Flur traf sie den ungarischen Installateur Kuhn und erzählte ihm aufgeregt, was passiert war. Er starrte auf den blutenden Arm und meinte: »Der Hund ist toll. So benimmt sich nur ein tollwütiges Tier.« Als Paul abends vom Büro zurückkehrte, zog er sich Walenki an, eine wattierte Jacke und lange feste Handschuhe. So geschützt betrat er das Zimmer, in dem der eingesperrte Hund lag, und versuchte beruhigend auf ihn einzureden. Aber Pit randalierte und biss sich in den Walenki fest. Mit

Mühe gelang es, dem außer Rand und Band geratenen Foxterrier etwas zu saufen und zu fressen hinzustellen. Doch am nächsten Morgen war er tot.

Die Geschichte hatte sich mittlerweile in der Barackensiedlung herumgesprochen, und irgendjemand meinte, nun müsse ein Tierarzt her, um die genaue Todesursache zu ermitteln. Schließlich sei ein Mensch gebissen worden, und mit Tollwut sei nicht zu spaßen. Der Ungar kannte einen russischen Veterinär und ließ ihn holen. Dieser stellte bei Pit einen gespaltenen Oberkiefer fest. Als Anna davon erfuhr, war sie erleichtert. Offenbar waren Schmerzen der Grund für Pits Beißwut gewesen. Und sie hatte ihm auch noch eins auf die Nase gegeben. Kein Wunder, dass Pit wütend geworden war. Doch der Tierarzt winkte ab. Kein Grund zur Entwarnung, meinte er, beschlagnahmte den Tierkörper und veranlasste dessen Transport nach Swerdlowsk ins dortige Pasteur-Institut. Anna forderte er nachdrücklich auf, eine bestimmte Klinik in Magnitogorsk aufzusuchen. Sie müsse unbedingt prophylaktisch eine gewisse Anzahl von Spritzen kriegen. Es sei für sie viel zu riskant, auf das endgültige Ergebnis aus Swerdlowsk zu warten, denn das könne dauern. In der Klinik verordnete man ihr eine langwierige Spritzenkur. Es war zwar umständlich, aber Anna sah ein, dass sie sich im Krankenhaus nun ihre tägliche Dosis verpassen lassen musste. Es vergingen fünf Tage, und es lag immer noch keine Nachricht aus Swerdlowsk vor, die Gewissheit gebracht hätte. Dafür war ein Telegramm aus Moskau eingetroffen. Paul solle sich unverzüglich in die sowjetische Hauptstadt begeben. Die Sachen waren schnell zusammengepackt. Schließlich hatten sie das Telegramm seit langem erwartet und entsprechende Vorbereitungen getroffen.

Zwei deutsche Architekten arbeiten mit einer russischen Zeichnerin Pläne für Magnitogorsk aus

Wohn- und Arbeitsraum in Magnitogorsk

Oben: Russische Arbeiter, die zum Bau von Magnitogorsk gekommen sind, 1930

Unten: Beim Bau des Hüttenkombinats, 1930

Oben: Zeltstadt für die Arbeiter, Magnitogorsk 1930

Mitte: Provisorische Wohngebäude

Unten: Skizze für Magnitogorsker Wohnviertel von Johann Niegeman, 1933

Oben: Zeichensaal der Architekten

Unten: Wohnbaracke der Arbeiter

Oben: Hochöfen Nummer 1 und 2 im Bau

Unten: Kundgebung der Bauarbeiter am Tag der Inbetriebnahme des ersten Hochofens, Januar 1932

Oben: Magnitogorsk; Ansicht von der Allee der Metallurgen auf das Hüttenkombinat, 1966

Unten: Das Hüttenkombinat im Aufbau, Anfang der 30er-Jahre

Doch vor der Abreise hatte Anna noch etwas Wichtiges zu erledigen. Sie wollte sich unbedingt von Sascha verabschieden, nicht nur, weil es wohl die letzte Gelegenheit war, seine Geschichte zu erfahren. Paul hatte Sascha als väterlichen Freund seiner Frau von Anfang an akzeptiert, und so fand er Annas Wunsch völlig verständlich und drängte sich auch nicht dazwischen. »Grüß ihn herzlich, er kann uns ja in Moskau besuchen, wenn er will.« Das war alles, was Paul ihr mit auf den Weg gab. Sascha wusste, dass Annas Abreise bevorstand, aber so schnell hatte er nicht damit gerechnet. Er hätte gern auf eine passendere Gelegenheit gewartet, um in Ruhe und in angemessener Atmosphäre sein Geheimnis preiszugeben. Der zeitliche Druck behagte ihm ganz und gar nicht, und er nahm sich vor, Anna um Verständnis zu bitten, dass er nicht so zwischen Tür und Angel sein Leben ausbreiten könne. Aber als sie dann kam, brachte er es nicht fertig. Anna hatte einen aufrichtigen und gradlinigen Charakter, davon war er überzeugt. Sie war jung, sie nahm Anteil, und er wollte ihr nicht zumuten, sich für den Rest ihres Lebens mit seinen Rätseln zu befassen. Denn da war er ganz sicher, ihr Interesse an seiner Person war echt, und Ungewissheiten lassen Dinge nur bedrohlich wachsen. Das wollte er ihr ersparen.

»Also dann im Telegrammstil!«, lachte er sie an. »Natürlich möchte ich's wissen, aber ich verstehe auch, wenn es jetzt nicht geht. Jedenfalls wollte ich dir Auf Wiedersehen sagen.« – »Nein, nein. Ist schon in Ordnung.« Und er erzählte. Die Oktoberrevolution hatte ihn und seine Eltern nach Paris verschlagen. Er sagte es nicht so deutlich, aber seine Familie war wohl unendlich reich. Ihn selbst zog es in die Neue Welt, und so wanderte er in die USA aus, ließ sich dort nieder, etablierte sich in kürzester

Zeit als erfolgreicher Geschäftsmann, nahm die amerikanische Staatsbürgerschaft an, verliebte sich in eine Amerikanerin und heiratete. Es muss das Paradies gewesen sein. Er wurde Vater von zwei Kindern, war überglücklich und genoss sein Leben in vollen Zügen. Und dann kam der Tag, der alles zunichte machte. Seine Frau und seine beiden Kinder wurden auf bestialische Weise umgebracht, regelrecht abgeschlachtet, als er nicht zu Hause war. Nun hielt ihn nichts mehr in diesem Land. Er gab alles auf, setzte sich mit der sowjetischen Handelsvertretung in Verbindung, unterschrieb einen Vertrag und kam zum Aufbau nach Magnitogorsk. Er mutete sich ein gewaltiges Arbeitspensum zu, um der Tragödie Herr zu werden und nicht den Verstand zu verlieren. Niemand kannte seine Geschichte, alle schätzten seinen unermüdlichen Einsatz und seine Kompetenz. Für die Russen war er ganz schnell wieder »nasch«, einer von uns.

Anna hätte Sascha gern getröstet, aber sie wusste nicht, was sie sagen sollte. Jedes Wort, und war es noch so innig gemeint, konnte angesichts dieses unvorstellbaren Leids nur platt und unpassend wirken. Sie drückte seine Hand und sagte gar nichts. Sascha beendete die schwer erträgliche Stille: »So, jetzt weißt du's.« Sie redeten nicht weiter darüber, aber zwischen den beiden war auch unausgesprochen klar, dass Saschas Geschichte diesen Raum nicht verlassen würde. Beim Abschied, den Anna nicht ohne Tränen überstand, wünschte Sascha ihr alles Glück dieser Erde und sagte: »Es ist erstaunlich, was ein Mensch aushält. Glaube mir. Und deshalb lass dich nicht von Dingen aus der Bahn werfen, die es nicht wert sind.«

Wieder zu Hause angekommen, hatte Anna große Mühe, sich nichts anmerken zu lassen. Sie wollte unter keinen Umständen Fragen provozieren, auf die sie nicht antworten konnte. Es gelang ihr nur unzureichend, ihre gedrückte Stimmung zu verbergen, aber alle – auch Paul – hielten es für eine normale Reaktion auf den bevorstehenden Umzug. Schließlich hatte Anna noch nie allein gelebt. Jetzt verließ sie zum ersten Mal ihre Eltern, mit einem Mann, den sie erst vor knapp zwei Monaten geheiratet hatte. Das war schon eine Situation, die zumindest nachdenklich machen konnte. Tatsächlich berührte Anna der Abschied von ihren Eltern weniger als der von Sascha. Ihre Eltern würde sie wiedersehen, Sascha sicher nicht. Selbst von Meike trennte sie sich leichter, weil beide keinen Zweifel daran ließen, auf jeden Fall und unter allen Umständen in Kontakt zu bleiben.

Die Abfahrt am nächsten Tag lag so günstig, dass sich Anna vorher noch ihre sechste Injektion wegen der möglichen Tollwut abholen konnte. Dann ging's ab nach Moskau. Unterwegs im Zug wurde Anna erstmals klar, dass sie nun als Ehefrau für Küche und Haushalt verantwortlich sein würde. Aber sie konnte nicht einmal kochen. Paul lag im unteren Bett des Zugabteils, Anna im oberen. Es war nicht genau auszumachen, ob Paul schon schlief oder noch wach war. Sie wusste auch nicht, was ihr lieber gewesen wäre. Jedenfalls musste sie ihm unbedingt bald sagen, dass sie nicht mal Bratkartoffeln machen konnte. »So ein großer kräftiger Mann«, dachte Anna, »dem muss ich doch was Anständiges kochen!« In ihrer Not sandte sie Stoßgebete zum Himmel und fing schließlich an zu heulen. Sie dachte an Saschas Worte, schämte sich ein wenig, dass sie wegen dieser Lächerlichkeit die Fassung verlor. Oder liefen die Tränen nur deshalb so leicht, weil sie Saschas Geschichte noch nicht verarbeitet hatte und ihr der Abschied von »zu Hause« doch schwerer fiel, als sie es sich eingestehen wollte? »Sag mal, weinst du?«, fragte Paul plötzlich. Anna schluchzte: »Ich kann überhaupt nicht kochen. Und was machen wir jetzt?« Paul lachte, schwang sich auf das obere Bett, wischte ihr die Tränen von der Wange und sagte: »Mit Spiegeleiern bin ich schon zufrieden. Und Bratkartoffeln üben wir gemeinsam.«

In Moskau angekommen, wurde Paul sofort mit Arbeit eingedeckt. Ihm blieb kaum eine freie Minute, und er kam nur zum Schlafen nach Hause, einem Häuserblock in der Bolschoj karjetnyj pereulok. Wie damals allgemein üblich, wohnten auch Ausländer teilweise in so genannten Kommunalquartieren. Paul und Anna bezogen einen Raum in einer Vierzimmerwohnung, in der sie sich Bad und Küche mit drei weiteren Ehepaaren aus Deutschland teilen mussten, die jeweils eines der anderen Zimmer belegten. Zwei russische Dienstmädchen, Katja und Lisa, wohnten auch noch hier. Die eine schlief in der Küche, die andere auf einem Klappbett in der Diele. Die beiden Russinnen waren in erster Linie fürs Kochen zuständig. Von daher relativierte sich Annas Hausfrauenproblem. Sie konnte in aller Ruhe zugucken und ganz entspannt kochen lernen. Besonders Katja erwies sich als gute Köchin, die der jungen Deutschen viele Tricks und Kniffe beibrachte.

Den älteren Ausländern sowie den in der Hierarchie höher stehenden wurde mehr Platz zugebilligt. So bewohnte May eine komplette Wohnung ganz allein, sein direkter Mitarbeiter Hebebrand mit Frau und Kind immerhin zwei Räume einer Vierzimmerwohnung. Obwohl es sich zumeist um ausgeprägte Individualisten handelte, entwickelten die Bewohner ein starkes Zusammengehörigkeitsgefühl und pflegten intensive nachbarschaftliche Beziehungen. Bei den häufigen Wettbewerben, die von der sowjetischen Regierung für diverse Bauprojekte ausgeschrieben wurden, halfen alle zusammen. Auch die berufsfremden Ehefrauen. Deren Aufgabe bestand unter anderem darin, die Zeichnungen und Pläne mithilfe von Schablonen zu beschriften. Die außergewöhnliche Atmosphäre schweißte auch diejenigen zusammen, die unter »normalen Umständen« ihr Einzelkämpferdasein gepflegt hätten. Hier war man aufeinander angewiesen, und die meisten betrachteten diese engere Form des Zusammenlebens mit anderen – zumindest vorübergehend – als Gewinn. Da fast immer bis zur letzten Minute vor einem Abgabetermin geschuftet wurde, kam am Vorabend die komplette Riege zusammen. Auch an Weihnachten, wenn es denn sein musste – wo im Übrigen einmal ein einzelnes Weihnachtsbäumchen zehnminutenweise von Familie zu Familie verliehen wurde. Während die Pläne den letzten Schliff erhielten, entstanden im Nachbarzimmer ein Gänsebraten und diverse Salate. Andere kümmerten sich um die Gläser und den Krimsekt. Und auf einem alten Grammophon mit Trichter, das jemand antiquarisch entdeckt hatte, dudelten Melodien aus dem Film »Der Kongress tanzt«, der in Deutschland gerade angelaufen war. Und das alles im verschneiten kalten Moskau. Eine seltene Idylle. Hin und wieder wurden Russen dazugeladen. Man feierte und trank gemeinsam. Die Russen sangen deutsche Volkslieder, und die Deutschen lernten russische Tänze. Und die kleinen Kinder, die wegen des Lärms aufwachten oder erst gar nicht einschlafen konnten, gesellten sich dazu und machten mit.

Paul war lediglich mit einem Koffer nach Magnitogorsk gereist. Seine übrigen Sachen hatte er in eine große Kiste gepackt. Dieses Monstrum war bereits in Deutschland angefertigt worden, gut einen Meter lang, jeweils einen halben Meter breit und tief, mit eisernen Beschlägen und einem dicken Vorhängeschloss versehen. Während seines Aufenthalts in Magnitogorsk konnte er die Kiste bei seinem Studienfreund Fritz unterstellen, der auch in Moskau Arbeit gefunden hatte. Mit Frau und Kind wohnte Fritz am Stadtrand von Moskau in einer Datscha. Nun war es Zeit, die Sachen wieder zu holen, und so fuhren Paul und Anna mit der Straßenbahn zur Datscha von Fritz. Nach ein paar gemütlichen und unterhaltsamen Stunden mussten sie sich auf den Rückweg machen. Diesmal mit Kiste. Paul und Anna hievten das unförmige Ding scherzend und schwitzend zur Haltestelle. Bei der nächsten Bahn wuchteten sie die Kiste auf die hintere Plattform, schoben sie platzsparend in die Ecke und warteten auf die Schaffnerin, die dann schneller kam, als es den beiden recht sein sollte. »Eto – schto?«, fragte sie mit einem abschätzigen Blick auf die Kiste. »Was ist das?« Paul hatte seine Erklärungsversuche noch nicht beendet, als ihm die Schaffnerin ins Wort fiel: »Iswinitje poshalujista, no mebel my nje wosmjom.« »Entschuldigen Sie bitte, aber Möbel nehmen wir nicht.« Die Dame ließ sich auch von Anna nicht erweichen. Also wieder raus damit. Nun standen sie am Stadtrand von Moskau mit Kiste, aber ohne Transportmittel. Ihre Ratlosigkeit dauerte nicht lange. Paul nahm seinen Hosengürtel, fädelte ihn durch einen der beiden Griffe und schloss die Schnalle wieder. Die nächsten Stunden zog Paul, unterstützt von seiner Frau, die Kiste bis nach Hause. »Stell dir vor, es wär' Sommer«, meinte Anna mit Blick auf den schneebedeckten Boden, »dann würde es nicht so gut rutschen.«

So vorteilhaft sich der Schnee im Augenblick auswirkte und so malerisch er Birken und Zwiebeltürme überzog, so sehr konnten Schneemassen und eisige Temperaturen auch in Moskau zur Belastung werden. Kolonnen von Arbeitern säuberten die Straßen und packten den Schnee in die Innenhöfe der Wohnblocks. Hin und wieder türmte sich die weißgraue Masse bis zum ersten Stock. Manchmal waren auch LKWs bei der Schneeräumung eingeteilt. Nicht zum Abtransport, sondern zur Beseitigung an Ort und Stelle. Diese Lastautos trugen große Blechöfen mit gewaltigen Pfannen, auf denen der Schnee geschmolzen wurde. Das Schmelzwasser leitete man in die Moskwa. Problematisch wurde es, wenn Temperaturen zwischen 35 und 45 Grad Kälte das Schmelzwasser schneller wieder gefrieren ließen, als es weggeschüttet werden konnte.

Pauls Büro befand sich im Zentrum von Moskau, in einem Ende des 19. Jahrhunderts erbauten fünfstöckigen Haus. Insgesamt arbeiteten dort etwa fünfzig Architekten, Ingenieure, Techniker und Zeichner, Deutsche und Russen. Die meisten Deutschen waren auf Dolmetscher angewiesen, die direkt mit am Schreibtisch saßen. Die Zeichentische befanden sich in einem großen und einem kleinen Saal, aber in derart drangvoller Enge, dass manche Tische nur erreicht werden konnten, wenn man über andere drüberkletterte. Zeichenutensilien waren Mangelware. Jeder Bleistift und jedes Blatt Papier musste nach umständlicher bürokratischer Prozedur gegen Quittung im Materiallager besorgt werden. Aber solche Engpässe kannten die Bauhaus-Leute noch aus Deutschland. In den Weimarer Anfängen waren Bleistifte und Zeichenpapier auch begehrte Kostbarkeiten im Institut gewesen. Die Sowjets betrieben einen bürokratischen Aufwand, den ihnen die meisten Deutschen nicht zugetraut hätten. Wer morgens den Zeichensaal betreten wollte, musste seinen Propusk, seinen Ausweis, vorzeigen. Wer das, aus welchen Gründen auch immer, nicht konnte, hatte keine

Chance. Der russische Türsteher kannte kein Pardon. Selbst wenn er genau wusste, um wen es sich handelte, blieb er stur. So sehr einerseits alles seine Ordnung hatte, so wenig war man andererseits vor Überraschungen sicher. Es konnte passieren, dass Tische, Stühle und Aktenböcke einer Gruppe über Nacht nicht mehr an ihrem gewohnten Platz standen, sondern irgendwo anders im Haus. Es hatte überhaupt keinen Sinn, dagegen zu protestieren. Im Zweifel war letztlich niemand zuständig. Irgendein undefinierbarer Natschalnik, also Chef, hatte es eben angeordnet. Das musste als Begründung reichen.

Die Genehmigung einer simplen Bauzeichnung wuchs sich zum komplizierten Verwaltungsakt aus. Zuständigkeiten mussten jedes Mal aufs Neue erfragt werden, und hin und wieder hatte ausgerechnet derjenige die Hoheit über begehrte Stempel, der fachlich über keinerlei Kompetenz verfügte. Die meisten ausländischen Mitarbeiter brachten diesen Umständen viel Verständnis entgegen. John hätte seine helle Freude an denen gehabt, die historische Zusammenhänge sahen, bevor sie losschimpften. Wie sollten Menschen Verantwortung übernehmen können, die das nie trainieren durften. Logisch, dass es einer auf den anderen schob und jeder Angst hatte, Entscheidungen zu treffen. Erst entmündigte die zaristische Unterdrückungsmaschinerie die Menschen. Später die Partei mit ihrer brutalorthodoxen Linie. Verstecken, nicht auffallen, bloß keine Verantwortung übernehmen – das war die sicherste Überlebensmethode, vor und nach der Revolution.

Die umständlichen Entscheidungs- und Genehmigungsverfahren waren natürlich sehr Zeit raubend und verlängerten den Arbeitstag oftmals bis in die Nacht hinein, wenn endlos debattiert wurde. Dann lagen auch schon einmal auf beiden Seiten die Nerven blank. Sowjetische Parteileute beschimpften die Deutschen ungeniert als kleinbürgerliche Reaktionäre. Deutsche Spezialisti warfen mit Begriffen wie Ignoranten, bornierte Idioten und ähnlichen Freundlichkeiten um sich. Eine der Dolmetscherinnen stammte aus dem Geschlecht der Romanows, der auch die Zarenfamilie angehörte. Paul war aufgefallen, dass diese zarte, eindrucksvolle Frau in solchen Situationen nicht wörtlich, sondern diplomatisch übersetzte. Statt drastische Kraftausdrücke zu übertragen, wenn sich der deutsche Ingenieur von seinem sowjetischen Partner zu Unrecht kritisiert gefühlt und heftig reagiert hatte, hörte sich die russische Variante dann etwa so an: »Genosse XY sieht zwar ein, was Sie meinen, und macht sich Vorwürfe. Er ist darüber aufgebracht, aber er meint, es wäre doch nicht ganz so schlecht und leicht in Ordnung zu bringen.«

Anna ließ sich von der Metropole Moskau in den Bann schlagen, bekam sofort Kontakt zu anderen Architektenfrauen und hatte im Handumdrehen ein voll gepacktes Programm. Den vielfältigen kulturellen Angeboten konnte sie nicht widerstehen. Zwar beherrschten propagandistische Stücke Schauspiel, Oper und Ballett, aber allein die Auswahl an Klassikern und Neuer Moderne, in hoher künstlerischer Qualität inszeniert und dargeboten, war für den Kunstinteressierten zeitlich gar nicht zu bewältigen. Dennoch war jede Vorstellung bis auf den letzten Platz ausverkauft. Die ausländischen Spezialisten hatten den Vorteil, auch in so begehrten Spielstätten wie dem Bolschoi-Theater relativ problemlos Karten zu bekommen. Anna nutzte dies. Mit und ohne Paul. Wegen der Sprachschwierigkeiten bevorzugte sie Ballett, Schauspiel-Klassiker und Aufführungen im »Jiddischen Theater«, wo sie fast alles verstand. Sie war ebenfalls eine treue Besucherin der offiziell arrangierten Begegnungen zwischen Russen und Ausländern. Die einzelnen Botschaften und das sowjetische Außenamt brachten gezielt Ingenieure, Kaufleute und Künstler zusammen. Auf diese Weise lernte Anna den berühmten Regisseur Sergej Eisenstein kennen, dessen Film »Panzerkreuzer Potemkin« für internationale Aufmerksamkeit gesorgt hatte. Alle diskutierten über die Treppenszene. Wenn Anna gewusst hätte, dass sie ein paar Monate später selbst auf der Hafentreppe in Odessa stehen würde, hätte sie sich bestimmt mehr eingemischt. So aber begnügte sie sich auch in diesem Fall, wie sie es meistens tat, mit der Rolle einer interessierten Zuhörerin und sog alle Informationen gierig auf.

Der Film spielt 1905 und erzählt die Geschichte einer Meuterei. Einige Matrosen des Panzerkreuzers Potemkin weigern sich, verdorbenes Fleisch zu essen. Als sie deswegen hingerichtet werden sollen, solidarisieren sich zunächst ihre Kameraden, später auch die streikenden Arbeiter von Odessa und schließlich sogar die Besatzung eines weiteren Panzerkreuzers. Am Ende steht zwar eine Niederlage, denn die meisten der Aufständischen werden von den zaristischen Behörden getötet, aber diese historische Tatsache spart der Film aus. Eisenstein ging es um die Darstellung der revolutionären Kraft, und er setzte sich in der Diskussion engagiert für seine Sichtweise ein. Wie schon Lenin gesagt habe, sei der Matrosenaufstand »die Generalprobe für den Roten Oktober« gewesen. Trotz des letztendlichen Scheiterns habe es den Menschen Mut gemacht zu erfahren, dass auch unter zaristischer Knute Widerstand möglich war. Dass Verbrüderung zumindest vorübergehend ungeahnte Kräfte freisetzen konnte. Die Revolte, die sich zur Revolution auswuchs –

das war wichtig. Nicht der trügerische Sieg des zaristischen Machtapparates. Die Diskussion verlief sehr höflich und differenziert. Selbst diejenigen, die eine solche künstlerische Umwidmung der Ereignisse ablehnten, ließen sich von der Treppenszene gefangen nehmen. Anna schien die Einzige zu sein, die diesen Film noch nicht gesehen hatte, und fragte schließlich verstohlen eine ältere Kollegenfrau, was es damit auf sich habe. Die erzählte fasziniert und aufgewühlt und leider lauter, als es Anna lieb war, von der brutalen Gewalt dieser Filmsequenz. Von den Reihen der Soldatenstiefel, die erbarmungslos alles niederwalzen, was ihnen den Weg versperrt. Vom Massaker an den Menschen, die sich auf der Treppe aufhalten, dem beinlosen Krüppel, der versucht, auf Händen zu fliehen, der sterbenden Mutter, deren Baby im Kinderwagen immer schneller die Treppe herunterholpert, der schreienden Lehrerin, deren Auge von einer Kugel zerfetzt wird, der Frau, die ihren getöteten Sohn den Soldaten entgegenträgt. Es trieb Anna die Tränen in die Augen. Um nicht loszuheulen, konzentrierte sie sich auf die akademische Debatte über Montagetechnik. Eisenstein hatte diese ungeheure emotionale Dichte offenbar nicht zuletzt durch eine spezielle Technik erreicht, nämlich die Parallelmontage von einzelnen Filmszenen. Der Zuschauer musste so das Gefühl haben, mittendrin zu stehen.

Bei all diesen spannenden Angeboten war für Arztbesuche natürlich keine Zeit mehr. Beiläufig teilte sie ihren Entschluss Paul mit: »Ich will keine weiteren Spritzen mehr. Wenn Pit Tollwut gehabt hätte, dann wären wir mittlerweile sicher benachrichtigt worden.« Paul stand beruflich dermaßen unter Druck, dass er gar nicht richtig zuhörte. Sie wohnten schon fast einen Monat in Moskau, als Annas Eltern auf der Durchreise nach Deutschland zu

Besuch kamen. Anna traf sie auf dem Bahnsteig. Ihre Mutter war noch nicht ganz aus dem Abteil ausgestiegen, als sie Anna, noch vor der Begrüßung, mit der Frage überfiel: »Hast du dich weiter impfen lassen?« Anna hatte die Sache längst verdrängt und lachte: »Ne.« – »Der Hund war toll, mein Kind.« Gleich vom Bahnhof aus fuhr die Familie ins Moskauer Pasteur-Institut und fragte um Rat. Der zuständige Arzt verordnete noch einmal dreißig Spritzen und setzte die erste gleich selbst. Da Anna die ganze Zeit keinerlei Beschwerden hatte, blickte die Familie zuversichtlich in die Zukunft und hielt die Injektionen für ärztliche Routine. Als Annas Eltern nach Deutschland weiterreisten, hatte Anna bereits drei Spritzen erhalten und fühlte sich gut. Jeden Tag um zwölf fuhr sie ins Institut. Etwa sechs Stunden nach der vierten Spritze jedoch erfasste die junge Frau eine unerklärliche Unruhe, die dann langsam wieder abklang. Sie behielt die Probleme für sich und erzählte auch im Institut nichts davon. Am darauf folgenden Tag packte sie dieses Unruhegefühl noch stärker. Sie fing an, wie ferngesteuert Möbel hin- und herzurücken, hatte das Gefühl, gleich zu platzen oder abzuheben. Diesmal konnte sie ihren Zustand Paul, der wie üblich erst gegen zehn Uhr abends nach Hause kam, nicht verbergen.

In größter Sorge alarmierte der sofort die Nachbarn. Paul machte sich heftige Vorwürfe, seine junge Frau so vernachlässigt zu haben, und überlegte fieberhaft, wie er Anna schnellstmöglich nach Deutschland bringen konnte, um sie dort optimal zu versorgen. Ein benachbartes Ehepaar erkundigte sich bereits nach Flugplänen, als ein Herr von Twardowskij, ein österreichischer Mitbewohner, der schon Anfang der zwanziger Jahre nach Russland gekommen war, beruhigend abwinkte. Seinem

Bruder und seiner Köchin sei das Gleiche widerfahren. Die Reaktion auf diese Art von Spritzen sei völlig normal. »Nur keine Panik. Da müssen Sie durch, junge Frau.« Der grau melierte von Twardowskij schaffte es, mit seiner sonoren Stimme und seiner ansteckenden Gelassenheit die zusammengetrommelte Hausgemeinschaft von der Ungefährlichkeit der Symptome zu überzeugen.

Anna hatte die Tollwutbehandlung noch nicht richtig überstanden, da plagten sie plötzlich Zahnschmerzen. Mit Schaudern erinnerte sie sich an Erzählungen aus Magnitogorsk, wo sie selbst glücklicherweise nie einen Zahnarzt aufsuchen musste. Ludek, einem tschechischen Arbeitskollegen von Eugen, blieb diese Erfahrung wegen seiner starken Schmerzen allerdings nicht erspart. Er wurde zu Galja geschickt, die nicht etwa ausgebildete Zahnärztin war, sondern mit ihren neunzehn Jahren drei Jahre Volksschule, ein paar Jahre Praxis als Hausmädchen und schließlich zwei Jahre Dental-Schnellkurs aufweisen konnte. Ludek, alles andere als ein wehleidiger Typ, kam nach diesem Besuch völlig aufgelöst in die Baracke zurück. Nie in seinem Leben habe er solche Qualen erfahren. Die den ganzen Kopf elektrisierenden Schmerzen ließen sich nicht beschreiben. Galja hatte ihm erklärt, dass ein Zahn gezogen werden müsse, und dafür sollte er zu einer bestimmten Zeit wiederkommen, wenn der Spezialist fürs Zahnziehen anwesend war. Aufs Schlimmste gefasst, erschien der Patient überpünktlich in der Klinik. Im langen Korridor vor dem Zahnarztzimmer waren unzählige Stühle aufgereiht, etwa zwanzig davon mit Leidensgenossen besetzt. Die Prozedur war immer die gleiche: Die Tür öffnete sich, ein leichenblasser Mensch trat heraus und spuckte in den neben der Tür stehenden blutverschmierten Napf. Für die Wartenden grenzte dieses Schauspiel an Folter. Ludek hatte noch einige Leute vor sich, als eine resolute Krankenschwester neben ihn trat: »Welcher Zahn, Genosse?« Die mitgebrachte Injektionsspritze hielt sie in die Luft. Kaum war sie informiert, rammte sie dem völlig überraschten Mann die Nadel in die Backe. Plötzlich öffnete sich die Tür – Ludek hatte noch zwei Patienten vor sich –, und der Arzt kam heraus. Ein schwarzhaariger, etwa fünfunddreißig Jahre alter Mann mit hochgekrempelten Hemdsärmeln und blutbespritzter Hornbrille. Er würdigte die Wartenden keines Blickes, ging bis zum Ende des Korridors, genehmigte sich ein paar Zigarettenzüge und kehrte wieder in sein Behandlungszimmer zurück.

Der Zahnarzt arbeitete mit zwei Helferinnen. Die eine brachte auf einem Tablett frisch sterilisierte Instrumente, noch ehe Ludek im Behandlungsstuhl Platz genommen hatte. Die andere band ihm sogleich ein schmutziges Tuch um den Hals. Auch der Arzt fragte: »Welcher Zahn, Genosse?« Dabei hatte er bereits eine Zange und ein weiteres Werkzeug in den Händen. Ludek war noch mit Konzentrationsübungen gegen die befürchteten Qualen beschäftigt, als der Zahn schon vor ihm auf einer Schale lag, das Tuch abgenommen war und eine Helferin mit einem Satz frischer Instrumente auf dem Tablett hereinkam. Wie in Trance verließ Ludek das Behandlungszimmer, spuckte, wie alle anderen auch, in den bereitgestellten Napf an der Tür und ging nach Hause. Es gab weder Komplikationen, noch stellten sich übermäßige Schmerzen ein, als die Betäubung nachließ. Nach medizinischen Gesichtspunkten war der Eingriff wohl professionell ausgeführt worden. Nur psychologisch betrachtet war es eine Tortur.

Kein Wunder also, dass es Anna vor dem Zahnarztbesuch entsetzlich graute, aber Paul und alle Nachbarn redeten ihr gut zu und meinten, Moskau könne man auch in dieser Hinsicht nicht mit dem südlichen Ural vergleichen. Sie solle sich nicht verrückt machen. In der Hauptstadt liefe die medizinische Versorgung auf einem anderen Niveau ab. Das tröstete Anna nur bedingt. Paul konnte sie entgegen seinen ursprünglichen Plänen wegen dringender beruflicher Verpflichtungen nicht begleiten. Das traf Anna bis ins Mark, aber sie wollte sich auf keinen Fall etwas anmerken lassen und witzelte: »Wollen wir mal sehen, was mich in einer aufstrebenden klassenlosen Gesellschaft erwartet – sicher nur das Beste.« Gleich morgens machte sie sich auf den Weg. Man hatte sie in ein riesiges Gebäude geschickt, in dem sie sich erst einmal zur Zahnklinik durchfragen musste. Dort zeigte man ihr das Wartezimmer, ein großer mit Menschen voll gestopfter Raum. Anna rechnete damit, hier nicht vor dem Abend herauszukommen, und versuchte, sich mit Gedankenspielereien abzulenken. Nach einer Weile betrat eine junge Frau das Wartezimmer, ihrer Kleidung nach Ärztin oder Krankenschwester. Sie schaute sich um und blieb mit ihrem Blick bei Anna hängen: »Sind Sie Ausländerin?« – »Ja.« – »Dann kommen Sie bitte mit.« Anna folgte der Frau und landete in einem kleineren Raum mit besserer Möblierung und weniger Leuten. Dort saß sie wieder eine Weile, als eine andere Frau hereinkam und sie ansprach: »Ist Ihr Mann Spezialist?« – »Ja.« – »Dann kommen Sie bitte mit.« Diesmal wurde sie in ein vornehm möbliertes Zimmer geleitet, in dem sie ganz allein saß und nur wenige Minuten auf den Arzt warten musste. Die Behandlung verlief freundlich und rücksichtsvoll. Nach kurzer Untersuchung teilte ihr der Arzt mit, dass der kranke Zahn nicht plombiert werden könne, sondern gezogen werden müsse. Er setzte ihr vorsichtig eine Betäubungsspritze, entfernte den Zahn, und Anna konnte erleichtert nach Hause zurückkehren. Die Backe war zwar stark angeschwollen, und Anna fühlte sich auch ziemlich flau, aber das schien ihr normal zu sein. Schließlich hatte sie sich im Vorfeld sehr aufgeregt und war durch die Tollwutspritzen sicher noch geschwächt. Sie legte sich auf die Couch und genoss es, sich ausruhen zu können und alles so gut überstanden zu haben. Paul kam etwas früher als gewöhnlich nach Hause. Er kümmerte sich liebevoll um Anna und brachte sie wie ein kleines Kind zeitig ins Bett, damit sie schnell wieder zu Kräften kam.

Mitten in der Nacht wurde Paul wach, schaute nach seiner Frau, die auf der Seite lag, und stellte entsetzt fest, dass sie stark aus dem Mund blutete. Sein Entsetzen wuchs, als er es nicht schaffte, Anna aufzuwecken. Sie kam einfach nicht zu sich. Endlich war sie ansprechbar. Er geleitete Anna zur Toilette, sie sollte das gestockte Blut ausspucken. Anna befolgte brav Pauls Anweisungen. Dann fiel den beiden auf, dass im Rhythmus des Herzschlags immer neues Blut aus dem Mund lief. Paul war verzweifelt. Anna verwirrt. Sie bekam nur noch die Hälfte mit. In seiner Not alarmierte Paul wieder die Nachbarn. Wenn nicht bald etwas passierte, verblutete Anna. Nach kurzer Beratung rief Hebebrand bei der Deutschen Botschaft an und erfuhr von dort zum Glück – es war ja schließlich mitten in der Nacht – die Adresse eines russischen Zahnarztes, der für die medizinische Betreuung der Botschaftsangehörigen zuständig war. Es blieb nichts anderes übrig, als diesen Arzt zu Fuß aufzusuchen, was Anna unglaublich anstrengte. Gestützt auf ihren Paul, schleppte sie sich mit letzter Kraft zur angegebenen Adresse. Paul hatte sich hoch konzentriert die Wegbeschreibung eingeprägt. Stadtpläne gab es nicht, und es war auch nicht damit zu rechnen, nachts auf ortskundige Passanten zu treffen.

Der russische Mediziner begann ruhig mit seiner Arbeit. Er presste Tampons in die Wunde, immer wieder neue. Es dauerte und dauerte. Mittendrin sagte er zu Paul: »Morgen früh wär's zu spät gewesen.« Als die Blutung endlich zum Stillstand kam, durften die beiden noch nicht sofort gehen. Das Risiko war dem Zahnarzt zu groß. Er kontrollierte die Wunde in gewissen Zeitabständen noch ein paar Mal, bevor er Paul anwies, seine Frau so erschütterungsfrei wie möglich nach Hause zu transportieren. Was zu Fuß gar nicht so einfach war. Anna bläute er ein, den Mund geschlossen zu halten, weder zu sprechen noch zu lachen, überaus vorsichtig aufzutreten und sich um Himmels willen nicht anzustrengen. Einen erhöhten Puls müsse sie auf jeden Fall vermeiden. Gegen Morgen waren sie wieder zu Hause, und damit war auch dieses Drama überstanden.

Ein paar Tage später, als Anna wieder zu Kräften gekommen war, lud Paul sie zu einem Stadtbummel ein. Er hatte das Gefühl, etwas wiedergutmachen zu müssen. Anna war gerade achtzehn und musste die meiste Zeit ohne ihn auskommen. Wahrlich eine Zumutung für die junge Frau. Sie spazierten auf der Einkaufsstraße Kusnezkij Most lang, und Paul bugsierte seine widerspenstige Anna in ein Pelzgeschäft. »Man lässt sich von einem Mann keinen Pelzmantel schenken«, sagte Anna aufgebracht, und sie meinte das ernst. »Du, wir sind verheiratet.« Paul schüttelte sie bei den Schultern, als müsse er sie aufwecken. »Trotzdem«, maulte Anna. Da sie nun schon einmal im Laden standen und eine Verkäuferin auf sie aufmerksam geworden war, ließen sie sich auch einige Pelzmäntel zeigen. Ein Exemplar hatte es Paul besonders angetan: »Zieh doch mal an«, meinte er beiläufig, »du brauchst ihn ja nicht zu nehmen. Ich will nur mal gucken, wie du damit aussiehst.« Anna tat ihm den Gefallen und war überrascht, wie gut der Mantel ihr selbst gefiel. Als sei er für sie gemacht. Er passte genau, sie fühlte sich wohl und fand sich schön. Die Verkäuferin schien auch ganz angetan und äußerte das sehr dezent und unaufdringlich. Paul registrierte den allmählichen Sinneswandel seiner Frau und freute sich an ihrer Freude. Die beiden verließen den Laden mit Mantel, ohne genau zu wissen, um was für eine Art von Pelz es sich handelte. Das war für sie nicht so wichtig.

Nach ihrem erfolgreichen Einkaufsbummel machten Paul und Anna einen Abstecher zum Lenin-Mausoleum. Da mussten sie endlich auch einmal hin. Die meisten ihrer Nachbarn hatten diesen Besuch, der mit stundenlanger Warterei in endlosen Menschenschlangen verbunden war, bereits hinter sich. »Heute ist unser Glückstag«, jubelte Paul, als er von weitem nach dem Ende der Schlange Ausschau hielt und nichts entdeckte. Als sie im Näherkommen außer den Wachsoldaten überhaupt niemanden sahen, wurden sie stutzig. Ein freundlicher älterer Herr, der bemerkte, wie unentschlossen die beiden auf dem Roten Platz herumstanden, klärte sie schließlich auf: »Lenin segodnja nje rabotajet.« Was er meinte, war klar: Das Mausoleum hatte heute geschlossen, aber wörtlich übersetzt heißt das: »Lenin arbeitet heute nicht«, und die beiden Deutschen mussten sich das Lachen verkneifen.

Irgendwann, noch im Dezember 1932, kamen Paul Zweifel, ob die Heiratsurkunde aus Magnitogorsk deutschen Ansprüchen gerecht werden würde. Gewissenhaft und korrekt wie er war, wollte er auf Nummer sicher gehen. Um jedes Risiko zu vermeiden, wollte er die Eheschließung – sicherheitshalber – bei der Deutschen Botschaft in Moskau wiederholen. Anna war sofort einverstanden, und die beiden meldeten sich bei einem Botschaftsrat an. Paul erzählte die Geschichte, legte die russische Urkunde vor und betonte noch einmal, wie wichtig es ihm sei, diesen Akt zweifelsfrei rechtskräftig zu machen. Der Botschaftsrat betrachtete das Papier und meinte jovial: »Keine Sorge, junger Mann. Ihre Frau ist durch die Heirat Deutsche geworden. Das hat alles seine Richtigkeit.« Paul schluckte kurz und sagte mit schneidender Stimme: »Meine Frau war immer Deutsche.« Der Beamte lief von einer Sekunde auf die andere puterrot an und wusste sich vor lauter Peinlichkeit nicht zu lassen. Endlich presste er hervor: »Entschuldigen Sie bitte, gnädige Frau.« Nun verfärbte sich Anna, denn noch nie hatte sie jemand »gnädige Frau« genannt. Paul rettete die Situation, indem er weiterredete, als sei nichts Besonderes geschehen. »Ja, also, Deutsche braucht meine Frau nicht mehr zu werden, das ist sie schon und war sie immer. Aber wir möchten hier nach deutschem Recht heiraten.« Der Botschaftsrat hatte sich wieder gefangen und klärte dienstbeflissen auf: »Jede Ehe, die im Ausland geschlossen wird, gilt auch bei uns als rechtskräftig geschlossen. Eine Scheidung können Sie allerdings nur nach deutschem Recht vollziehen.« Damit war die Sache erst mal erledigt.

Zwischenzeitlich hatte sich eine merkwürdige Entwicklung vollzogen. Einige der ausländischen Spezialisti hatten ihre Aufnahme in die Kommunistische Partei beantragt. Doch statt von den Sowjets bevorzugt behandelt zu werden, büßten sie ihre Bewegungsfreiheit ein und wurden wesentlich stärker gegängelt als ihre parteilosen Kollegen. Die konnten es sich sogar leisten, Parteifunktionäre offen zu kritisieren, ohne Nachteile befürchten zu müssen. Wie zum Beispiel Fritz Jaspert. Der machte kein Hehl daraus, dass er nur wegen der fachlichen Herausforderung in Moskau arbeitete, aber mit den seiner Ansicht nach abstrusen gesellschaftspolitischen Vorstellungen der Sowjets nichts zu tun haben wollte. So deutlich formulierte er das zwar nicht, aber er verbat es sich nachdrücklich, in irgendeiner Form politisch behelligt zu werden. Jaspert hatte den Auftrag, eine Großsiedlung am Balchaschsee an der chinesischen Grenze zu planen, weil dort hochwertige Kupfererze gefunden worden waren, die man ausbeuten wollte. Er fertigte etwa zwanzig große Zeichnungen an, Lagepläne, Grundrisse, Ansichten, technische Details und Schnitte. Als er sein Projekt der zuständigen Kommission vorstellte, kam es zum Eklat. Der Leiter der Kommission, Walerij Kondratjew, ein arroganter Typ mit rotem Spitzbart, ließ in seiner abschließenden Stellungnahme kein gutes Haar an Jasperts Arbeit. Der versuchte sich mithilfe seiner Dolmetscherin zu rechtfertigen und einige Kritikpunkte auszuräumen. Doch der Spitzbart wollte das gar nicht hören, stand auf und sagte: »Die deutschen Architekten können sowieso nichts, wir brauchen sie nicht, weil wir es besser können.« Gespannte Stille. Dann erhob sich Jaspert, löste in aller Ruhe seine Pläne von der Wand, rollte sie ein, zog seine Galoschen über, die im Winter üblicherweise unterm Stuhl standen, und verließ wortlos den Raum. Alle erwarteten Jasperts unverzüglichen Rausschmiss oder Schlimmeres. Seine Dolmetscherin raunte ihm Warnungen zu. Das sei Sabotage und würde entsetzlich enden. Aber Jaspert ließ sich nicht beeindrucken und ging.

Fünfzehn entgeisterte Kommissionsmitglieder starrten ihm nach. Es dauerte eine Woche, bis eine neue Kommissionsversammlung einberufen wurde. Kondratjew eröffnete die Sitzung mit den Worten: »Nach nochmaliger Prüfung dieser Arbeiten des Genossen Jaspert schlage ich vor, die Arbeit in dieser Form anzunehmen.« Und genauso wurde es gemacht. Auf eine Reisegenehmigung an die chinesische Grenze wartete der deutsche Architekt allerdings vergeblich.

Jaspert verband etwas mehr als Kollegialität und etwas weniger als Freundschaft mit einem hoch gebildeten österreichischen Juden namens Zerath, der in seiner Gruppe als Architekt arbeitete. Da Zerath eingeschriebenes Mitglied der Kommunistischen Partei war, hatte er ständig irgendwelche propagandistischen Aufgaben zu erledigen und konnte sich kaum um seine eigentliche Arbeit kümmern. Zerath musste Schilder malen, Sprüche erfinden, Versammlungen besuchen. Zusätzlich war er aufgefordert, »Berichte über seine Wahrnehmungen der Umwelt« zu verfassen und an die Partei zu leiten. Dieser heikle Umstand hatte mehr Vor- als Nachteile. Die Gruppe, in der Zerath arbeitete, war sozusagen tabu für irgendwelche bürokratischen Schikanen. Das Team erhielt sogar den Stalin-Preis für vorbildliche Arbeit. Nachteilig wirkte sich aus, dass Zerath als Architekt nicht zur Verfügung stand und dass sich die Malerei von Spruchbändern und Plakaten nach Dienstschluss auf den Zeichentischen abspielte, ohne Rücksicht darauf, ob die darunter liegenden Pläne Schaden nahmen oder nicht.

Ernst May hatte bereits in Frankfurt eine spezielle Montagetechnik für Wohngebäude entwickelt, die als Plattenbauweise bekannt wurde. Die Musterhäuser bestanden aus etwa zwanzig Zentimeter starken wandhohen Bimsbetonplatten, die unterschiedliche Breiten aufwiesen: zwischen einem halben und zwei Metern. Die genormten Platten wurden mithilfe von Spezialkranen zusammengesetzt. Diese Art der Montage war extrem zeitsparend, und so bemühte sich das May-Team, den Sowjets die Plattenbauweise schmackhaft zu machen. Dummerweise standen keine passenden Hebewerkzeuge zur Verfügung, und man war schon drauf und dran, das Projekt zu beerdigen, als ein Russe namens Molgatschow im Büro auftauchte. Der arbeitete gerade an neuen Ideen für einfache Hebekrane. Nach einiger Zeit intensiver Berechnungen und praktischer Versuche schien er die Lösung gefunden zu haben. Er konstruierte ein dreibeiniges Holzgestell mit einem Flaschenzug. Das Gerät konnte zwar nur eine Geschosshöhe überwinden, hatte dafür aber die Fähigkeit, sich selbst auf das begonnene nächsthöhere Geschoss hinaufzuhieven. Eine geniale Idee, ebenso einfach wie bestechend. Um das Verfahren weiter zu beschleunigen, versuchte man nun, mit so wenigen Bauplattengrößen wie möglich auszukommen. Ein Ingenieur der May-Gruppe tüftelte so lange herum, bis nur noch vier Standardformate und drei Zusatzgrößen übrig blieben. Nach all diesen Vorarbeiten bekam das May-Team die Gelegenheit, vor dem Obersten Volkswirtschaftsrat zu referieren. Was die deutschen Spezialisten da vorrechneten, klang märchenhaft: Ein Block mit hundert Wohnungen sollte innerhalb von zwanzig Tagen fertig sein. Wer wollte ernsthaft Einwände gegen diese Technik erheben! Es wurde beschlossen, die Platten direkt auf der Baustelle zu produzieren, um das Transportproblem zu umgehen und die Ungetüme mithilfe von Molgatschows Kran-Konstruktionen, die bereits seinen Namen trugen, zu montieren. Vor lauter Begeisterung über die neue Methode begannen einige Verfechter – Deutsche wie Russen – über spezielle Verfeinerungen nachzudenken. Vielleicht war es eines Tages möglich, vor dem Zusammenbau schon die Fenster einzusetzen, die Tapeten oder sogar die Bilder an den Wänden anzubringen. Alles schien machbar.

Die Bekanntschaft mit Molgatschow wirkte sich für das deutsche Team sehr positiv aus. Molgatschow war ein hoch geschätzter Erfinder, galt als Genie und genoss allerlei Privilegien. Das Hotel National gegenüber dem Kreml war zu dieser Zeit nur wenigen Auserwählten vorbehalten, und Molgatschow gehörte dazu. Diese ganz und gar andere Welt, in der Überfluss und Luxus herrschten, blieb der großen Mehrheit verschlossen. Hier waren französischer Cognac, internationale gute Biere und Jazz-Musik ebenso selbstverständlich wie exquisite Bedienung und ein gepflegtes Ambiente. Wie die meisten Genies hatte auch Molgatschow eine Marotte. Er trug ständig ein Barometer bei sich und begann größere Arbeiten nur, wenn ein Hoch angezeigt war. Ließen die Zeiger ein Tief erwarten, machte er es sich in Gesellschaft von Hochprozentigem auf der Couch bequem.

Eines Tages schickte Ernst May ausgerechnet Fritz Jaspert, der mit seinem konsequenten Verhalten Kondratjew und die Kommission so brüskiert hatte, als Bauleiter nach Charkow. Dort stand bereits ein fast vollendetes Obschtscheshitije, ein Kollektivhaus. Lediglich Putz und Anstrich fehlten noch. Und Jaspert sollte die Arbeit vernünftig zum Abschluss bringen. Das Kollektivhaus in Charkow war im Stil eines Hotels gebaut: Rechts und links des Korridors lagen die einzelnen, etwa zwei Meter fünfzig breiten Zimmer. Zusätzlich gab es Aufenthalts- und Speiseräume, einige Bäder und Toiletten sowie eine

Küchenanlage mit Vorratsraum. Laut Plan sollte jedes Zimmer jeweils zwei Männer, zwei Frauen oder ein Ehepaar beherbergen. Die Realität sah jedoch ganz anders aus. In dem noch unfertigen, aber komplett bezogenen Haus teilte sich nur hin und wieder ein Paar einen Raum. In der Regel drängten sich fünf- bis neunköpfige Familien darin. Gekocht wurde auch nicht in der Gemeinschaftsküche. Die Hausbewohner zogen es vor, im eigenen Zimmer auf petroleumbetriebenen Provisorien ihre Mahlzeiten zu bereiten. Dafür logierte in der Küche eine mehrköpfige Familie. Sogar die eigentlich unantastbare Rote Ecke war bewohnt. Dort hatte sich eine Familie mit sieben Kindern eingerichtet. Die Bäder hingegen blieben nahezu ungenutzt, da sich die meisten lieber in den eigenen vier Wänden wuschen.

Von Charkow wurde Jaspert gleich weitergeschickt. Das nächste, angeblich halb fertige Kollektivhaus befand sich in einer Kleinstadt, die nur mühsam per Pferdefuhrwerk zu erreichen war. Die örtliche Bauleitung – zwei russische Techniker – residierte in einem alten Keller. Das Haus selbst existierte gar nicht. Trotz monatlicher Berichte, die den Baufortschritt minutiös beschrieben, war nicht einmal mit der Ausschachtung begonnen worden. Als Jaspert die beiden zur Rede stellte, zuckten sie nur die Schultern. »Was sollen wir machen, Genosse? Wir bekommen weder Baumaterialien noch Lastwagen noch Baumaschinen. Aber wenn wir nicht positiv schreiben …«, statt weiterzureden, ergänzte der Russe seinen Satz mit einer eindeutigen Handbewegung am Hals, untermalt von einem ebenso eindeutigen Geräusch: »Krrx.«

Immer wieder, wenn Jaspert auf Baustellen unterwegs war, musste er mitansehen, wie nicht nur Männer, sondern auch Frauen in Ermangelung entsprechender Hilfsmittel schwere Speiskübel bis in den dritten Stock wuchteten. Üblicherweise sprach er diesen Missstand an und wies darauf hin, dass in Deutschland solche Schinderei für Frauen gesetzlich verboten sei. Das änderte natürlich nichts, und er erhielt meist auch keinerlei Antwort. Das war eben so. Nur ein Mal verblüffte ihn ein junger russischer Bauleiter mit seiner Reaktion: »Sehen Sie, Genosse, so rückständig seid ihr noch in Deutschland.« Darauf konnte selbst Jaspert nichts mehr entgegnen.

So hoffnungsfroh und enthusiastisch die Arbeit von Ernst May und seinen Architektenkollegen in der Sowjetunion begonnen hatte, so abrupt und enttäuschend ging sie zu Ende. 1933 kündigte May seinen Vertrag. Im Januar war Hitler in Deutschland an die Macht gekommen. Und da weder May mit den Nationalsozialisten noch die mit ihm etwas anfangen konnten, wanderte er nach Ostafrika aus und ließ sich dort als Farmer nieder. Später baute er Mietshäuser in Nairobi, bekam Aufträge von Aga Khan und legte einen Entwicklungsplan für die ugandische Hauptstadt Kampala vor. 1953 kehrte May nach Deutschland zurück und fand als Planungschef der Neuen Heimat ein lohnendes Betätigungsfeld. Bis zu seinem Tod im Alter von 84 Jahren am 11. September 1970 arbeitete May als freier Architekt in Hamburg.

Im Sommer 1933 lief der Vertrag von Paul Herbertz aus. Die Sowjets teilten ihm mit, dass sie ihm keinen neuen Vertrag anbieten würden, dass er aber selbstverständlich so lange in der Sowjetunion bleiben könne, wie er wolle. Für den korrekten deutschen Architekten war das keine Lösung. Und so entschlossen sich Paul und Anna, nach Deutschland zurückzukehren, aber nicht ohne einen glanzvollen Schlusspunkt zu setzen. Sie wussten, dass die deutsche Botschaft in Sotschi am Schwarzen Meer ein Feriendomizil unterhielt, in dem vorübergehend auch Gäste günstig unterkommen konnten. Mit der Zusage in der Tasche und dem Namen des dortigen Verwalters ausgestattet, kauften sie Fahrkarten nach Odessa, um von da aus mit dem Schiff nach Sotschi zu gelangen. Es sollte eine richtig schöne Reise werden. Die Eisenbahnfahrt nach Odessa verlief problemlos. Dort angekommen, bestiegen sie bei herrlichem Sommerwetter das Schiff. Sie gingen gleich an Deck, wo sich eine lustige Gesellschaft ausgebreitet hatte. Wie sich bald herausstellte, handelte es sich um das Ensemble des Theaters in Odessa. Die Schauspieler sahen sofort, dass die beiden Neuankömmlinge Ausländer waren, und kümmerten sich rührend. Einige sprachen Deutsch. Anna war vor lauter Begeisterung gar nicht zu stoppen, und die Einheimischen genossen die überschwänglichen Komplimente der jungen Deutschen für ihre Stadt. Vor allem die berühmte Treppe hatte es ihr angetan.

»Ich war noch nie auf einem Schiff«, erzählte sie dann, »nicht mal auf einem Fluss und schon gar nicht auf dem Meer.« Eine gepflegte Dame undefinierbaren Alters, die sehr gut Deutsch sprach, freute sich mit Anna und wünschte ihr eine schöne sonnige Überfahrt. Darauf Anna: »Nein, ich möchte mal so einen richtigen Sturm erleben. So richtig schaukeln.« Paul schüttelte den Kopf, die anderen lachten, als man ihnen diesen Wunsch übersetzte. Ein älterer Schauspieler mischte sich ein: »Das können Sie bald haben, mein Püppchen. Ich garantiere Ihnen, spätestens in einer Stunde kommen Sie zu Ihrem gewünschten Sturm.« Und so war es dann auch. Schon beim Auslaufen braute es sich über den Bergen dunkel und drohend zusammen. Der Wind pfiff los, als hätte man plötzlich ein riesiges Fenster geöffnet. Und in kürzester Zeit schaukelte das Schiff derart, dass Anna nicht mehr wusste, wo oben und unten war. Die Gischt peitschte über die Reling. Das Ufer war innerhalb weniger Minuten nicht mehr zu erkennen, obwohl sie doch eben erst abgelegt hatten. Dann goss es wie aus Kübeln. Es gab Momente, in denen Anna kurz in der Luft stand, weil sich der Boden des Schiffes einfach entzog. Zum Fürchten kam sie nicht. Ihr war viel zu übel. Sie hoffte nur noch, dass dieser Albtraum bald vorüber war.

Als sie endlich Sotschi erreicht hatten – es war schon dunkel –, konnten sie nicht an Land gehen. Die Passagiere hätten ausgebootet werden müssen, aber das war bei der Wellenhöhe viel zu riskant. Zunächst hieß es, man werde vor Anker gehen und auf besseres Wetter warten. Dann jedoch traf der Kapitän die Entscheidung, nach Gagra, dem nächsten größeren Ort, weiterzufahren. Er hoffte, die Reisenden dort gefahrloser von Bord bringen zu können. In Gagra angekommen, hatte der Sturm zwar etwas nachgelassen, aber die See war noch sehr aufgewühlt. Ein kleines Motorboot kämpfte sich mühsam zum Schiff, um die Passagiere aufzunehmen und sie endlich an Land zu bringen. In halsbrecherischen Aktionen bugsierten Matrosen zunächst Gepäckstücke ins Boot, um dann die dazugehörigen Menschen rüberzuschubsen. Die einen stießen, die anderen zogen, bis die erste Fuhre voll war. Die Leute hatten schon auf dem Schiff genug Schwierigkeiten gehabt, aufrecht stehen zu bleiben und sich halbwegs zielgerichtet zu bewegen, aber auf dem kleinen Boot, das wie wild auf den Wellenkämmen tanzte, taumelten sie hilflos durcheinander. Immer wieder wurden sie von Brechern überschüttet, wenn der Bug eintauchte. Manche schrien, manche stöhnten, und

Anna packte Todesangst. Paul versuchte sich schützend vor seine Frau zu stellen, aber innerhalb kürzester Zeit waren alle nass bis auf die Haut.

Irgendwann war weder das Schiff noch das rettende Ufer zu sehen, und es machte den Eindruck, als kreiste das Boot auf der Stelle. Schließlich kam der Steg in Sicht, an dem sie anlegen mussten. Anna hielt sich krampfhaft an der Außenwand fest, starrte auf den Steg und fragte sich verzweifelt, wie sie jemals da rüber kommen sollte. Plötzlich schrie jemand aus Leibeskräften: »Uberitje ruki!« – »Hände weg!« Anna fühlte sich nicht angesprochen, Paul reagierte ebenfalls nicht, aber ein neben ihnen stehender Deutscher aus Danzig namens Sonnenberg erkannte die Gefahr und riss Anna den Arm von der Bordwand. In dem Moment knallte das Boot an den eisernen Steg. Von Annas Hand wäre nicht viel übrig geblieben.

Da standen sie nun spätabends in Gagra in einem wunderschönen Park und wussten nicht wohin. Die Mitreisenden verschwanden eilig in alle Richtungen. Nur Herr Sonnenberg war auch zurückgeblieben. Der Sturm hatte sich gelegt, die Luft war lau. Ohne Propusk, ohne Ausweis, ohne Bumaschka, ohne Papierchen, gab es keine Chance, in einem Hotel unterzukommen. Also nächtigten die drei auf Parkbänken, notdürftig zugedeckt mit halbwegs trocken gebliebenen Sachen aus ihren Koffern.

Am nächsten Morgen brachten sie in Erfahrung, dass ein Autobus von Gagra nach Sotschi fuhr. Es gelang ihnen, in diesem offenen und reichlich klapprigen Gefährt einen Platz zu ergattern. Sie waren guter Dinge, die Sonne schien, die imposante Landschaft – rechts die Höhenzüge des Kaukasus, links die Strände des Schwarzen Meers – begeisterte sie, und sie erwarteten voller Neugierde und Tatendrang erlebnisreiche Tage auf diesem faszinierenden Fleckchen Erde. Als sie in Sotschi das Haus der Deutschen Botschaft gefunden hatten und ihr Zimmer beziehen wollten, mussten sie feststellen, dass niemand etwas von ihrer Reservierung wusste. Zunächst vermuteten sie noch hoffnungsfroh, dass es mit ihrer verspäteten Ankunft zusammenhing und sich die Panne leicht beheben lassen würde. Aber nach einigem Hin und Her war klar, dass man hier für die beiden keinen Platz hatte. Das Haus war bis aufs letzte Bett belegt. Was nun? Nach Moskau zurück war auch keine Lösung, denn so ohne weiteres bekam man keine Fahrkarten. Im Haus selbst sah man keine Möglichkeit, den beiden zu helfen. Man bedauerte das junge Paar zwar höflich und wortreich, aber eine Lösung wusste niemand.

Den »glanzvollen Schlusspunkt« hatten sie sich anders vorgestellt. Aber statt sich genervt gegenseitig Vorwürfe zu machen, versuchten beide liebevoll, den anderen aufzubauen. Plötzlich sagte Anna in einem Tonfall, als habe sie die Lösung gefunden: »Die Mechners machen doch hier Urlaub!« – »Ja, und?« Paul hatte noch keine Idee, wie es ihnen helfen sollte, wenn ein Ehepaar, das sie aus Moskau flüchtig kannten, hier seine Ferien verbrachte. »Das Hotel heißt Riviera«, fuhr Anna unbeirrt fort. »Und der Sonnenberg wohnt doch auch da, erinnerst du dich nicht? Die werden wir einfach fragen. Vielleicht ist bei denen noch Platz.« Nun konnte man nicht so ohne weiteres in ein Hotel spazieren und nach irgendwelchen Gästen fragen. Das Wichtigste war immer ein Propusk. Außerdem – wenn offizielle Stellen mitkriegten, dass Paul und Anna in Sotschi keine Bleibe hatten, wer weiß, was die sich einfallen ließen. Und an einer Fahrkarte nach Moskau waren die beiden nicht ernsthaft interessiert. Also wanderten sie zur Promenade in Höhe des Riviera-Hotels, setzten sich dort auf eine Bank und belauerten den Eingang. Irgendwann musste sich ja einer von den Mechners oder der Sonnenberg mal blicken lassen. Sie saßen, warteten und versuchten sich gegenseitig aufzuheitern, obwohl sie beide fix und fertig waren. Die paar Stunden, die sie in der vergangenen Nacht auf der Parkbank in Gagra mehr schlecht als recht geschlafen hatten, waren nicht der Rede wert. Die Anstrengungen der Reise, keine Möglichkeit, sich frisch zu machen oder auszuruhen, und keine Ahnung, wo sie diese Nacht verbringen sollten.

Als sie noch überlegten, wie sie sich etwas zu essen besorgen konnten, ohne den Hoteleingang aus dem Auge zu verlieren, spazierten plötzlich Mechners vorbei. Die staunten nicht schlecht, hier so unerwartet das Ehepaar Herbertz zu treffen, und wunderten sich besonders über die überschwängliche Wiedersehensfreude ihrer flüchtigen Bekannten. Nach ein paar Minuten war ihnen klar warum, und man beratschlagte gemeinsam das weitere Vorgehen. Abgesehen davon, dass die Hotelkosten im luxuriösen Riviera das Urlaubsbudget von Paul und Anna gesprengt hätten, war auch dieses Haus voll belegt. Und ohne Papierchen war sowieso nichts zu machen. Frau Mechner entwarf schließlich folgenden Plan, der auch Herrn Sonnenberg miteinbezog, dessen man dafür heute noch habhaft werden musste. Anna sollte die kommende Nacht bei den Mechners verbringen und Paul bei Herrn Sonnenberg. Natürlich musste das alles geheim bleiben. Nur Herr Sonnenberg musste natürlich noch eingeweiht werden. Aber darüber machte sich Frau Mechner keine Sorgen. Den würde sie schon erwischen. Sie erwischte ihn tatsächlich. Beim Abendessen. Und der freundliche Danziger war sofort bereit, sein Zimmer mit Paul zu teilen. Es standen ohnehin zwei Betten darin. Mit bemerkenswertem schauspielerischen Talent, einem Häppchen krimineller Energie und einer Menge Spaß gingen die fünf daran, die Hotelleitung auszutricksen.

Am nächsten Morgen plagten sich Paul und Herr Sonnenberg damit, das zweite Bett wieder so herzurichten, dass es möglichst unbenutzt aussah. Frau Mechner entwickelte ungeahnte Energien, Essbares aus dem Frühstücksraum zu entführen und unbemerkt aufs Zimmer zu schaffen. Denn Paul und Anna hatten keine Chance, etwas zu bekommen. Sie waren ja nicht registriert. Und wer nicht registriert war, bekam auch nichts. Anna und Paul mussten feststellen, dass es entsetzlich teuer wurde, sich außerhalb der Hotelverpflegung zu verköstigen. Die Preise waren astronomisch. Ihre erneuten diskreten Bemühungen, eine Bleibe zu finden, verliefen im Sande, und so war auch am Abend wieder Versteckspiel angesagt, um das heimliche Nachtlager im Riviera zu erreichen. Auf Dauer natürlich keine Lösung. Auch wenn sich Mechners und Herr Sonnenberg in keiner Weise entsprechend äußerten, so wuchs in Paul und Anna doch ein schlechtes Gewissen, und sie empfanden sich zunehmend als Belastung für ihre Bekannten. Es kam noch eine Schwierigkeit hinzu. Ihr Geld, das für einen vierwöchigen Urlaub im Ferienhaus der Deutschen Botschaft reichen sollte, schmolz innerhalb von Tagen bedenklich zusammen. Denn Essen und Trinken verschlangen immense Summen. Umso mehr, als sich Paul und Anna verpflichtet fühlten, die Mechners und Herrn Sonnenberg einzuladen, aus Dankbarkeit für ihre freundliche Hilfe.

Am dritten Tag fiel die einvernehmliche Entscheidung. Paul und Anna fuhren zurück nach Moskau. Die befürchteten Probleme mit der Fahrkarte blieben aus. Die Kontrolleurin änderte einfach das Datum auf ihren

Bahntickets und wies ihnen ein Abteil zu. Die gesamte Zeitplanung war jetzt natürlich über den Haufen geworfen. Denn auch ihre Fahrausweise für die Rückkehr nach Deutschland trugen das falsche Datum. Dabei handelte es sich um Schiffspassagen von Leningrad nach Hamburg. Vermutlich nicht so unkompliziert zu ändern wie die Bahnfahrkarten. Also beschlossen sie, die überschüssige Zeit von gut drei Wochen noch in Russland zu verbringen. Moskauer Freunde ließen sie vierzehn Tage in ihrer Datscha wohnen. Das schonte das Budget. Dann bestiegen die beiden den Roten Pfeil, den Zug nach Leningrad, wo sie sich mit Herrn Sonnenberg verabredet hatten, der auch nach Deutschland zurückkehrte und zum Abschluss in Leningrad noch gute Bekannte treffen wollte. Die hatten – wie praktisch – ein großes Haus und ein ausgeprägtes Verständnis von Gastfreundschaft. Anna und Paul genossen diese letzten Tage in Leningrad und ließen sich von Sonnenbergs Freunden die Eremitage und den Peterhof zeigen und was man ausländischen Gästen üblicherweise so vorführt.

Mit der Dserschinskij, einem Frachtschiff, das etwa vierzig Passagieren Platz bot, fuhren sie schließlich nach Hamburg. An Bord trafen sie viele Bekannte, deren Verträge auch nicht mehr verlängert worden waren. Nach und nach näherten sie sich einem Thema, das sie bislang mehr oder weniger verdrängt hatten. Wie würde sich die Machtübernahme der Nationalsozialisten in Deutschland auf die Heimkehrer aus der Sowjetunion auswirken? Welche außenpolitischen Interessen verfolgte Adolf Hitler? Doch Anna ließ unbehagliche Gefühle nicht zu. Sie freute sich einfach nur auf zu Hause und darauf, mit jedem Straßenbahnschaffner und jedem Schupo wieder Deutsch reden zu können.

5.

John ließ sich nicht entmutigen, obwohl rundherum so vieles schief lief. Wie sollte es bei einem so einzigartigen Projekt anders sein? Hauptsache, man gab nicht auf. Und das taten die meisten hier gewiss nicht. Immer wieder beeindruckten ihn Zähigkeit und Arbeitseinsatz seiner Kollegen. Ihr Improvisationstalent grenzte ans Übernatürliche. Die Anforderungen und der Druck, mit nichts weiterzubauen, allerdings auch. Typen, wie sie unterschiedlicher nicht hätten sein können, rauften sich zusammen und verausgabten sich total, um irrwitzige Pläne und Fristen zu erfüllen. Als es neulich keine drei Zentimeter starken Nietnägel mehr gab und die Arbeit zwangsläufig zum Erliegen kam, wurde eine technische Konferenz einberufen, an der auch John und Kolja teilnahmen. Aber das Sagen hatten andere. Da war zunächst Sjemitschkin, der Chef der Abteilung, der erst im vergangenen Jahr nach einem Ingenieurstudium im Schnelldurchgang sein Examen abgelegt hatte. Dann Mr. Harris, ein amerikanischer Berater aus Cleveland, der einen Dolmetscher brauchte, was John mit einem breiten Grinsen quittierte. Schließlich einer der so genannten Strafspezialisten namens Tischenko. Zu der Zeit waren an den industriepolitischen Brennpunkten zu tausenden hoch qualifizierte Ingenieure und Wissenschaftler dienstverpflichtet, die in den zwanziger Jahren wegen »antibolschewistischer Betätigung« verurteilt worden waren. Wegen der ehrgeizigen Industrialisierungsprojekte zog man diese Leute in verantwortungsvollen Positionen zum Aufbau heran. Tischenko, der als Chefingenieur arbeitete, hatte Glück gehabt. Wegen Sabotage war er 1931 im Ramsinprozess* zum Tode verurteilt, aber kurz darauf zu zehn Jahren Zwangsarbeit begnadigt worden. Vor der Revolution bekleidete er eine führende Stellung in einem belgischen Unternehmen in der Ukraine. Er gehörte zur Oberschicht, spielte Tennis mit dem britischen Konsul und schickte seinen Sohn zum Musikstudium nach Paris. Begeisterung war von Tischenko nicht zu erwarten, aber solide Pflichterfüllung. Das war bei Schewtschenko, dem vierten im Bunde, eher umgekehrt. Der junge Parteiaktivist hatte schnell begriffen, dass es der eigenen Karriere förderlicher war, viel Wind zu machen und Phrasen zu dreschen, als sich tatsächlich um Lösungen von Problemen zu kümmern, bei denen man ohnehin nur Fehler machen konnte. Wie zum Beispiel jetzt mit diesen vermaledeiten fehlenden Nietnägeln. Behauptete man, trotzdem den Termin halten zu können, stand man schnell als Lügner da. Behauptete man das Gegenteil, wurde man leicht für einen Saboteur gehalten. Beides konnte tödlich sein.

Zu Schewtschenkos Stil passte es auch, dass er sich von seinen Leuten mit »Ingenieur« anreden ließ, obwohl er lediglich eine Parteischule absolviert und ein wenig technische Praxis hatte. In Magnitogorsk war er die Karriereleiter hinaufgefallen und zum beigeordneten Distriktleiter der gesamten Anlagen berufen worden. Sein organisatorisches Talent war größer als sein technisches, seine rhetorischen Fähigkeiten beeindruckender als seine charak-

* In diesem Schauprozess wurden Mitglieder einer als Flügel der Rechtsopposition hingestellten »Industriellenpartei«, die angeblich unter der Leitung des Ingenieurs Professor Leonid Ramsin stand, wegen »Sabotage beim Industrieaufbau« und »Konspiration mit dem Ausland« mehrheitlich zu Haft- oder Verbannungsstrafen verurteilt.

terlichen Eigenschaften. Schewtschenko hob zu einer politischen Rede an, in der es von Gemeinplätzen nur so wimmelte. Sie gipfelte in unhaltbaren Vorwürfen an die Adresse des Strafspezialisten. Nachdem er dieses Pflichtprogramm beendet hatte, schwang er sich ans Telefon, fing an zu säuseln, schleimte bei den verschiedenen Lagerverwaltern herum und erwähnte die Nietnägel scheinbar nebenbei. Mit Siegermiene verkündete er seiner staunenden Zuhörerschar, dass man die Nägel jetzt wohl bekommen werde. John hatte das alles aufmerksam beobachtet. Schewtschenko war ihm zutiefst zuwider. Aber vielleicht braucht man in diesen Ausnahmesituationen Menschen mit solchen Fähigkeiten, dachte er. Vielleicht muss das so sein. Denn eins ist sicher: Die Nägel werden wir bestimmt kriegen. – Genauso war es.

John und Kolja hatten ein Vertrauensverhältnis aufgebaut, das auch heikle Themen aushielt. Eines Tages brachte John das Gespräch auf die Speziellen, womit enteignete Kulaken gemeint waren, die als soziale Schädlinge galten. Von Werksleitung und Partei wurden sie und deren Nachkommen bei jeder sich bietenden Gelegenheit wie der letzte Dreck behandelt. Sie verdienten weniger, durften nur in speziellen Stadtteilen unter Aufsicht der Geheimpolizei GPU leben, hausten in Zelten statt Baracken, Hochschulen blieben ihnen verschlossen, und an Karriere war nicht zu denken. Obwohl gerade die Speziellen durch gute Leistungen und strenge Disziplin auffielen. Das schien aber nur ihre Arbeiterkollegen zu beeindrucken, die sie in der Regel ganz normal wie alle anderen behandelten. »Eigentlich kein Wunder, dass sie gut arbeiten«, meinte John, »sie haben es doch in der kurzen Zeit, in der bei euch privates Wirtschaften überhaupt möglich war, weit gebracht.« Er spielte auf die zwanziger Jahre an, als unter dem Kürzel NEP, was für Neue Ökonomische Politik steht, in engen Grenzen Kleinkapitalismus zugelassen war. Neben den Staatsgütern in der Landwirtschaft existierten Familienbetriebe, die schnell wuchsen und auf zusätzliche Arbeitskräfte angewiesen waren. So kamen die Großbauern auf, die man Kulaken nannte. »Die müssen unternehmungslustiger und energischer gewesen sein als andere«, fuhr John fort, bevor er eine Frage anschloss: »Wer bestimmt eigentlich, ab wann man Kulak ist?« Kolja schaute ihn an, als habe John eine unendlich dumme Frage gestellt. »Die Partei natürlich«, sagte er in offiziellem Ton und fuhr dann locker fort. »Ich kann dir sagen, wie das läuft.« Kolja drehte sich eine Zigarette, schaute auf den Boden und erzählte. »Die Kolchose braucht Gerät oder Pferde, die der Kulak hat. Was liegt näher, als ihn bei der GPU anzuschwärzen, und schon hat die Kolchose, was sie braucht. Der Hof des Kulaken wird konfisziert und dem Kollektiv übergeben. Er selbst wird abgemurkst oder kriegt ein paar Jahre, und seine Familie wird verjagt oder gleich verbannt.« Kolja erwähnte den Namen eines Kollegen und fuhr fort: »Den kennst du doch. Als sie bei denen waren, hat sein Bruder auf die GPU-Leute geschossen. Hat ihm nichts genützt. Ist selbst erschossen worden. Die ganze Familie wurde verurteilt. Jeder woanders hingebracht. Sein Vater soll im Dezember gestorben sein, aber sicher weiß er's nicht.«

»Ich verstehe ja alles Mögliche«, meinte John nun, »mir ist auch klar, dass ungewöhnliche Vorhaben, für die es weltweit kein Beispiel gibt, ungewöhnliche Methoden erfordern, dass ihr hart durchgreifen müsst, denn natürlich gibt es genügend, die sich gegen eure neue Gesellschaft stellen und das Ruder herumreißen wollen. Versteh ich alles. Aber muss es so brutal sein? Es scheint mir oft zu willkürlich. Es hängt von Sympathien oder Antipathien ab, von Habgier, Missgunst oder Neid und ist überhaupt nicht berechenbar. Oder was meinst du?« Kolja zuckte die Schultern, fingerte an seiner Zigarette herum, die sich aufzulösen begann. »Mich darfst du nicht fragen.« Als er seine Zigarette notdürftig repariert hatte, bemühte er sich doch um eine Antwort. »Es ist ja besser geworden. Sie können sich durch gesellschaftlich wertvolle Arbeit hochdienen. Reinwaschen. Und sogar einen Punkt erreichen, an dem sie nicht mehr als Kulaken gelten.« – »Im Grunde ist es unglaublich.« John schüttelte den Kopf, und man konnte sehen, wie angestrengt er nachdachte. Als er Koljas fragenden Blick entdeckte, begann er, seine Gedanken zu formulieren. »Eine Viertelmillion Menschen – Kommunisten, Kulaken, Ausländer, Tataren, überführte Saboteure und eine Masse blauäugiger russischer Bauern – stellen die größte Anlage der Stahlindustrie in Europa her, mitten in der unfruchtbaren Steppe des Ural.« John bewegte seinen Kopf immer noch ungläubig hin und her, als er weitersprach: »Geld wird wie Wasser ausgegeben. Männer erfrieren, hungern und leiden, aber die Konstruktionsarbeit schreitet mit einer Verachtung für Individuen und einem in der Geschichte selten gesehenen Massenheroismus vorwärts.« Er beendete diesen Satz mit einem Pusten, das halb verächtlich, halb bewundernd klang. Nach einer kurzen Pause träumte Kolja vor sich hin: »In einigen Jahren werden wir die größte Industrie der Welt aufgebaut haben. Jeder wird ein Auto besitzen, und es wird keine Unterschiede mehr geben zwischen Kulaken und anderen.«

Das Ziel klang bestechend und war aller Anstrengungen wert. Welch beflügelnder Gedanke, die Armut endgültig besiegen zu können, indem man das Vorhandene auf alle gleichermaßen verteilt. Von der puristischen Vorstellung, jedem den gleichen Verdienst zukommen zu lassen, musste man sich allerdings vorläufig verabschieden. Da die alte Elite durch Revolution und Bürgerkrieg vernichtet oder vertrieben worden war, musste dringend eine neue Sowjetintelligenz geschaffen werden. Solange ein Analphabet, der sich als Hirte verdingte, genauso viel Lohn erhielt wie ein akademisch gebildeter Ingenieur, hing die Lust zu lernen nur von der persönlichen Neugier ab. Und wer wollte sich die Doppelbelastung durch Lohnarbeit und Ausbildung antun, wenn sich der Einsatz nicht lohnte. Die Partei begriff, dass Anreize notwendig waren, und ließ in der Lohnskala gewaltige Spreizungen zu. 1933 sah die Situation in Magnitogorsk folgendermaßen aus: Unqualifizierte Arbeiter mussten sich mit hundert Rubel im Monat zufrieden geben. Das Doppelte bekamen Gehilfen von qualifizierten Arbeitern, die wiederum das Dreifache verdienten, also dreihundert Rubel. Zusätzlich existierten Abstufungen, die man als Gefahrenzulage bezeichnen könnte. Unabhängig von der Qualifikation wurde für Arbeiten zu ebener Erde deutlich weniger bezahlt als hoch oben auf schwankenden Gerüsten. Mit vier- bis fünfhundert Rubeln monatlich wurden Jungingenieure entlohnt, ihre älteren Kollegen mit Praxis und Erfahrung kamen auf sechs- bis achthundert Rubel. Bei Verwaltern, Direktoren und sonstigen leitenden Angestellten betrug das Monatsgehalt zwischen achthundert und dreitausend Rubeln. Hundert Rubel entsprachen damals nominell zweihundertzwanzig Reichsmark, der Kaufkraft nach allerdings nur etwa zwanzig Mark. Diese gewaltigen Unterschiede und die Gewissheit, einen Job zu bekommen, bescherten den Abendschulen einen enormen Zulauf, trotz der beinahe unmenschlichen Belastung. Da saßen hungrige und frierende Gestalten nach acht bis zwölf Stunden körperlich anstrengender Arbeit auf unbequemen Bänken in Räumen, die so kalt waren, dass aus Atem Nebel wurde.

Zusätzlichen Ansporn sollte ein ausgeklügeltes Wettbewerbssystem bringen. Das sah nicht nur Prämien und Auszeichnungen für Einzelne vor, die besonders gute Leistungen brachten, sondern vor allem für Arbeitergruppen und komplette Abteilungen. Dadurch standen auch diejenigen unter Druck, die sich individuell einem Wettbewerb entzogen hätten. Theoretisch sollten die Löhne zwei Mal monatlich ausgezahlt werden, praktisch kam das Geld immer unpünktlicher. Von 1929 bis 1935 stieg der durchschnittliche tägliche Lohn eines Bauarbeiters von drei Rubel auf fünfeinhalb Rubel. Von einer tatsächlichen Lohnerhöhung konnte allerdings bei steigender Inflation keine Rede sein. 1935 wurde der Rubel durch eine entsprechende Verordnung auf zwei Fünftel seines bisherigen Wertes gedrückt.

Neben der Lohnzahlung kam auch die Lebensmittelversorgung immer wieder ins Stocken. Da jede industrielle Organisation für die Verpflegung ihrer Beschäftigten verantwortlich war, gab sie Lebensmittelkarten aus und beschaffte die darauf angegebenen Nahrungsmittel. Versuchte es zumindest. 1932 standen einem Bauarbeiter theoretisch folgende Monatsrationen zu: dreißig Kilo Brot, drei Kilo Fleisch, ein Kilo Zucker, fünfzehn Liter Milch, ein halbes Kilo Butter, zwei Kilo Hülsenfrüchte und je nach Lage eine unbestimmte Menge Kartoffeln. Praktisch waren im Winter 1932/33 weder Fleisch noch Butter und fast kein Zucker und keine Milch zu bekommen. Theoretisch hatten die Arbeiter die Möglichkeit, in dem Laden, in dem sie registriert waren, ohne Karten folgende Artikel einzukaufen: Seife, Parfüm, Tabak, Tee, Kaffeeersatz, Salz und Süßigkeiten. Praktisch waren die meisten dieser Dinge gar nicht oder nur selten vorhanden. Wenn dann mal eine Lieferung eintraf, ließen die Menschen alles stehen und liegen und stürmten die Geschäfte.

Das Kartensystem der betrieblichen Speisesäle entwickelte sich ähnlich chaotisch, als es in den sozialistischen Wettbewerb einbezogen wurde. Um zu Höchstleistungen zu animieren, verteilte man zusätzliche Verpflegungskarten. Das führte dazu, dass zum Beispiel die Schweißerei, der John angehörte, ihren insgesamt achthundert Arbeitern täglich zweitausend Mahlzeiten vorsetzte. Für die zentrale Lieferstelle war jedoch die Zahl der Beschäftigten maßgebend und nicht die Zahl der mehr oder minder willkürlich ausgegebenen Karten. Also musste die Betriebskantine die auf achthundert Personen bemessenen Vorräte auf zweitausend Portionen strecken. Es erübrigt sich, Nährwert und Qualität des Essens näher beschreiben zu wollen. Tatsache war, dass man im Speisesaal Nummer 30 zwei bis drei Mahlzeiten hätte verzehren müssen, um vor allem im Winter den Kalorienbedarf einigermaßen zu decken.

Diese insgesamt schlechte Versorgungslage und die extremen klimatischen Bedingungen bewirkten trotz aller Begeisterung eine enorme Fluktuation der Arbeitskräfte. Sie kamen hoffnungsfroh und angelockt von Versprechungen, und sie gingen ausgemergelt und enttäuscht. So waren zum Beispiel an einer Lokomotive im Bergwerk innerhalb eines einzigen Jahres vierunddreißig verschiedene Maschinisten tätig. Einen derart schnellen Personalwechsel verkraftet nicht einmal ein etabliertes Unternehmen. Für ein Industrieprojekt solchen Ausmaßes wirkt sich die fehlende Kontinuität noch viel verheerender aus. Ebenso der zunehmende Arbeitskräftemangel. Die folgende Aufstellung, die sich auf Anfang 1933 bezieht, zeigt die Dramatik.

	Bedarf	Bestand	%
Maurer	959	559	58
Bautischler	1456	815	56
Maurer von Hochöfen	416	230	55
Schreiner	3111	2600	83
Erdarbeiter	3622	2200	61
Ungelernte Arbeiter	5013	9700	194

Diese Probleme blieben Moskau nicht verborgen, und so kam 1933 Sergej Ordschonikidse, der Kommissar für Schwerindustrie, nach Magnitogorsk, um die Menschen zu motivieren und Abhilfe zu schaffen. Das gelang jedoch nur unzureichend und führte zu einem weiteren Problem. Während noch bis ins Jahr 1932 jeder Arbeiter innerhalb von vierzehn Tagen problemlos kündigen konnte, wurde ihm 1933 dieses weiterhin verbriefte Recht verwehrt, und die Gewerkschaften wagten es nicht, etwas dagegen zu unternehmen. Erst sehr viel später, 1936, wurde diese ungesetzliche Praxis eingestellt, um 1938 wieder aufzuleben und 1940 sogar durch ein Regierungsdekret legalisiert zu werden. Von da an durften die Menschen ihre Arbeitsstellen nur noch mit offizieller Erlaubnis wechseln.

Ab 1932 verschärfte sich auch ein weiteres Problem: die ausufernde Bürokratie. Das hing unter anderem mit der Einführung der Akkordarbeit zusammen, für deren Organisation und Überwachung man immer mehr Leute brauchte. Ein weiterer Grund lag in der mangelnden Qualifikation von Büroangestellten. John brachte es einmal auf den Punkt: »Man musste eben zehn halb gebildete ›Kontor-Ratten‹ statt eines fachkundigen Buchhalters beschäftigen.« Und schließlich meinten die einzelnen Staatsunternehmen ihre Bedeutung zu steigern, wenn sie sich eigene Budget-, Projektierungs- und sonstige Abteilungen zulegten. Der Unterhalt dieser aufgeblasenen Einheiten war doppelt teuer. Einmal mussten die dort beschäftigten Menschen bezahlt und versorgt werden, und zum anderen bremsten die unkoordiniert vor sich hinwurschtelnden Bürokratien effektive Arbeitsabläufe.

Damit nicht genug. In den Jahren 1932 und 1933 gingen die letzten importierten Vorräte an industriellem Baumaterial langsam zur Neige. Feuerfeste Steine, Kleinwerkzeuge, Motoren, Zementmischmaschinen, Elektroden, Draht usw. – all das war einfach nicht mehr zu bekommen und musste nun wohl oder übel in Hauruckaktionen selbst produziert werden. Dafür fehlte mal das Ausgangsmaterial, mal die Maschinen, mal die Menschen, die wissen, wie's geht. Die Versorgungslage auf diesem Gebiet wurde immer chaotischer. Es war vielfach nicht möglich, einen defekten Elektromotor zu reparieren, weil es keinen Kupferdraht gab.

Holz war ständig Mangelware. Vor allem im Winter, wo es tonnenweise als Heizmaterial verschwand, obwohl es für den Gerüstbau vorgesehen war. Die Engpässe nahmen dramatische Ausmaße an. Wenn ein Eisenbahnwaggon mit Holz tatsächlich mal eintraf, wurden Telegramme an Ordschonikidse persönlich und manchmal sogar an Stalin selbst geschickt, mit der Bitte zu entscheiden, welcher Betrieb die kostbare Lieferung verwenden dürfe. Andererseits kamen ganze Züge mit Materialien an, die kein Mensch brauchen konnte und die auch niemand bestellt hatte. In den Büchern führte man diese unnötigen Dinge dann unter »Erfüllung des Versorgungsplanes« auf, was doppelt falsch war. Denn erstens hatte es mit der Erfüllung nichts zu tun, und zweitens musste das überflüssige Zeug auch noch gelagert werden, was eher eine Belastung darstellte, als dass es dem Versorgungsplan diente.

Kolja hatte John von diesen Dingen erzählt und dabei eine besonders merkwürdige Einrichtung erwähnt. Nulewoj sklad, das Lagerhaus null. Dahinter verbarg sich das Zentralausrüstungslager, in dem sich sowohl unbestellte als auch unabgeholte Maschinen stapelten. Denn oftmals ließ sich der Empfänger einer Lieferung nicht ermitteln. Nachdem John lange genug gedrängt hatte, nahm Kolja ihn schließlich ein Mal ins Lagerhaus null mit. John verschlug es die Sprache, als er sah, welche Kostbarkeiten dort langsam verrotteten. Maschinen für Schuhfabrikation, Kugellager, Ersatzteile für alle möglichen Motoren, Treibriemen, Maschinen für elektrischen und Mühlenbetrieb, Automobilteile und ein Haufen anderer Dinge, deren Zweck man nur ahnen konnte. Als Prunkstück prangte mittendrin eine Rotationsmaschine von Siemens-Schuckert, bei der leider der Motor abhanden gekommen war.

Als von Juni bis September die Schulen schlossen, nutzte John seine zusätzliche Zeit, einen neu gewonnenen Freund zu besuchen. Er hieß Andrej, war Ukraino-Amerikaner und von der McKee Company nach Magnitogorsk geschickt worden. Sein Arbeitsplatz befand sich unter dem Verwaltungsgebäude, wo die technischen Archive lagerten. Zuerst reizte John vor allem die angenehm kühle Temperatur in den riesigen Kellerräumen, während draußen jeder unter der Hitze litt. Später begann er sich auch für die Unterlagen zu interessieren, und Andrej gab bereitwillig Auskunft, obwohl er viel zu tun hatte. Ununterbrochen kamen Ingenieure und Techniker, um in den mehr als hunderttausend Blaupausen Einzelheiten nachzusehen. Acht bis zehn Mitarbeiter wieselten in den Räumen hin und her, um jeden neuen Entwurf aus Moskau oder Leningrad einzusortieren, aktualisierte Pläne zu vervielfältigen und zu registrieren, wenn die Planungsbüros Entwürfe freigegeben hatten. John faszinierte das Archiv so sehr, dass er Kolja bat, ihn bei der Abendschicht einzuteilen, damit er mehr Zeit bei den Dokumenten verbringen konnte. Kolja fand das zwar albern, organisierte den Wechsel aber von einem Tag auf den anderen.

John vergrub sich in den Archivakten und in der benachbarten technischen Bücherei und benahm sich bei seiner Suche nach interessanten Informationen wie ein Süchtiger. Bei Dienstschluss musste Andrej ihn jedes Mal mit sanfter Gewalt aus dem Keller vertreiben. John fand heraus, dass der erste ernsthafte Entwurf für das hiesige Metallkombinat aus dem Jahre 1928 stammte und von einer Leningrader Gesellschaft namens Gipromez erstellt wurde, die sich grundsätzlich mit der Projektierung von Metallwerken befasste. John fiel sofort auf, dass dieses Kombinat sowohl von der Größe als auch von der Technik her einem Vergleich mit amerikanischen Anlagen nicht standhielt. Das berühmte Stahlwerk in Gary, im Bundesstaat Indiana, war fünf Mal so groß. Doch schon ein Jahr später, 1929, wurde die Kapazität des Kombinats in Magnitogorsk durch einen Regierungsbeschluss von den ursprünglich geplanten 655000 Tonnen Roheisen jährlich auf 1,1 Millionen Tonnen erhöht. Statt der vier bisher vorgesehenen Hochöfen wurden sechs gefordert. Drei weitere Monate vergingen, und das Zentralkomitee der Kommunistischen Partei hob die gerade festgelegte Produktionsleistung erneut an. Das war am 15. Februar 1930. Nun sollten es zweieinhalb Millionen Tonnen jährlich sein und nicht vier oder sechs, sondern acht Hochöfen. Außerdem sollten die Konstruktionspläne die Möglichkeit beinhalten, später eine Jahresproduktion von vier Millionen Tonnen erreichen zu können. Auf dieser Grundlage kam es im März 1930 zum Vertrag zwischen der McKee Company in Cleveland, Ohio, und der Sowjetregierung.

Und noch etwas fiel John auf, was ihn sehr irritierte. War zunächst der 1. 1. 1934 als Termin für die komplette Fertigstellung angegeben, so rückte das entsprechende Datum mit jeder Kapazitätserhöhung immer näher heran statt weiter in die Zukunft. Die zuletzt beschlossene Anlage sollte schon zum 1. 1. 1933 fertig sein. John fand immer neue Akten über immer andere Beschlüsse auf Regierungs- und Parteiebene, von regionalen und zentralen Stellen, die es nahezu unmöglich machten, ein System zu erkennen. Die unterschiedlichen Angaben ließen sich beim besten Willen nicht auf eine Linie bringen, so sehr er sich auch bemühte. Eines war jedenfalls klar: Es musste auf allen möglichen Ebenen unkoordiniert und hektisch konferiert und entschieden worden sein. John machte dafür die Tatsache verantwortlich, dass Magnitogorsk von Anfang an die Nummer eins unter den Industrialisierungsprojekten auf den diversen Prioritätenlisten war. Jede Instanz hatte die Verpflichtung oder fühlte sich zumindest berufen, tatkräftig mitzumischen.

Schon im November 1928 entschied sich das Politbüro, Magnitogorsk forciert auszubauen. Im September 1930 führte Magnitogorsk eine Liste von vierundfünfzig förderwürdigen Projekten an, die Ende des Jahres auf neunundzwanzig eingedampft wurde. Doch schon im April 1931 standen wieder neunundsechzig Objekte auf der Liste, von denen im Sommer sechs besonders wichtige für eine groß angelegte Pressekampagne herausgegriffen wurden. Der 6. August 1931 wurde zum »Tag der 518 Giganten« ausgerufen. Ende September war die Liste wieder auf einhundertfünfzig zusammengeschmolzen. Abgesehen von diesem unübersichtlichen Auf und Ab dachte John darüber nach, wie man die Ziele der Planwirtschaft mit solchen außerplanmäßigen Fördermaßnahmen überhaupt erreichen konnte. Entweder man hatte einen genau ausgetüftelten Plan – es galt schließlich, Mangel zu verwalten –, und dann musste sich auch jeder danach richten, sonst geriet das gesamte Gefüge ins Wanken. Oder aber man verabschiedete sich vom Plan und entschied von Fall zu Fall über Prioritäten. Die Kombination von beidem schien ihm nur im Chaos enden zu können.

Etwa zur gleichen Zeit, als McKee ins Boot kam, wurden in Magnitogorsk genauere geologische Untersuchungen begonnen. Ganz schön mutig, dachte John, einen solchen Klotz in Auftrag zu geben, ohne die detaillierten Ergebnisse abzuwarten. Aber die Resultate übertrafen zum Glück selbst die optimistischsten Erwartungen. Demnach lagerten in und um Magnitogorsk 228 Millionen Tonnen Erz, zum großen Teil mit einem Eisengehalt von 56 Prozent und mehr. Darüber hinaus fand man ausgedehnte Vorkommen von feuerfestem Ton, Kalk, Kreide, Dolomit, Magnetit, Sand, Manganerz und Granit. Also beste Voraussetzungen für dieses Industriekombinat. Der Uralfluss lag zwar etwa acht Kilometer von den Erzvorkommen entfernt und führte auch recht unterschiedlich Wasser, aber nach den Berechnungen reichte es, zwei Seen aufzustauen.

Im Laufe seiner Recherchen stolperte John über ein eher kurioses Dokument. Im April 1918 wurde auf Beschluss des Obersten Volkswirtschaftsrates ein Preisausschreiben veranstaltet. Der Ural hatte seine führende Position bei der Herstellung von Roheisen und Stahl unter anderem wegen einer technischen Neuerung an die Ukraine verloren. Dort hatte sich nämlich schnell die Koksschmelze durchgesetzt, während im Ural Holzkohle die Basis für das Schmelzen war. Das Preisausschreiben sollte Magnitogorsk wieder nach vorn bringen. Es müssen auch eine ganze Reihe von Entwürfen eingegangen sein, die aber für zehn Jahre unbeachtet in irgendwelchen Büroschränken verschwanden. Und noch eine Wettbewerbsanstrengung, allerdings neueren Datums, vergammelte offenbar eine Zeit lang in Schubladen. Mit einem großen Volksfest war am 13. Dezember 1930 ein Vertrag zwischen Magnitogorsk und dem westsibirischen Kusnezk unterschrieben worden, der den Wettbewerb zwischen beiden Regionen regeln sollte. Einige Tausend Exemplare dieses Vertrags müssen auch gedruckt, aber nicht weiterverteilt worden sein. Als die betreffenden Arbeiterkomitees davon erfuhren, hatten sich längst die Bedingungen geändert, und die Idee ließ sich kaum wieder beleben.

Johns besonderes Interesse fanden alle Angaben rund um die Baukosten und die Finanzierung. Jedes Mal wenn er sich über verspätete Lohnzahlungen ärgerte, tröstete er sich mit den Zahlen aus dem Archiv. Was bedeutete schon seine vorübergehende Einschränkung im Vergleich zu den Millionendefiziten, die Magnitogorsk monatlich zu verzeichnen hatte. Da überschritten Baugesellschaften ständig ihre eigenen Kostenvoranschläge, da hatten Banken plötzlich vier Millionen weniger als erwartet zur Verfügung, weil die Arbeiter ihr Geld mangels Waren nicht ausgeben konnten, da rutschte das Konto des Kombinats bei der Staatsbank in Moskau ins Minus, weil weniger Eisen und Stahl produziert wurde als geplant. Wie sollte er sich da ernsthaft über seine Mikro-Problemchen aufregen! Andererseits erfüllte es John mit Stolz, den Unterlagen zu entnehmen, dass Magnitogorsk trotz allem jetzt schon fast zehn Prozent der Gesamterzeugung an Roheisen in der Sowjetunion bereitstellte. Das musste man diesem Volk erst einmal nachmachen. Und er war dabei.

Die Rolle der Kommunistischen Partei und ihren Anteil am Erfolg schätzte John im Unterschied zu Andrej sehr hoch ein. Als er in einem Gespräch darauf bestand, dass sich Magnitogorsk ohne die Arbeit der Partei nie und nimmer so schnell und erfolgreich hätte entwickeln können, kam es beinahe zum Krach zwischen den beiden. Andrej hielt John die ständigen Schnüffelattacken überheblicher Parteifunktionäre vor, die vielen organisatorischen Fehler dummdreister und intellektuell überforderter Proleten, die ohne die Protektion der Partei kein Bein auf die Erde kriegen würden. Die Intrigen- und Vetternwirtschaft und vieles andere mehr. Aber John ließ sich nicht beirren. »Das mag ja alles sein, wer viel tut und viel entscheidet, macht auch viele Fehler. Aber die Partei ist die Quelle von Initiative und Willenskraft, die Triebfeder für intensive Arbeitsleistung. Das ist eine Tatsache, und das muss auch bis zu dir in diesen Keller vorgedrungen sein, wenn du nicht völlig vernagelt bist.« Johns hohe Meinung von der Kommunistischen Partei hing wohl im Wesentlichen mit einer konkreten Person zusammen, dem Magnitogorsker Parteisekretär Lominadse. Den traf er zum ersten Mal in der riesigen Gewerkschaftshalle, als Lominadse dort eine seiner Aufmunterungsreden hielt und John wegen seiner guten Russischkenntnisse zuhören durfte, um anderen Ausländern die wesentlichen Punkte der Rede zu übermitteln. John beeindruckten die rhetorischen Fähigkeiten Lominadses und die anschaulichen Beispiele von Pflichtverletzungen, die der Parteisekretär zur Abschreckung geschickt auflistete.

Wissarion Wissarionowitsch Lominadse, Jahrgang 1897, stammte aus Georgien, war sehr groß, sehr dick und sehr kurzsichtig. Seine Lebensgeschichte taugte für einen Abenteuerroman. Schon 1913 betätigte sich der Sohn eines angesehenen Gymnasiallehrers in verschiedenen Studentengruppen politisch. Im März 1917 schloss er sich den Bolschewiki an und startete eine steile Parteikarriere. Mit fünfundzwanzig Jahren, 1922, wurde er zum Ersten ZK-Sekretär in Georgien bestellt. Drei Jahre später bekleidete er einen hohen Posten in der Kommunistischen Internationale. Nachdem er sich in Deutschland illegal als Kommunist betätigt und mit deutscher Literatur befasst hatte, reiste er 1927 nach Kanton, um dort bei der Organisation politischer Streiks behilflich zu sein. Von seiner Zeit in China schwärmte er immer wieder voller Begeisterung und Wehmut. Als die Kantoner Kommune gestürzt wurde, kehrte er nach Moskau zurück und arbeitete bis 1930 als Chef der Kommunistischen Jugendinternationale. Lominadse war bekannt als vehementer Kritiker des rechten Parteiflügels, insbesondere Bucharins. Ebenso deutlich hatte er sich schon 1923 gegen die Linksabweichler ausgesprochen. Der Georgier konnte gar nicht anders, als sich einzumischen, und schreckte auch nicht davor zurück, Parteimitglieder immer wieder zur Kritik an der ausgegebenen Linie der Führung aufzufordern. Das Land brauche kritische, unabhängige Geister. Als er sich mit dem »Rechten« Sergej Syrtsow zusammentat und als »Rechts-Links-Block« so etwas wie eine innerparteiliche Opposition betrieb, bekam seine Karriere einen Knick. Lominadse fiel in Ungnade, verlor seinen Leitungsposten bei der Kommunistischen Jugendinternationale, flog im Dezember 1930 aus dem Zentralkomitee und wurde zur Parteiarbeit an der Basis abkommandiert. In einem bedeutenden Werk für Flugmotoren sollte er die Partei aufbauen und organisieren. Das gelang ihm so ausgezeichnet, dass er nach knapp zwei Jahren den Lenin-Orden verliehen bekam und im August 1933 als Erster Sekretär des Stadtparteikomitees nach Magnitogorsk versetzt wurde. Kaum dort angekommen, entfaltete er einen unbändigen Arbeitseifer, suchte sich seine Mitarbeiter unter Leuten, die der Opposition nahe gestanden hatten, und bombardierte Funktionäre, Ingenieure und Arbeiter mit Reden aller Art. Nun standen ihm wieder alle Türen offen. Innerhalb kürzester Zeit hatte sich Lominadse Respekt und Achtung verschafft, weil er niemals von anderen Leistungen erwartete, die er nicht selbst zu erbringen imstande war. Er agitierte, drohte, ermunterte und zog alle Register seines rhetorischen Könnens. John war begeistert von diesem georgischen Energiebündel. Und erschüttert, als er anderthalb Jahre später von dessen Tod erfuhr.

Dem war Folgendes vorausgegangen. Auf dem 17. Parteikongress, im Januar 1934, »durfte« Lominadse Selbstkritik üben, wegen seiner parteipolitischen Verirrungen, wie es hieß, und er tat es mit einer brillanten, sich selbst demütigenden Rede. Mit seinem Landsmann Ordschonikidse verband ihn ein fast freundschaftliches Verhältnis. Auch der Georgier Stalin schien ihm verbunden. Doch Ende des Jahres kam Lominadse unter ungeklärten Umständen ums Leben. War es Selbstmord, wie behauptet wurde, oder doch Mord? So oder so vermutete John, dass Lominadses Tod mit der Ermordung des Leningrader Parteichefs Kirow zusammenhängen musste, der am 1. Dezember 1934 erschossen wurde. Kirow und Lominadse hatten sich gut verstanden und in jungen Jahren, 1919, zusammen im Untergrund gearbeitet, Kirow in Astrachan, Lominadse in Baku. Wer hätte im Sommer 1933 gedacht, dass dieser kraftvolle Vollblutpolitiker ein solches Ende finden würde!

Johann hatte zu der Zeit eine Menge Ärger. Ihm waren bei der Projektierung eines Wohnkomplexes dumme Fehler unterlaufen, die er selbst nicht bemerkte. Als ihn ein Kollege darauf aufmerksam machte, reagierte Johann nicht etwa dankbar und freundlich, sondern wütend. Er beharrte darauf, korrekte Arbeit abgeliefert zu haben. Auch als er einsehen musste, dass er sich geirrt und sein Kollege Recht hatte, blieb er stur. Er versuchte sogar, seine Fehler zu vertuschen, was die ganze Angelegenheit nur verschlimmerte. Hinzu kam ein heilloses Durcheinander um eine seit langem geplante Komandirowka, also Dienstreise, nach Swerdlowsk, der Hauptstadt des Uralgebietes, etwa fünfhundert Kilometer nördlich von Magnitogorsk. Auf diese Reise legte Johann allergrößten

Wert und musste nun befürchten, wegen der blöden Streiterei den Auftrag zu verlieren. Nervös und gereizt drangsalierte er seine Umgebung, allen voran Meike. In lichten Momenten bat er sie so rührend um Entschuldigung, dass sie ihm nicht mehr böse sein konnte, obwohl sie sich geschworen hatte, endlich auch mal auf den Tisch zu hauen und sich nicht länger von diesem durch und durch egoistischen Kerl einwickeln zu lassen.

Dann kam die erlösende Nachricht: Alles klar mit der Komandirowka. Johann bestellte vor lauter Begeisterung zwei Fahrkarten, weil er Meike mitnehmen wollte, um sie zu versöhnen und für seine Wutausbrüche zu entschädigen. Swerdlowsk sollte eine funktionierende, attraktive Industriestadt sein. Etwas mehr Komfort als hier – das würde Meike sicher gut tun. Es dauerte noch fast eine Woche, bis es losgehen konnte, denn mit den Fahrkarten gab es Probleme. Endlich war es soweit. An einem glühend heißen Tag traten Johann und Meike die laut Plan achtunddreißigstündige Bahnfahrt an. Den ausländischen Spezialisten stand ein eigenes Abteil zu, und die beiden richteten sich auf eine relativ bequeme, ungestörte Reise ein. Der Zug fuhr mit den üblichen fünfundzwanzig bis dreißig Stundenkilometern. Eine schnellere Geschwindigkeit ließ die eingleisige Strecke der Magnitogorsk-Kartaly-Eisenbahn nicht zu, denn man hatte die Schienen aus Zeit- und Materialmangel ohne soliden Unterbau einfach auf den Steppenboden gelegt.

Nach einigen Stunden Fahrtzeit schlummerten die beiden ein. Denn der Blick nach draußen bot immer das gleiche Bild: kahle Hügel. Es war bereits später Nachmittag, als Meike erwachte und bemerkte, dass der Zug stand. Sie weckte Johann, und beide stellten fest, dass ihre Mitreisenden dabei waren, den Zug zu verlassen. Jemand sagte, es habe einen Zusammenstoß gegeben. Jedenfalls war die Strecke gesperrt. Etwa vierhundert Meter weiter blockierten die Trümmer eines entgleisten Güterzuges den Weg. Fünf, sechs Wagen standen quer oder türmten sich auf, die Lokomotive lag umgekippt in einer Mulde. Das Unglück hatte sich an der tiefsten Stelle eines abschüssigen Streckenabschnitts ereignet. Ein paar Hundert Fahrgäste umringten den Ort. Selbst ernannte Experten begannen über die beste Methode der Bergung zu fachsimpeln, einige ereiferten sich wegen wichtiger Termine, die sie wohl versäumen würden, manchen stand einfach nur der Schrecken ins Gesicht geschrieben. Es sah aus, als habe unter der Lokomotive eine Explosion stattgefunden. Der tatsächliche Hergang erwies sich jedoch als viel banaler. Der Güterzug musste hier ziemlich schnell den Berg heruntergefahren sein, und der sandige Untergrund hatte dem Druck offenbar nachgegeben. Dadurch waren an einer Kurve die Schienen auseinander gerissen. Die entgleiste Lokomotive hatte sich in die Erde gebohrt, die ersten Waggons schoben sich in- und übereinander.

Von der nächsten Bahnstation, die sechzehn Kilometer entfernt lag, näherte sich nach geraumer Zeit ein LKW voller GPU-Polizisten mit aufgepflanztem Bajonett. Mit der Bergung hatten sie nichts zu tun. Sie waren hergeschickt worden, um Plünderungen zu verhindern. Also postierten sie sich um die demolierten Frachtwaggons herum. Wieder eine ganze Weile später trafen in einem Hilfszug Bahnarbeiter ein, die ein halbes Dutzend Ersatzschienen, einige Schwellen und ein paar abenteuerlich aussehende Werkzeuge mitbrachten. Als Vorarbeiter gab sich ein junger Kerl zu erkennen, der einen kompetenten und zupackenden Eindruck machte. Er nahm die

Unglücksstelle kurz in Augenschein und entschied: »Das Einfachste ist, die Schienen um die Lokomotive herum zu legen.« Die Begründung lieferte er sofort nach: »Die Lokomotive kriegen wir niemals ohne Kran aus dem Loch. Und der Teufel weiß, wann wir einen Kran hierher bekommen können.« Die interessierten Passagiere blieben stehen, um der Reparatur zuzuschauen. Andere begaben sich zurück in ihre Abteile. Denn der Aufenthalt auf freier Strecke konnte lange dauern. Meike und Johann fanden die Angelegenheit überaus spannend. Sie waren glimpflich dabei weggekommen. Nun wollten sie genau beobachten, wie die Sache weiterging.

Als Erstes wurden die verbogenen Schienen entfernt und diejenigen Waggons beiseite geräumt, die der geplanten neuen Streckenführung im Weg lagen. Mit Brechstangen rückten die Arbeiter dann dem einen Ende des Schienenstranges zu Leibe, um ihn vom Sandunterbau wegzuziehen. Aber die Gleise rührten sich kaum. Der resolute Vormann fackelte nicht lange, wandte sich an die Zaungäste und forderte sie auf, mit Hand anzulegen. »Los, Genossen, fasst an, oder ihr seid noch in einer Woche hier.« Die verhinderten Fahrgäste ließen sich nicht lange bitten. Da nicht genügend Brechstangen vorhanden waren, packten die meisten mit bloßen Händen zu und zerrten, was das Zeug hielt. Auf diese Weise gelang es innerhalb kürzester Zeit, das eine Ende der Schienen so auszurichten, dass die Anschlussgleise um die Lokomotive herumgeführt werden konnten. Gegen Mitternacht waren beide Schienenenden so weit vorbereitet, dass es möglich wurde, ein neues Mittelstück einzupassen. Als das genaue Maß vorlag, begannen die Sägearbeiten. Aus einer Gruppe von sechsen mühten sich abwechselnd jeweils zwei, mit den beiden vorhandenen Eisensägen die

Schiene zuzuschneiden. Nach etwa einer Stunde waren sie gerade mal bis zur Hälfte durchgedrungen. Kein Wunder, an den Sägeblättern fehlten diverse Zähne. Eine andere Gruppe hatte mittlerweile den Unterbau vorbereitet und die Schwellen gelegt. Angesichts der fortgeschrittenen Zeit verzichteten Johann und Meike darauf, die Vollendung des Werks abzuwarten, und zogen sich in ihr Abteil zurück. Wieder war es Meike, die als Erste erwachte, als ihr gegen fünf Uhr morgens die Sonne ins Gesicht schien und der Zug sich langsam in Bewegung setzte. Durchs Fenster sah sie den Hilfszug Richtung Tscheljabinsk abdampfen. Mit einer Geschwindigkeit von schätzungsweise drei Stundenkilometern passierten sie die Unglücksstelle. Viel Platz war nicht bis zur umgestürzten Güterlok. Man hätte sie im Vorbeifahren berühren können.

Die nächste Station hieß Dschabik, wo ein außerplanmäßiger Aufenthalt von einer halben Stunde eingelegt wurde, um den Reisenden Gelegenheit zu geben, sich etwas zu essen und zu trinken zu besorgen. Johann und Meike hatten sich zu Hause hinreichend mit Lebensmitteln eingedeckt und waren auf dieses Angebot glücklicherweise nicht angewiesen. Denn die Station war komplett leergekauft. Wegen des Unfalls stand in der vergangenen Nacht ein Gegenzug stundenlang in Dschabik, und die Fahrgäste hatten keinen Krümel mehr übrig gelassen. Selbst von den sündhaft teuren Konserven mit Krabbenfleisch, von denen schon die kleine Dose zwischen neun und zehn Rubel kostete, war nicht eine einzige mehr aufzutreiben. Meike und Johann teilten ihre Vorräte mit zwei russischen Ingenieuren aus dem Nachbarabteil. Von ihnen erfuhren sie Einzelheiten über den Schienenweg. Die eingleisige Strecke sollte nicht zuletzt wegen des provisorischen Sandunterbaus nur von einigen wenigen Zügen täglich benutzt werden. Tatsächlich herrschte nahezu ununterbrochener Verkehr auf dieser völlig überlasteten Linie. Allein zweihundert Waggons mit Kohle mussten täglich nach Magnitogorsk geschafft werden. Dazu Vorräte und Baumaterialien – soweit vorhanden. In Gegenrichtung liefen die Eisen- und Stahltransporte. Insgesamt fuhren täglich mehr als dreißig Züge, und alle über ein und dasselbe Gleis. Einer der beiden Russen, die diese Strecke offenbar häufig nutzten, erzählte unbefangen, dass solche Unfälle öfter vorkämen. »Da kann man gar nichts machen. Das ist unvermeidlich, wenn eine Linie mit Sandunterbau derart stark in Anspruch genommen wird.«

Mit über zwanzig Stunden Verspätung trafen Meike und Johann in Swerdlowsk ein. Ein österreichischer Kollege holte sie ab. Er hörte auf den Namen Xaver, hatte sich aber schon länger entschlossen, seinen zweiten Vornamen Max zu benutzen. Da waren die Möglichkeiten verunstaltender Aussprache nicht ganz so vielfältig. Max nahm die beiden Holländer mit nach Hause, und die staunten nicht schlecht. Zunächst einmal hatten weder Meike noch Johann damit gerechnet, in Sibirien Hochhäuser anzutreffen, die sie allenfalls in Moskau erwartet hätten. Auch die Wohnung von Max lag in einem gewaltigen steinernen Mietshaus. Das war dann die nächste Überraschung. Max und seine Frau Luzi konnten sich ganz alleine in vier Zimmern und einer großen Küche ausbreiten. Fließendes Wasser, Dampfheizung, alles was man sich an Bequemlichkeit nur denken konnte, war vorhanden. Lediglich der Fahrstuhl funktionierte nicht. Man hatte ihn zwar eingebaut, aber aus irgendwelchen Gründen nie in Betrieb genommen. Meike und Johann nahmen genüsslich ein Bad und ließen sich von Luzi mit einem opulenten Mahl verwöhnen.

Swerdlowsk war in jeder Hinsicht wesentlich besser versorgt als Magnitogorsk. Die Menschen wohnten entweder in Mietwohnungen oder eigenen Häusern. In Magnitogorsk hausten die meisten in Baracken und immer noch viel zu viele nur in Zelten. Überstunden waren hier die Ausnahme, in Magnitogorsk die Regel. Zwischen der hiesigen und der dortigen Lebensmittelversorgung lagen Welten, denn die Stadt war von ergiebigen Großgütern und produktiven Dörfern umgeben. Theater und Ballett, beides in sehr guter Qualität, gehörten zu den städtischen Selbstverständlichkeiten. Die Industriebetriebe, allen voran das Werk Uralmasch, befanden sich in einem bemerkenswert guten und sauberen Zustand. Die Ausmaße sprengten europäische Dimensionen. Die Ausstattung beeindruckte selbst weit gereiste Experten. Da strotzte eine gut vierhundert Meter lange Fabrikhalle von besten amerikanischen, britischen und deutschen Maschinen neuester Bauart. Da standen zwei ungeheure Drehbänke, die noch nicht in Betrieb genommen worden waren und später der Herstellung von Kanonenrohren dienen sollten. Da wartete eine Schmiedewerkstatt mit neuester amerikanischer Technik auf, von der man nur träumen konnte. Laut Fünfjahresplan sollten hier einmal ganze Walzwerke, Turbinen und andere Schwermaschinen gebaut werden. Ab 1936 entstanden in Swerdlowsk Unterseeboote, die man Tausende von Kilometern über Land transportieren musste, um sie zu ihren jeweiligen Einsatzorten im Stillen Ozean, im Schwarzen Meer oder in der Ostsee zu bringen.

Meike und Johann verbrachten etwa eine Woche in der Industriestadt. Seine eigentliche Aufgabe hatte Johann schnell erledigt. Den Rest der Zeit führten Max und Luzi die beiden in der Stadt herum. Natürlich besichtigten sie auch das Haus, in dem die Bolschewiki 1918 die Zarenfamilie erschossen hatten. Früher diente das Gebäude als Wohnhaus, jetzt wurde es als Museum genutzt. Ein Angestellter führte sie in den Kellerraum, in dem die Ermordung stattgefunden hatte. Für Max und Luzi gehörten diese Museumsausflüge wohl zum Standardprogramm, wenn sie Besuch bekamen, denn sie blieben merkwürdig ungerührt. Meike und Johann hingegen rangen um Fassung. Johann nahm Meike plötzlich fest in den Arm, als er die Löcher in der Wand betrachtete. Der Museumsführer erklärte: »Diese Löcher sind entstanden, als Soldaten der Weißen unter General Koltschak die Stadt unmittelbar nach der Erschießung eroberten. Sie haben die Kugeln aus der Wand gekratzt, um sie zur Erinnerung aufzubewahren.«

Die Rückreise stand an, und Johann überraschte Meike mit der Mitteilung, dass sie nach Magnitogorsk fliegen würden, statt mit der Bahn zu fahren. Zunächst wusste Meike nicht so recht, ob sie sich darüber freuen sollte. Die Eisenbahn zählte auf dieser Strecke zwar auch nicht gerade zu den sichersten Verkehrsmitteln, aber wie sicher waren innersowjetische Flüge? Doch dann konzentrierte sie sich auf die prinzipiellen Vorteile einer Flugreise und war ganz zufrieden über Johanns Eigenmächtigkeit. Außerdem genoss sie es, wie sehr sich Johann schon während der gesamten Reise um sie bemühte. Sie hatte begriffen, dass auch der Rückflug als besondere Aufmerksamkeit für sie gedacht war. Johann wollte ihr die Strapazen der überaus langen Bahnfahrt ersparen.

Von Swerdlowsk aus flogen jeden Morgen zwei viersitzige Maschinen los. Eine nach Tscheljabinsk und eine nach Magnitogorsk. Moskau, Nowosibirsk und andere weiter entfernt liegende Städte wurden von größeren Verkehrsflugzeugen angesteuert. Die Schwierigkeit bestand darin, dass es nicht möglich war, Flugtickets vorzubestellen. Johann hatte es nicht glauben wollen und vermutete ein sprachliches Missverständnis. Aber es war tatsächlich so. Weil sich viele Regierungs- und Parteimitglieder buchstäblich in letzter Minute zu einem Flug entschlössen, müsse man bis unmittelbar vor dem Start alles offen lassen, klärte ihn die freundliche Dame im Zentralbüro auf. Er solle einfach morgens am Flughafen erscheinen. Aber einfach war es schon allein deshalb nicht, weil die Maschine um fünf in aller Frühe starten sollte und der Flugplatz etwa zehn Kilometer außerhalb der Stadt lag. Also beschlossen Meike und Johann, die Nacht sicherheitshalber auf dem Flughafen zu verbringen, und fuhren bereits am Vorabend mit der Straßenbahn hinaus. Das gepflegte Flugfeld lag inmitten eines Tannenwaldes. Am Rande sauber aufgereiht die Hallen und Gebäude. Die beiden Holländer sahen sich in Ruhe um. Es kam ihnen vor, als seien sie in eine andere Welt gelangt. Sowohl das fliegende Personal als auch die Wartungsmannschaft und selbst die Bedienung im Restaurant machten den Eindruck, als hätten sie mit keinerlei Versorgungsproblemen zu kämpfen. Alle sahen wohl genährt und gut gekleidet aus.

Meike und Johann machten es sich im Wartesaal bequem, bestellten Tee und kamen mit zwei weiteren Passagieren ins Gespräch, die ebenfalls auf ein Ticket hofften, allerdings nach Tscheljabinsk. Also keine Konkurrenz. Bis Mitternacht wuchs die Zahl der Wartenden auf zehn, zwölf an. Die meisten wollten nach Moskau.

Nur drei oder vier waren bereits im Besitz gültiger Flugausweise. Die anderen hatten – genau wie Johann – eine Bescheinigung ihrer jeweiligen Dienststelle, der man den geschäftlichen Zweck der Reise entnehmen konnte und die gleichzeitig die Bitte an alle Offiziellen enthielt, dem Betreffenden nach Kräften behilflich zu sein. Diese Komandirowka-Papiere waren Gold wert. Ohne sie gab man sich als Privatreisender zu erkennen, dessen Interessen gegenüber denjenigen der Allgemeinheit immer zurückzustehen hatten. Das bedeutete nichts anderes, als dass die Chance, eine Unterkunft oder einen Fahrausweis zu bekommen, gegen null ging.

Kurz nach Mitternacht erschien ein halbes Dutzend Piloten im Wartesaal. Lauter gut aussehende junge Leute. »Das gibt's doch nicht«, murmelte Meike und stieß Johann an. Auch ihm war der enorme Unterschied zur üblichen Stadtbevölkerung gleich aufgefallen. Statt ärmlicher Kleidung, verhärmtem Blick und Bartstoppeln – fein geschnittene, sorgfältig rasierte Gesichter und exzellent sitzende Uniformen. Meike verwickelte einen aus der Gruppe ins Gespräch, und schließlich kamen noch zwei an ihren Tisch. Meike stellte sich und Johann vor, berichtete kurz von ihren beruflichen Aufgaben und fragte dann ungeniert, was man als Pilot im zivilen Flugverkehr denn so verdiene. Ganz selbstverständlich kam die prompte Antwort: zwischen fünfhundert und tausend Rubel im Monat. Im weiteren Verlauf der Unterhaltung stellte sich heraus, dass die Einkaufsläden für Piloten fast ebenso gut ausgestattet waren wie die Insnab-Geschäfte für Ausländer. Ihre Ausbildung hatten die Flugzeugführer beim Militär erhalten, zu dem sie jederzeit zurückbeordert werden konnten.

»Ich würde ja gern mal draußen gucken, in die Hallen

und ins Cockpit.« Johann fiel fast in Ohnmacht, als er Meike das sagen hörte. In der Tat entstand zunächst eine etwas unangenehme Pause, denn damit hatten die Piloten wohl auch nicht gerechnet. Aber bevor sich der irritierte Johann passende Worte zurechtlegen konnte, um abzuwiegeln, sagte einer der Uniformierten: »Warum nicht?« – »Siehst du!«, fauchte Meike leise, als sie stühlerückend den Wartesaal zu fünft verließen. Sie durchstreiften eine ausgedehnte Flugzeughalle und besichtigten das eine oder andere Cockpit. Johann fiel der außergewöhnlich gute Zustand und vor allem die üppige Ausstattung der Wartungswerkstatt auf. Gute Kleinwerkzeuge waren in ganz Russland damals Mangelware. Eine solche Auswahl hatte Johann noch in keinem russischen Betrieb gesehen. Er dachte an den Bauernhof, den er mit Anna besucht hatte, und die abenteuerliche Reparatur der defekten Traktoren. Ihm fiel die ramponierte Stahlsäge der Bahnarbeiter ein. Und natürlich die vielfältigen Magnitogorsker Provisorien. Dort war ausgeprägtes Improvisationstalent gefragt, hier brauchte man sich nur zu bedienen. Und erst die Tanklastzüge! Richtige Schraubdeckel verschlossen die Stutzen, nicht zusammengerolltes Zeitungspapier wie in Magnitogorsk. Nun traute sich auch Johann, eine Frage zu stellen: »Wie viele Flugzeuge hat die Sowjetunion eigentlich?« Diesmal zuckte Meike zusammen und hielt es für eine ziemlich dämliche Frage. Darauf bekäme man sicher auch in Holland oder Deutschland keine erschöpfende Antwort. Oder gar in Amerika. Wie naiv musste man sein, darauf ausgerechnet in diesem Riesenland, das sich von Grund auf umgestaltete, eine Antwort zu erwarten. Sie schüttelte unmerklich den Kopf, schaute für den Bruchteil einer Sekunde missbilligend zur Decke und schmunzelte, als sie die Antwort vernahm: »Sehr viele ... wirklich sehr viele ... viele tausende.«

Gemeinsam zogen sie in eine kleine Bar am Flughafen, in der Bier ausgeschenkt wurde. Johann hatte seit seiner Ankunft in Magnitogorsk kein Bier mehr getrunken. Er freute sich unsagbar auf den lange entbehrten Genuss und registrierte dann enttäuscht, dass er sich an den seltsamen Geschmack wohl erst wieder gewöhnen musste, um ihn wie früher als angenehm zu empfinden. Die Zeit verflog mit interessanten Gesprächen. Die beiden Holländer wunderten sich, wie gut die russischen Piloten über Industrie und Flugwesen vor allem in Deutschland und in den Vereinigten Staaten Bescheid wussten. Ideologische Unterschiede oder politische Überzeugungen spielten keine Rolle. Da saßen einfach auf beiden Seiten gebildete intelligente junge Menschen, die voneinander und von den Ländern der anderen etwas erfahren wollten. Ein Gespräch, wie die fünf es in dieser Nacht führten, wäre ein paar Jahre später unmöglich gewesen. Aber noch wurde unbefangen erzählt. Manche Dinge wollten Meike und Johann zunächst gar nicht glauben, so ungewöhnlich kamen sie ihnen vor. Wie etwa die Geschichte, dass einige der fabrikneuen Flugzeuge nach den Tests auf dem Boden und in der Luft sorgfältig wieder auseinander genommen und verpackt würden, um in Lagerhäusern an solchen Orten verfügbar zu sein, wo man die Flugzeuge möglicherweise brauchen könnte, aber keine aufwändigen Hallen vorhanden waren und auch nicht errichtet werden konnten.

»Wir haben in Perm eine Fabrik für Flugzeugmotoren, dagegen sind die größten Werke der Vereinigten Staaten klein«, erzählte einer der Piloten stolz. Sein Kollege ergänzte: »Die neuen Motorenwerke in Ufa werden ihre Arbeit auch bald aufnehmen können.« Gemeinsam rekonstruierte man die Landkarte, die den beiden Ausländern natürlich nicht so geläufig war. Perm liegt im nördlichen Ural, etwa fünfhundert Kilometer von Magnitogorsk entfernt. Ufa befindet sich etwa dreihundert Kilometer nordwestlich von Magnitogorsk. Perm und Ufa boten sich als Industriestandorte an, denn in einem Umkreis von fünfhundert Kilometern wurde alles Notwendige gefunden und produziert: Eisen, Stahl, Kupfer, Aluminium und Nickel. Darüber hinaus lag Ufa verkehrstechnisch besonders günstig. Einerseits direkt an der südlichen Hauptlinie der Transsibirischen Eisenbahn, andererseits an der im Bau befindlichen Linie Moskau–Magnitogorsk–Akmolinsk. Weiterhin hatte man in der Nähe der Stadt ausgedehnte Ölfelder entdeckt. Mein Gott, wie reich dieses Land doch war!, fuhr es Meike durch den Kopf. So viel Kraft, so viel Raum, so viel Mut. Das musste doch zu etwas führen, das den Menschen nicht nur ein auskömmliches, sondern ein bequemes Leben garantieren würde. Trotz all der Widrigkeiten, teils naturgegeben durch Landschaft und Klima, teils von Menschen gemacht durch Krieg, Unterdrückung und Gewalt.

Welch ein Land und was für Menschen! Sie musterte verstohlen die jungen Russen und verglich sie mit Johann. Johann hatte mit seinen einunddreißig Jahren jetzt schon Falten, seine Nase war viel zu groß, nichts Sportliches oder gar Muskulöses an diesem Mann, der sich für unwiderstehlich hielt. Dagegen war der attraktive Körperbau dieser Piloten auch durch die Uniform hindurch zu erkennen. Schmale Hüften, knackige Hintern, breite Schultern, so richtig männliche Gesichter und ein Blick, der Kraft sprühte und Entschlossenheit verriet. Meike musste grinsen. Sie hatte wirklich jedes Klischee bemüht, aber hier saßen keine Klischees, sondern starke Männer aus Fleisch und Blut. Verdammt attraktive Männer. Anna fiele sicher wieder aus allen Wolken, wenn sie ihr das erzählen würde. Auf »so was« guckt man nicht als verheiratete Frau.

Gegen zwei Uhr in der Nacht verabschiedeten sich ihre neuen Bekannten, und Meike und Johann streckten sich auf Holzbänken vor dem Wartesaal aus. Es muss etwa halb fünf gewesen sein, als die beiden durch den Lärm am gerade geöffneten Ticketschalter geweckt wurden. Noch schlaftrunken stellten sie fest, dass alle Plätze nach Magnitogorsk – es gab ja nur vier – bereits belegt waren. Ein hoher Parteifunktionär und ein GPU-Mann hatten die ersten beiden Sitze weggeschnappt. Die restlichen zwei bekamen Ingenieure. Und zwar der Leiter des Baubüros für das Walzwerk, der von einer Urlaubsreise zurückkehrte, und ein einfacher Ingenieur, der sich lediglich schneller in die Schlange gestellt hatte und ansonsten über keinerlei besondere Privilegien verfügte, die ihm gegenüber Meike und Johann eine bevorzugte Behandlung beschert hätten. Da die beiden vor Müdigkeit noch keinen klaren Gedanken fassen konnten, blieben sie einfach in der Schlange stehen. In der Maschine nach Tscheljabinsk seien noch zwei Plätze frei, hörte Johann plötzlich und fing wie elektrisiert an zu schauspielern. In noch schlechterem Russisch, als er es ohnehin schon sprach, stellte er sich theatralisch als überaus bedeutenden Spezialisten dar, und es sei eine Katastrophe mit internationalen Auswirkungen, wenn er hier festgehalten würde und nicht nach Magnitogorsk käme. Meike wusste nicht, ob sie lachen oder Johann zur Ordnung rufen sollte. Aber Johanns Ausbruch hatte tatsächlich Erfolg. Man bemühte sich rührend um ihn und bot ihm schließlich die beiden Plätze nach Tscheljabinsk an, um von dort die Reise nach Magnitogorsk fortsetzen zu können. Man bedauere die Unannehmlichkeiten zutiefst. Er müsse auch nur den Preis für die direkte Strecke, nämlich hundertzwanzig Rubel, zahlen. Und falls es seine Pläne zuließen, könne er sich gern in Tscheljabinsk zwei Tage aufhalten, um sich dort in Ruhe umzusehen. Wenn er noch nicht da gewesen sei, wäre es sicher eine nützliche Erfahrung für ihn als ausländischen Spezialisten. Meike war das Theater mittlerweile nur noch peinlich, und sie bemühte sich, niemandem direkt in die Augen zu schauen. Fahrig und mit gesenktem Blick folgte sie Johann aufs Flugfeld.

Bei ihren Mitreisenden handelte es sich um zwei Funktionäre der Staatsbank. Das Wetter war gut. Die Sonne schien, aber es blies ein kräftiger böiger Wind. Meike und Johann verkrafteten die Schaukelei der kleinen Maschine wesentlich besser als die beiden Banker, deren Gesichter immer mehr die Farbe von verwässertem Kalk annahmen. »Lieber Gott, lass die bitte nicht kotzen«, betete Meike. Durch Luftlöcher zu sausen und hin- und hergeschüttelt zu werden, machte ihr nichts aus, aber Geräusch und Geruch sich übergebender Menschen brachte auch sie unweigerlich zum Würgen. »Bitte, bitte nicht in diesem engen Ding.« Während sich Meike auf den Zustand der beiden russischen Passagiere konzentrierte, betrachtete Johann intensiv die Gegend, die sie überflogen. Nach den immergrünen Wäldern um Swerdlowsk und den öder werdenden Ausläufern des Ural breitete sich die endlose Steppe aus. Keine Berge mehr, keine Bäume, keine menschliche Behausung, kein einziges Lebewesen. Ab und zu kleine Seen, die Johann an Fettaugen auf einer Suppe erinnerten. Diese Gegend sah nach nichts aus und war dennoch so unvorstellbar reich. Von hier oben wirkte dieser Gegensatz noch verwirrender als unten auf der Erde. Die Natur hatte Talent, ihre Reichtümer wie Erze und Edelmetalle gut zu verstecken. Johann setzte die Einzelteile des Bildes zusammen. In Magnitogorsk, Tagil, Slatoust: Eisen- und Stahlwerke; in Swerdlowsk, Tscheljabinsk, Orsk, Ufa und Perm: Maschinenfabriken; in Miass und Baschkiria: Gold- und Edelsteinminen; in Beresniki und Solikamsk: Chemiebetriebe; in Nischnij Tagil: Eisenbahnwerkstätten; in Ischembajewo: Ölfelder. Und alles in einem Gebiet von etwa 1250 Quadratkilometern mitten im Herzen Russlands. Wer könnte dieses Land bezwingen?

Silhouetten am Horizont rissen Johann aus seinen Gedanken. Man erkannte das riesige Tscheljabinsker Traktorenwerk, das in seinen Ausmaßen die gesamte alte Stadt übertraf. Unter Peter dem Großen, Anfang des 18. Jahrhunderts, war Tscheljabinsk eine Grenzfestung. Später eine Zwischenstation für die nach Sibirien Verbannten. Heute Industriestadt. Helle glänzende Mietshäuser, die sich mit grünen Parkflächen abwechselten, umschlossen die Traktorenfabrik. Wenn so sozialistische Städte aussehen, dann sind wir auf dem richtigen Weg, dachte Johann. Die Landung verlief problemlos und sanft. Die beiden Russen hatten es geschafft, ohne ihr Innerstes nach außen zu befördern. Und Meike war froh, die Zitterpartie überstanden zu haben.

Man nahm den Bus in die Stadt. Meike und Johann schlenderten durch die alten winkligen Gassen, die auch jetzt noch baufällige Holzhäuser säumten. Ihr besonderes Interesse galt berufsbedingt natürlich den neuen Wohnvierteln. Per Straßenbahn konnte man sich bequem zwischen Altstadt und Vororten bewegen. Die beiden besuchten zunächst die Gorodok OGPU, die GPU-

Stadt. In sechsstöckigen Häuserblocks von gewaltigen Ausmaßen fanden sich sowohl Wohnungen als auch alle erdenklichen sozialen und Dienstleistungseinrichtungen wie Säuglingsheim, Kindergarten, Wäscherei, Schneiderei, Speise- und Klubräume. Außerdem verfügte die Siedlung über zwei Kinos und ein Theater. Johann und Meike zerbrachen sich den Kopf, warum ausgerechnet in Tscheljabinsk so unendlich viele Geheimdienstleute zusammengezogen worden waren, dass man für deren Unterbringung ein komplettes und nicht gerade kleines Stadtviertel errichtet hatte. Später fanden sie heraus, dass auch Parteifunktionäre und Sowjetbeamte zu den Einwohnern von GPU-Stadt zählten.

Als Nächstes nahmen sie sich die Sozialistische Stadt des Traktorenwerks vor. Eine kolossale Straße verband die Fabrik mit dem Wohnviertel. Streng genommen handelte es sich um einen doppelten Boulevard: in der Mitte Grünanlagen, rechts und links breite Fahrstreifen für beide Richtungen, an den Außenkanten die Straßenbahnschienen. Die Häuser selbst rückten dann etwa hundert Meter zurück, davor Bäume und Sträucher. Müde und hungrig meldeten sie sich beim zuständigen Fremdenbüro und trafen dort hoch erfreut auf Heinrich, einen deutschen Techniker, der noch bis vor kurzem in Magnitogorsk gearbeitet hatte. Er lud sie zu sich nach Hause ein. Das Beste, was ihnen passieren konnte. Unterwegs wollte Heinrich noch Zigaretten kaufen. In dem recht gut eingerichteten Laden warteten die Menschen in langen Schlangen auf Brot. Gerade als die drei sich einsortieren wollten, wurde das Brot angeliefert und gegen Geld sowie einen entsprechenden Abschnitt der Lebensmittelkarte verteilt. Den Kopf der Schlange bildeten etwa zwanzig kräftige Männer, die keine Russen zu sein schienen. »Das sind Finnen«, erklärte Heinrich flüsternd und deutete mit einer Handbewegung lachend an, dass er dazu gleich noch etwas sagen wolle. In Tscheljabinsk arbeiteten zu der Zeit etwa dreihundert Finnen. »Nun sag schon«, drängelte Meike ungeduldig. »Du musst hier ja nicht rumbrüllen, also mach.« Heinrich stellte sich mit dem Rücken zu den Finnen und meinte: »Das sind ausgezeichnete Arbeiter, aber sie saufen sich um den Verstand.« Beim zweiten Teil des Satzes war er kaum noch zu verstehen, so leise sprach er. Er erzählte, dass die meisten Finnen 1930 und 1931 über die Grenze gekommene Schmuggler waren.

Mittlerweile hatten sie ihre Zigaretten kaufen können und steuerten dem Ausgang zu. Da kam es an der Brotschlange zu Streitereien. Ein Funktionär des Kommunistischen Jugendverbandes war hereingekommen, an der Schlange vorbeimarschiert und hatte sich an die Spitze gestellt. Die russischen Arbeiterinnen und Arbeiter nahmen sein Verhalten wortlos hin, aber die Finnen protestierten lautstark. Einer packte das Bürschchen am Kragen und beförderte es ans Ende der Schlange. Der Parteimann wusste nicht, wie ihm geschah. Der Verkäufer konnte sich ein schadenfrohes Grinsen nicht verkneifen. Nachdem der Komsomolze seine erste Verdatterung überwunden hatte, drängte er sich laut schimpfend wieder nach vorne. Was diesen Typen eigentlich einfiele. Die aber fuhren ihn auf Russisch an, er solle sich gefälligst wie alle anderen auch in die Schlange stellen. Als er dazu keine Anstalten machte, beförderten ihn drei Finnen mit sanfter Gewalt vor die Ladentür. Daraufhin zog der Parteifunktionär es vor, sein Brot woanders zu besorgen.

Unterwegs erzählte Heinrich weiter von den Finnen, die ihn irgendwie zu beeindrucken schienen. Im vergangenen Winter hatte man eine Gruppe von ihnen beim

Bau des Kraftwerks beschäftigt. Es gab aber nicht für alle Walenki. Drei oder vier Paar fehlten. Daraufhin erschien am nächsten Tag kein einziger Finne zur Arbeit, auch diejenigen nicht, denen man Filzstiefel zugeteilt hatte. Sowohl die Partei als auch die Gewerkschaft sandte jemand in die finnische Unterkunft, um die Gastarbeiter an ihre vertraglichen Verpflichtungen zu erinnern. Doch deren Wortführer konterte, die Walenki seien ebenfalls Vertragsbestandteil, und solange nicht jeder ein Paar zur Verfügung habe, würde niemand von ihnen auch nur den Finger krumm machen. Das hatten die Funktionäre noch nicht erlebt. Es blieb gar nichts anderes übrig, als die fehlenden Filzstiefel zu besorgen, wenn man nicht auf alle diese tüchtigen Arbeiter verzichten wollte.

Heinrich wohnte nicht ganz so komfortabel wie Max und Luzi, aber immer noch wesentlich besser als Meike und Johann. Er versorgte seine Gäste gut und begleitete sie später auch zum Flugplatz. Diesmal bewegte sich kein Lüftchen, und man konnte bei strahlendem Sonnenschein mit einem ruhigen Flug rechnen. Die voraussichtliche Flugzeit war mit etwa zwei Stunden angegeben. In einer Höhe von nur drei- bis fünfhundert Metern flogen sie ihrem spartanischen Domizil entgegen, nach etwa der Hälfte der Zeit immer der Eisenbahnlinie entlang. »Willkommen zu Hause«, sagte Meike mit einem unüberhörbaren zynischen Unterton, als sie in der Ferne verschiedenfarbige Rauchsäulen entdeckte. Da empfing sie keine helle Sozialistische Stadt, da wartete kein leuchtendes Fabrikgebäude, da bedeckten den kargen Boden nur ein auch aus der Luft schmutzig und unordentlich wirkendes Arbeitslager, Baracken über Baracken, und vier Hochöfen, in denen Meike plötzlich »vier würdige Herren mit Halstüchern« zu erkennen glaubte.

Nach der Landung rechneten sie damit, nun bald wieder in ihrem Wohnquartier zu sein, aber es sollte anders kommen. Die LKWs, mit denen die Fluggäste hier normalerweise in die Stadt transportiert wurden – Omnibusse gab es dafür nicht –, ließen auf sich warten. Als die Leute ungeduldig wurden, murmelte der herbeizitierte Flughafenleiter etwas von Benzinmangel und fehlenden Ersatzteilen, verschwand wieder in seinem Büro und ward nicht mehr gesehen. Nach gut zwei Stunden entschlossen sich die ersten, zu Fuß zu gehen. Meike und Johann kamen mit. Der etwa zehn Kilometer lange unbefestigte Weg schlängelte sich durch die Steppe. Die unfreiwilligen Wanderer orientierten sich teils an schwach erkennbaren Reifenspuren, teils an der über der Stadt thronenden Rauchsäule. Der beschwerliche Marsch kostete sie weitere zwei Stunden. Ein russischer Ingenieur kommentierte bitter: »Zwei Stunden von Tscheljabinsk bis Magnitogorsk, eine Reise, die mit der Bahn zwanzig Stunden dauert – und dann brauchen wir zwei Stunden, um vom Flughafen in die Stadt zu kommen. Das ist bolschewistisches Tempo.« Niemand lachte.

Und dann passierte etwas Merkwürdiges. Als das Grüppchen aus Russen und Ausländern den Hügel erreicht hatte, von dem man auf Magnitogorsk herunterschauen konnte, machten die Menschen nicht etwa vor Erschöpfung Rast, sondern weil sich trotz des ganzen Ärgers ein Gefühl des Stolzes ausbreitete, das der Ingenieur in Worte kleidete: »In dieser Einöde, Hunderte von Kilometern vom nächsten Sammelpunkt menschlicher Tätigkeit entfernt – dieses riesenhafte Werk, innerhalb von wenigen Jahren errichtet. Und wir sind dabei.« – »Es ist unsere Stadt«, meinte Johann und fühlte, was er sagte.

6.

Im Spätsommer 1933 stellte Meike fest, dass sie schwanger war. Unterschiedlichste Gefühle brachen über sie herein. Es war passiert – kein Wunschkind. Dennoch freute sie sich unmittelbar nach dem ersten Schock, was sie gleich wieder schockierte. Sie wollte doch keine Kinder. Jede erfreuliche Empfindung wurde sofort von diffusen Ängsten erstickt. Als sie Johann die Neuigkeit mitteilte, war sie auf alles Mögliche gefasst, nur nicht auf seinen spontanen Freudentanz. Johanns Begeisterung machte sie skeptisch. Es passte so gar nicht zu dem Bild, das sie von ihrem Mann hatte. Kannte sie ihn denn wirklich so wenig? Tat sie ihm unrecht, wenn sie ihn hin und wieder für ein gefühlloses egoistisches Monster hielt? Oder spielte er ihr nur Theater vor, und es steckte etwas ganz anderes dahinter? Sie schob die destruktiven Gedanken mit aller Macht weg und nahm sich vor, sie nie wieder zuzulassen. Gleichzeitig betrauerte sie den armseligen Zustand ihrer Beziehung, der solche Gedanken möglich machte. Wie hatte das nur passieren können? Was war von der lebenslustigen jungen Frau geblieben? Innerlich hatte sie immer höhere Schutzwälle aufgebaut und sich verschlossen. Johann liebte keine Probleme, also hielt sie es nicht für ratsam, ihn damit zu behelligen. Wenn sie beide gut gelaunt waren, wollte sie nicht ohne Not die Atmosphäre vergiften. Und wenn er schlechte Laune hatte, war sowieso kein Gespräch mit ihm möglich. »Na schön, er freut sich«, resümierte sie und entschloss sich, es einfach so zu nehmen, wie es schien. Sie hätte gern mit Anna darüber geredet.

Von heute auf morgen beantragte Johann Urlaub, um mit seiner Frau durch Russland zu reisen. Im Laufe der drei Jahre hatten sich gut zwei Monate angesammelt, weil er sich bis auf seine Steppen-Eskapaden nie Zeit für Ferien genommen hatte. Meike war im dritten Monat schwanger. Wenn sie jetzt gleich aufbrachen, waren sie um den fünften Monat herum wieder zurück. Johann besorgte ein Empfehlungsschreiben seiner Dienststelle. Wie üblich wurden darin alle, die es betreffen könnte, gebeten, den beiden Ausländern behilflich zu sein, insbesondere was Unterkunft und Fahrkarten anging. Meike stellte darüber hinaus einen Ausreiseantrag, um sich bei ihrer Mutter Babysachen abzuholen. Die hatte Meikes hochwertige Ausstattung, die von ihren Großeltern nach Aussteuermanier jeweils mindestens sechsfach angeschafft worden war, aufgehoben.

Über Moskau reisten die beiden zunächst nach Gorki, dem früheren Nischnij Nowgorod. Dort bestiegen sie ein Schiff und fuhren die Wolga hinunter bis nach Astrachan. Wegen Johanns Asthma kam der Fahrplan durcheinander. Seine Anfälle steigerten sich so, dass Meike unterwegs versuchen musste, ein passendes Medikament aufzutreiben. Nach zwei vergeblichen Landausflügen wurde sie in Stalingrad endlich fündig. Das Schiff wartete jeweils, bis sie wieder zurückkam. Meike konnte das gar nicht fassen. Johann schien es für selbstverständlich zu halten. In Astrachan legten sie eine mehrtägige Pause ein und erkundeten die Stadt. Von da aus fuhren sie über das Kaspische Meer nach Machatschkala. Per Bus ging es weiter Richtung Kaukasus, vorbei am 5200 Meter hohen Kasbek. Nach Tiflis in Georgien und Jerewan in Armenien. Der Kaukasus beeindruckte die beiden besonders. All die kleinen Orte mit den großen Festungen. Wie aus einer anderen Welt. Trotz der Anstrengungen genoss Meike diese Reise sehr. Sie fühlte sich gut, litt weder an Übelkeit noch an sonstigen Schwangerschaftsbeschwerden. Johann machten zwar immer mal wieder seine Asthmaattacken zu schaffen, aber abgesehen davon war er guter Dinge, witzig und bemerkenswert liebevoll. In Etschmiadsin, nahe der türkischen Grenze, bestiegen sie einen Zug nach Suchumi und klapperten von dort die Schwarzmeerküste bis zur Krim ab. Teils per Bus, teils per Schiff. Ein Abstecher ans Asowsche Meer führte sie bis nach Rostow am Don. Eine herrlich unbeschwerte Zeit.

Da sie nur über Rubel und nicht über Devisen verfügten, blieben ihnen Intourist-Häuser verschlossen. Sie übernachteten in Hotels für Sowjetbürger. Hin und wieder lernten sie Einheimische kennen, die ihnen aufgrund des Empfehlungsschreibens Privatquartiere anboten. Einmal war ein Mann darunter, der gerade im fünften Stock eines Neubaus eine Wohnung bezogen hatte, auf die er sehr stolz war und die er gern für ein paar Tage mit dem ausländischen Paar teilen wollte. Diese Familienaufenthalte fanden beide immer besonders anregend, und sie nahmen entsprechende Angebote nicht nur gern an, um Geld zu sparen. Aber diesmal war Meike heilfroh, als sie weiterzogen, denn der Neubau verfügte über keinerlei Treppengeländer, obwohl er bereits komplett bezogen war. Meike drückte sich jedesmal eng an der Wand entlang und bemühte sich, nicht runterzuschauen, weil sie die Tiefe magisch anzog. Rein theoretisch hätten sie von Rostow aus direkt Richtung Osten nach Magnitogorsk zurückfahren können. Das wäre von der Entfernung her günstiger gewesen, aber praktisch war das nicht zu machen. Alle Verbindungen liefen über Moskau. In der sowjetischen Hauptstadt kümmerte sich Meike um ihr Ausreisevisum, das sie in Magnitogorsk bereits beantragt hatte, und Johann kehrte gleich in den Ural zurück.

Anna holte Meike in Berlin vom Bahnhof ab. Die beiden wollten sich gar nicht mehr loslassen, und Tränen flossen reichlich. Nach der ersten Wiedersehensfreude machte sich Anna erst einmal über Meikes etwas fülligere Figur lustig. »Kein Wunder bei dem Altersunterschied!«, bemerkte sie schnippisch und schämte sich dann zu Tode, als Meike ihr den Grund verriet. Anna war so perplex, dass sie sich nicht mehr traute, spontan zu reagieren. Sie verschluckte gerade noch rechtzeitig ein entgeistertes: »Duu?« und stotterte irgendwas von: »Nein, so was!« und »Wann ist es denn so weit?« Aber Meike kannte sie besser. Ein eindeutiger Blick von der Seite, ein ironisches Lächeln, und Annas Sperre war gebrochen. Sie sprudelte los. »Du wolltest doch keine Kinder. Ist es passiert? Oder willst du jetzt doch? Und was sagt Johann denn dazu? – Du fährst doch zurück, oder? Oder kriegst du's hier?« Meike erzählte ihr der Reihe nach, was sie selbst empfunden hatte, wie hin- und hergerissen sie war und wie erstaunlich fröhlich Johann auf die Nachricht reagiert hatte. »Du und Mutter! Ich fass es nicht!«, wunderte sich Anna immer wieder.

Dann war Anna mit ihren Neuigkeiten an der Reihe. Paul und sie hatten sich nach ihrer Ankunft mit der Dserschinskij ein paar Tage in Hamburg aufgehalten, bevor sie zu Pauls Eltern aufs Land fuhren. Da wohnten sie vorübergehend, bis Paul eine Stellung als Industriearchitekt bei einem internationalen Konzern in Berlin gefunden hatte. »Er war ganz wild darauf, nach Berlin zu ziehen.« – »Na klar«, meinte Meike, »da hat er beruflich ja ganz andere Möglichkeiten.« – »Nein, nein, mit dem Beruf hatte das nur sehr am Rande zu tun, mehr mit Hitler.« Paul habe seine eigene Philosophie. Anna erzählte Meike haarklein, wie Paul es ihr erklärt und auf sie eingeredet hatte: »In kleineren Orten kann man nicht ungeniert leben. Ich will aber ungeniert und vor allem unbehelligt leben. Das haben wir doch in Moskau gelernt. In einer Metropole lebt es sich nun einmal ungestörter als auf dem Land. Gerade bei totalitären Regimen muss man in großen Städten wohnen. Da ist die Chance, unbehelligt zu bleiben, größer, glaub es mir, mein Schatz.« Meike war skeptisch und wollte das nicht weiter kommentieren. Wenn Paul sich das in den Kopf gesetzt hatte, würde Anna ohnehin nichts dagegen sagen, also was sollte sie die Kleine unnötig verunsichern. Und was war schon »sicher« in diesen Zeiten?

Probleme wurden nicht gewälzt. Meike berichtete von ihrer grandiosen Reise quer durch die Sowjetunion, und Anna fielen immer neue kleine Episoden ein. »Hab ich dir schon das mit dem Pelzmantel erzählt?« Und sie berichtete zunächst einmal vom Kauf des Pelzmantels in Moskau und wie sie sich dagegen gewehrt hatte. »Typisch!«, meinte Meike. »Und was ist mit dem guten Stück?« Anna schaute triumphierend in die Gegend und begann genüsslich, die folgende Geschichte zu entwickeln. Sie hatte in Berlin einen Kürschner aufgesucht, um herauszufinden, ob es sich lohnte, das unmodische und nicht sehr gut verarbeitete Stück umzuändern. Denn so konnte und wollte sie den Mantel nicht mehr tragen. Anna war auf eine negative Auskunft des Fachmanns gefasst und bedauerte es schon, sich von einem mit so viel Erinnerungen verbundenen Kleidungsstück wohl trennen zu müssen, es zumindest nutzlos in den Schrank zu hängen. Aber der Kürschner reagierte ganz anders: »Gnädige Frau, wissen Sie überhaupt, was Sie da haben?« Er strich mit glänzenden Augen über den Pelz. »Das ist sibirisches Naturfohlen.« – »Da ist der Mantel ja auch her«, sagte Anna trocken, bevor der Kürschner weiterschwärmte: »Ein Prachtstück. Das ist das Fantastischste, was es überhaupt an Fohlenmänteln gibt.« Mit besonderer Hingabe machte er sich daran, aus dem etwas plumpen Stück ein todschickes Modell zu zaubern. »Muss ich dir unbedingt zeigen.«

Meike fiel plötzlich Annas Ehering auf. Weder sie noch ihre Freundin hatten jemals einen Ehering getragen. Auf solche kleinbürgerlichen Relikte konnte man gut verzichten. »Was ist denn da passiert?«, lachte sie und richtete den Zeigefinger spöttisch auf den Ring. »Ach Gott, den kennst du ja auch nicht.« Und Anna erzählte, wie es dazu gekommen war. Irgendwann meinte Paul ganz unvermittelt: Komm, jetzt kaufen wir uns Eheringe. »Ich hab ihn ausgelacht«, sagte Anna, »jetzt waren wir über ein halbes Jahr verheiratet, ohne Eheringe zu besitzen.« – »Aber Paul hat dich natürlich überzeugt.« – »Ich fand das eigentlich immer schon albern, auf einen Ehring zu verzichten. Ist doch schön?«, meinte Anna, hielt Meike ihre Hand entgegen und wartete auf Bestätigung. Die schmunzelte nur. »Aber das Beste weißt du ja noch nicht.« Pauls Mutter hatte in sein Mantelfutter sechzig Mark eingenäht, als ihr Junge nach Russland fuhr. Es sollte ein Notgroschen sein, für alle Fälle. Dieses Geld kramte Paul heraus und ging mit Anna goldene Ringe kaufen. Fünf Mark kostete Annas, sechs Mark Pauls Ehering aus 333er-Gold. Für denselben Betrag sollte »Oktober 1932« eingraviert werden. Aber der Juwelier korrigierte dienstbeflissen: »Sie meinen wohl 1933. Keine Sorge, das machen wir schon.« Paul bestand auf Oktober 1932, ohne eine weitere Erklärung abzugeben. Paul und Anna lächelten sich vielsagend an, und der Juwelier änderte verwirrt den bereits geänderten Auftrag. Darauf konnte er sich keinen Reim machen. Anna amüsierte sich beim Erzählen dieser Episode fast so gut wie damals.

»Habt ihr eigentlich keine Schwierigkeiten gekriegt?«, wollte Meike dann wissen. »Was für Schwierigkeiten?« –

»Na ja, politisch.« – »Du weißt doch, dass wir uns für Politik nun wirklich nicht besonders interessieren, beide nicht.« – »Glaubst du, das hilft?« – »Keine Ahnung.« Anna wusste nur von belanglosen Episoden zu berichten. Zum Beispiel, als sie sich offiziell in Deutschland, bei der Polizei, anmelden mussten und nach dem letzten Wohnsitz gefragt wurden. »Moskau!«, sagte Paul mit fester Stimme, und der zuständige Beamte ergänzte gelassen: »Ach, Muskau, hier in der Lausitz.« – »Nein, wirklich Moskau.« Der Polizist reagierte überrascht: »Doch nicht Moskau in der Sowjetunion?« – »Aber sicher.« Von da an verkrampfte sich der Umgangston. »Ich möchte wetten, der Beamte hätte sich gern mit uns darüber unterhalten«, erinnerte sich Anna. »Er wirkte absolut neugierig, aber er traute sich irgendwie nicht. Wir waren dann so etwas wie Exoten. Alle guckten komisch. Aber sonst?«

Die beiden trennten sich. Meike hatte vor ihrer Rückreise noch viel zu erledigen, und ihren Eltern, die ebenfalls in Berlin lebten, wollte sie natürlich auch einen Teil ihrer Zeit widmen. Zwei Tage später rief Anna ganz aufgeregt an: »Paul soll sich im Polizeipräsidium am Alexanderplatz melden.« Meike fuhr sofort zu ihrer Freundin. Paul wirkte recht gelassen, aber er hielt wohl nur eine Fassade aufrecht, um Anna nicht noch mehr zu beunruhigen. Gemeinsam spielten sie verschiedene Möglichkeiten durch, wobei Paul immer abwiegelte, das sei ganz bestimmt nur eine Formsache. Dann beschlossen sie – sicherheitshalber – verdächtige Literatur und Schriftstücke zu vernichten. In einer Wohnung mit Zentralheizung ohne offenen Kamin stellt das ein gewisses Problem dar. Schließlich wählten sie die Badewanne als Verbrennungsort.

Am nächsten Tag fuhren alle drei zum Alexanderplatz. Paul setzte die beiden Frauen in ein Café, von wo aus man den Eingang des Polizeipräsidiums beobachten konnte. Er umarmte seine Anna besonders herzlich und drückte ihr einen Zettel in die Hand. »Wenn ich in einer Stunde da nicht rauskomme, dann rufst du diese Nummern an.« Es handelte sich dabei um zwei seiner Chefs, einer von ihnen war Engländer. Die folgenden Minuten vergingen qualvoll langsam. Meike und Anna sprachen kein Wort. Sie starrten unverwandt auf den gegenüberliegenden Eingang. Es musste eine gute halbe Stunde vergangen sein, als Paul herausstürmte – trotz winterlicher Temperaturen ohne Hut und Mantel – und ins Café stürzte. Anna blieb beinahe das Herz stehen. Was hatte das zu bedeuten? »Alles in Ordnung«, rief Paul schon an der Tür. Er sollte lediglich Auskunft geben, wann er mit wem wo gearbeitet hatte. Da der Polizist etwas umständlich beim Schreiben sei, würde es wohl länger dauern, und deshalb habe er den Beamten gebeten, seiner wartenden Frau Bescheid sagen zu dürfen, damit die sich darauf einrichten könne. Paul fegte wieder hinaus, und Anna und Meike bestellten sich einen Cognac.

Meike ließ sich noch eine Woche lang zu Hause von ihren Eltern verwöhnen, bevor sie sich mit reichlich Babykleidung und einem nagelneuen Kinderwagen wieder auf den langen Weg nach Magnitogorsk machte. Gleich bei ihrer Ankunft drückte ihr Johann grinsend einen Schrieb in die Hand. Das Schriftstück besagte, dass Meikes Ausreiseantrag ohne Begründung abgelehnt worden war. Wäre ihr der ablehnende Bescheid bekannt gewesen, hätte sie sich wohl nicht getraut, in Moskau so unbefangen nach den Papieren zu fragen, die man ihr anstandslos ausgehändigt hatte. So aber amüsierte sie sich köstlich darüber, sowjetische Behörden an der Nase herumgeführt zu haben.

Meike musste nun bald aufhören zu arbeiten. Nicht weil

es ihr zu anstrengend geworden wäre, sondern weil der Arzt die holprige Strecke zwischen Wohnbaracke und Büro für zu gefährlich hielt. Neuerdings fuhr ein Bus statt des Pferdekarrens. Aber das Zusammenspiel aus schlechter Fahrbahn und klapprigem Gerät erzeugte ein riskantes Gehoppel. »Sie könnten Ihr Kind verlieren«, hatte der russische Arzt eindringlich gewarnt, »also bleiben Sie lieber zu Hause.« Johann half, die Arbeit so zu organisieren, dass Meike auch daheim zeichnen konnte. Die Zeit bis zur Geburt verlief recht harmonisch. Als es eines Tages dann so weit war – Johann saß bereits an seiner Arbeitsstelle, alle anderen hatten die Wohnbaracke auch verlassen –, fuhr Meike voller Angst und schon mit heftigen Schmerzen mit dem Bus zum Krankenhaus. Sie hatte sich vorher genau erkundigt, wo sie sich melden musste, um im Ernstfall keine Zeit zu verlieren. Sie fürchtete sich davor, irgendwo in einem großen Saal mit lauter kreischenden gebärenden Frauen zu liegen. Sie fürchtete sich vor Komplikationen und davor, ausgeliefert zu sein. Nie in ihrem Leben war sie Patient in einem Krankenhaus gewesen. Und jetzt zum ersten Mal ausgerechnet hier, in einem fremden Land, das medizinisch weiß Gott nicht auf der Höhe der Zeit war. Jedenfalls nicht hier in dieser Einöde. Es wäre vielleicht doch besser gewesen, nach Moskau zu fahren. Das hatte Johann vorgeschlagen. Sie begann zu erforschen, warum sie nicht darauf eingegangen war. Hielt sie es wirklich für eine übertriebene Vorsichtsmaßnahme, wie sie Johann gegenüber behauptet hatte, oder hatte sie nur das Misstrauen davon abgehalten, Johann für längere Zeit allein zu lassen? Das war nun auch schon egal, da nicht mehr zu ändern.

Eine freundliche ältere Krankenschwester nahm Meike in Empfang und geleitete sie in ein Einzelzimmer. Nach einer kurzen Untersuchung winkte die Hebamme ab. Man habe noch Zeit. Meike solle sich bemerkbar machen, wenn die Schmerzen stärker würden. Die ersten Attacken überstand sie allein. Sie wollte nicht als wehleidig gelten und litt still vor sich hin. Aus Sorge, etwas falsch zu machen, rief sie schließlich doch nach der Schwester. Niemand kam. Sie rief erneut. Keine Reaktion. Sie schrie. Die Schmerzen wurden unerträglich, sie hatte plötzlich Angst zu sterben, ihr Atem stolperte, auf der Stirn stand kalter Schweiß. Sie schrie aus Leibeskräften, aber es rührte sich nichts. Sie stand vom Bett auf, schleppte sich auf den Flur und konnte sich endlich bemerkbar machen. Die Hebamme tauchte am Ende des Korridors auf und lief ihr eilig entgegen. Sie schob Meike in einen Raum, in dem schon eine Frau in den Wehen lag. Es war eine Baschkirin. Statt zu stöhnen oder zu schreien, sang sie. Es klang wie eine Litanei. Meike faszinierte der baschkirische Sprechgesang, der sie wunderbar von den eigenen Schmerzen ablenkte. Und plötzlich war ihr Kind da, eine Tochter. Sie fühlte sich beinahe überrumpelt und versuchte den Augenblick der Geburt bewusst zurückzuholen. »Als wäre ich gar nicht dabei gewesen«, dachte sie, als man ihr das Baby zeigte und gleich wieder wegnahm.

Meike blieb zwei Wochen im Krankenhaus, da sie genäht werden musste. Obwohl ihr Baby extrem winzig war, hatte es ihr auf dem Weg nach draußen die Scheide eingerissen. Johann und einige Freunde kamen vorbei, um Mutter und Kind zu besuchen. Aber daraus wurde nichts. Aus hygienischen Gründen, wie es hieß, durften sie nicht ins Krankenhaus. Sie konnten das kleine Bündel nur durch ein Besucherfenster betrachten. Die übliche Prozedur, an die sich auch Johann halten musste, lief so: Man nannte seinen Namen, übte sich in Geduld und bekam dann von einer Schwester ein bis zur Unkenntlichkeit verschnürtes Paket hingehalten. Wenn man Meike ihr Töchterchen zum Stillen brachte, hätte sie die Kleine am liebsten ausgepackt. Sie bekam keine Luft beim Anblick des eng gewickelten Kindes und sehnte den Tag ihrer beider Entlassung herbei. Sie nannten ihre Tochter Anda. Es war mittlerweile März 1934.

In diesem Winter fiel wie schon im vergangenen die gesamte Hochofenabteilung zeitweise aus. Nach dem mit allen Mitteln forcierten Aufbau wurde jetzt die Produktion rücksichtslos vorangetrieben. John hatte seinen Job als Schweißer verloren und war auf der Suche nach etwas Neuem. Die Bauarbeiter hatten ihre Schuldigkeit getan, nun waren die Werksarbeiter an der Reihe. Im Handumdrehen wurde auch das Lohnsystem entsprechend umgestellt. Ab sofort erhielten die in der Produktion Beschäftigten höhere Löhne.

John schloss sein Abendstudium an der Komwus, der Kommunistischen Hochschule, mit Auszeichnung ab und wurde aufgefordert, propagandistische Tätigkeiten zu übernehmen. Er hatte seinen Lehrern bewiesen, dass er in der Lage war, oppositionelle Einwände – ganz gleich, ob von rechts oder links – schnell und sicher zu widerlegen. Von seinen tatsächlichen Zweifeln ahnten sie nichts. John akzeptierte die Lehren von Marx, Lenin und auch Stalin. Er hielt sie für eine brauchbare Grundlage für eine neue Gesellschaftsordnung. Aber die sowjetische Wirklichkeit enttäuschte ihn in sozialer und wirtschaftlicher Hinsicht. Er hätte die Theorien gern weiterentwickelt, sich wissenschaftlich an Problemlösungen beteiligt, aber er wollte kein unkritischer intellektueller Heuchler sein. Da John frank und frei erklärte, weder in die Kommunistische Partei eintreten noch seine amerikanische Staatsbürgerschaft aufgeben zu wollen, erledigte sich das Problem von selbst. Denn beides wäre die Voraussetzung für eine offizielle Propagandatätigkeit gewesen. John bewarb sich beim angesehenen Institut für Bergwesen und Metallurgie in Magnitogorsk, um eine Ingenieursausbildung zu erhalten. Aber dort wurden nur Fabrikarbeiter zugelassen. Also bemühte er sich verstärkt, im Produktionsprozess unterzukommen, was ihm schließlich in der Gießerei des Hochofens Nummer zwei nach mehreren vergeblichen Versuchen anderswo gelang.

Die Eiseskälte und der starke Wind setzten den technischen Anlagen gewaltig zu. Kaum ein Tag verging ohne Bruch einer Wasser-, Luft- oder Gasleitung mit den entsprechenden Folgeschäden. Überall hing tonnenschweres Eis, das durch sein Gewicht so manche Stahlkonstruktion bezwang. Einer der mittlerweile vier betriebenen Hochöfen stand eigentlich immer still. Nachdem im Hochofen Nummer zwei acht Wochen lang Tag und Nacht erfolgreich gearbeitet werden konnte, ereignete sich eine der schwersten Explosionen in der Geschichte des Kombinats. Weder Material- noch Konstruktionsfehler waren dafür verantwortlich, sondern eine Mischung aus Schlamperei und Missgeschick. Wegen nachlässiger Bedienung eines defekten Wasserhahns trafen einige Kubikmeter Wasser auf geschmolzenes Eisen. Durch die Wucht der darauf folgenden Explosion wurden das Dach der Gießerei weggerissen und die Seitenwände des Hochofens stark beschädigt. John hatte seine Schicht getauscht und war aus diesem Grund dem Inferno entgangen. Als er eine ganze Zeit nach dem Vorfall abends bei Meike und Johann saß, war er immer noch völlig fertig.

»Alle, die da gearbeitet haben oder nur in der Nähe waren, sind schwer verletzt. Die hatten nicht die Spur einer

Chance. Und eigentlich war es meine Schicht.« John quälte sich mit dem Gedanken, dass der junge Kollege, der statt seiner gearbeitet hatte, zu den Schwerstverletzten zählte. Selbst jetzt konnte niemand mit Gewissheit sagen, ob er durchkommen würde. John flüchtete sich in Sarkasmus: »Dann kann ich ja jetzt drauflosleben. Offenbar ist meine Zeit noch nicht rum.« Meike und Johann fiel es schwer, John aufzubauen, der offenbar nicht damit fertig wurde, zufällig verschont geblieben zu sein. Meike versuchte es so: »Du hast doch immer schon Schichten getauscht. Das machen doch alle. Es war doch kein besonderer Einzelfall. Eigentlich war es genauso, als ob du normal keinen Dienst gehabt hättest. Dann würdest du dich wahrscheinlich besser fühlen, aber es ist doch die gleiche Situation. Mach dich doch nicht fertig. Du kannst doch wirklich nichts dafür.« Meikes Tirade drang nicht durch. Johann versuchte es mit technischen Fragen, die er betont emotionslos stellte. Das schien besser zu funktionieren, denn John spulte die Informationen ab. Die Reparaturarbeiten hatten zwei Monate gedauert und eineinhalb Millionen Rubel verschlungen. Der Produktionsausfall belief sich auf etwa 50000 Tonnen. Es war Anklage erhoben worden, aber letztendlich kam es zu keinerlei juristischen Konsequenzen. »Dabei wussten wir doch alle, dass diese Scheißdinger von Wasserkränen nicht gut funktionieren und man besonders aufpassen musste.« – »Willst du damit sagen, man hätte es verhindern können?« Meike hatte diesen Unfall als unvermeidlich eingestuft, wie es eben manchmal passiert, wenn unglückliche Umstände aufeinander treffen. John saß die ganze Zeit in sich zusammengesunken da. Jetzt richtete er sich auf und nahm bei der folgenden Aufzählung seine Finger zu Hilfe: »Der Werkführer hat es dem Abteilungsleiter gemeldet. Der ist damit zum Direktor gegangen. Dieser hat Sawenjagin, den Kombinatsleiter, unterrichtet, und der hat sogar Ordschonikidse angerufen.« – »Das glaube ich doch nicht«, empörte sich Meike. »Wieso hat denn nicht einer von denen reagiert?« – »Das kann ich dir sagen«, erklärte John nüchtern: »In einer Zeit, wo die hinter jedem Gramm Eisen her sind wie der Teufel, werden die doch nicht die Anlage stilllegen, um so einen dämlichen Wasserhahn zu reparieren. Das muss dann eben so gehen.«

»Im Grunde ist es wirklich ein Wunder, dass nicht noch mehr passiert.« John schüttelte den Kopf, lächelte und erzählte von dem wuchtigen Mongolen, der auch in der Gießerei arbeitete. »Der steht wie ein zu groß geratenes Kind vor dem Pott mit weißglühendem Eisen, rührt mit einer sechzig Pfund schweren Stange darin herum, als wolle er Suppe kochen, und freut sich über sein neues Spielzeug.« Dann schilderte John die Situation beim Abtransport. Vielen Eisenbahnarbeitern war offenbar nicht klar, was sie anrichteten, wenn sie die Kellen nicht gerade unter die Eisenrinnen setzten oder vergaßen, sie rechtzeitig wieder wegzunehmen, wenn sie voll waren. »Deshalb laufen die Kellen oft über. Und es geht ja nicht um heißen Tee, sondern um flüssiges Eisen.« John beschrieb anschaulich und angewidert, wie sich in solchen Fällen die glühende Masse durch Achsen, Räder und Schienen frisst.

Aber etwas Erfreuliches gab es dennoch zu berichten. John war verliebt. Sie hieß Mascha. Er hatte sie in der Komwus kennen gelernt, wo sie als Halbtagssekretärin arbeitete und den Rest der Zeit selbst studierte. Sie kam vom Land, war drei Monate älter als John und trug ihre langen Haare in zwei dicken Zöpfen. Meike und Johann brannten natürlich darauf, Mascha selbst in Augenschein nehmen zu können, und quetschten John mit allerlei Fragen aus.

Mascha hatte sieben Geschwister, ihr Vater war ein armer Bauer. Als er 1915 in den Krieg zog, blieb die neunköpfige Familie unversorgt daheim. Das älteste Kind war gerade vierzehn Jahre alt. Maschas Vater kehrte verwundet und krank zurück, er hatte sich die so genannte Schützengrabenmalaria zugezogen. »Stellt euch vor, Maschas Großeltern waren noch Leibeigene«, berichtete John und erzählte, dass ihre Eltern weder schreiben noch lesen konnten, aber alles daran setzten, ihren Kindern eine Ausbildung zu ermöglichen. Als Mascha 1920 anfing, die Schule zu besuchen, arbeitete ihre älteste Schwester dort bereits als Lehrerin. »Aus welcher Gegend kommt sie denn?«, fragte Meike. »Aus dem Gouvernement Twer.« – »Und wo ist das noch mal genau?«, fragte Johann. »Zwischen Moskau und Leningrad.« John erklärte, dass es sich um eine ärmliche Region handeln musste, die wegen des nicht sehr fruchtbaren Bodens nur dünn besiedelt war. »Sie hat mir unglaubliche Geschichten erzählt«, und John berichtete von den Bürgerkriegsjahren, als man das Vieh im Dorf beschlagnahmte. Einer von Maschas Brüdern hatte die Aufgabe, die aus der ganzen Gegend zusammengetriebenen Tiere zu versorgen, bis sie zum endgültigen Bestimmungsort weitertransportiert wurden. »Ein Glückstreffer!« Die beiden Holländer warteten auf eine weitere Erklärung. »Na, der konnte abends Milch mit nach Hause bringen!«

1924 beendete Mascha die vierklassige Dorfschule und wollte unbedingt weiterlernen. Die Ausbildung war jetzt kostenlos, jeder wurde angenommen, und ältere Geschwister von Mascha besuchten weiterführende Schulen in zum Teil entlegenen Städten. Mascha und eine ihrer Schwestern wollten nach Wyschnij Wolotschok, um dort tagsüber als Hausmädchen zu arbeiten und abends zu lernen. Doch um dorthin zu gelangen, brauchten sie Geld. Also hackten sie für die örtlichen Kulaken Holz und verdienten in zwei Wochen drei Rubel. »Das entsprach damals zwei Mark und achtzig Pfennigen«, erläuterte John. Da der Weg so weit war und man außerdem barfuß schlecht in der Stadt erscheinen konnte, bastelten sie sich Sandalen aus Birkenrinde. Die fünfundsechzig Kilometer bis Wyschnij Wolotschok schafften die beiden Mädchen in drei Tagen. Es dauerte nicht lange, und sie mussten sich eingestehen, Arbeit und Lernen nicht miteinander vereinbaren zu können. Also kehrten sie ins Dorf zurück. Kurz darauf wurde dann in einer Entfernung von etwa zehn Kilometern eine passende Schule neu eingerichtet. »Mascha ging die zehn Kilometer jeden Tag hin und zurück.« Man konnte hören, wie stolz John war.

Um die Mitte der zwanziger Jahre verbesserten sich die Lebensumstände von Maschas Familie deutlich. Ihr Vater hatte ein ergiebigeres Ackerfeld zugeteilt bekommen. Ihre älteren Geschwister hatten allesamt eine solide Ausbildung absolviert, einer ihrer Brüder arbeitete bereits als Ingenieur. An ihrer kleinen Nichte wurde der Aufschwung besonders deutlich. Sie bekam etwas bisher nie Dagewesenes: eine industriell gefertigte Puppe. »Und man kann sagen, was man will«, John nahm den anderen gleich den Wind aus den Segeln, »wer hat ihnen das bessere Leben ermöglicht? Die Kommunistische Partei. Ob uns das passt oder nicht. Das müssen wir einfach zugeben.« Meike und Johann gaben gar nichts zu, aber sie versuchten auch nicht zu widersprechen. Sie waren froh darüber, dass John aus seinem seelischen Tief herauszukrabbeln schien. Er erzählte weiter. Von Maschas Geschwistern, die reihenweise in den Kommunistischen Jugendverband eintraten, und von den Problemen, die Maschas Mutter mit diesen neuen

Zeiten hatte. Ihre frisch gebackenen Komsomolzen-Kinder bedrängten sie, den kleinen Hausaltar und die Ikonen an den Wänden zu entfernen. Es dauerte Jahre, bis sie sich durchsetzen konnten. John schwärmte von Maschas Mutter: »Eine bemerkenswerte Frau. Sie hat tatsächlich im Alter von fünfundfünfzig Jahren noch angefangen, lesen und schreiben zu lernen, und zwar bei ihrer jüngsten Tochter. Ist doch wirklich toll, oder? Unter den früheren politischen Verhältnissen wäre kein Mensch auf die Idee gekommen, einer alten Bauersfrau Lesen und Schreiben beizubringen.« Manchmal machte es den Eindruck, als müsse John sich selbst von der Richtigkeit des politischen Weges überzeugen. Noch hing die Waagschale mit den Nachteilen der neuen bolschewistischen Führung höher, die Vorteile wogen schwerer. Aber John kam die Gewichtsverteilung wohl zunehmend labiler vor. Er schien auch nicht mehr auszuschließen, dass es kippen konnte.

Ohne diese Gedanken offen zu legen, quälte er sich mit der Frage, ob es richtig war, weiterhin alles Unakzeptable als Kinderkrankheiten und Anlaufprobleme anzusehen. Oder ob gerade übermäßige Geduld all die schönen neuen Vorstellungen von befreiter Gesellschaft gefährdete, weil offensichtliche Fehler nicht rechtzeitig korrigiert werden konnten. Andererseits – was waren schon ein paar Jahre, angesichts der gigantischen Aufgabe, so ein riesiges Land von Grund auf umzugestalten? Nichts galt mehr, das Unterste war zuoberst gekehrt. Wie viel Ungerechtigkeiten und menschliches Leid verträgt der rechte Weg, bevor er sich als falsch erweist? Es war so ungeheuerlich und weltweit einzigartig, was dieses Volk in kürzester Zeit geleistet hatte. Doch standen die Verluste an Leben und Gesundheit im Verhältnis? Durfte man das so betreiben, wie es gelaufen war und weiterlief? Wenn John keine eindeutigen

Antworten auf seine Fragen fand, dann tröstete er sich mit der Lebensgeschichte Maschas. Für die vielen Millionen Menschen, die wie Mascha in Armut und völliger Perspektivlosigkeit gelebt hatten, hat der Politikwechsel nur Vorteile gebracht. Muss es deswegen für einen anderen großen Teil notgedrungen Nachteile bringen, oder gibt es doch einen Weg heraus aus dem Nullsummenspiel? Kann eine intelligente und entschlossene Umgestaltung einer ungerecht strukturierten Gesellschaft letztlich nicht für alle Vorteile bergen? Sind wir nur zu dumm, den richtigen Weg dorthin zu finden, oder gibt es ihn tatsächlich nicht?

Meike riss John aus seinen Gedanken: »He, und wie ist Mascha dann hierher gekommen?« John holte etwas aus. Zunächst verbrachte Mascha knapp drei Jahre in Moskau. Ein Bruder und eine Schwester waren vor ihr zum Studium nach Moskau gegangen und hausten während dieser Zeit in einem Kellerraum. »Die haben diesen Keller jahrelang genutzt. Ein Kind nach dem anderen hat da während seiner Ausbildung in der Hauptstadt gelebt.« 1929 war Mascha gekommen. Sie profitierte von der großzügigen Ausbildungsoffensive. Im Mendelejew-Institut studierte sie Mathematik und Physik und konnte sich dort gleichzeitig als Laboratoriumsgehilfin unter recht angenehmen Bedingungen ihren Lebensunterhalt verdienen. Nachdem Maschas zweitälteste Schwester 1932 an der Moskauer Universität ihr Examen abgelegt hatte, heiratete sie und zog nach Magnitogorsk. Mascha folgte ihr. »Mascha ist ein so zufriedener Mensch«, sagte John mit verklärtem Blick. »Sie schläft auf dem Sofa im Zimmer ihrer Schwester und ihres Schwagers. Sie besitzt zwei, nein drei Kleider, zwei Paar Schuhe und einen Mantel und ist glücklich!«

John hatte wieder sein Debattiergesicht aufgesetzt: »Die Höhe des Lebensstandards hat eben mit der wahren

Beglückung nur sehr bedingt etwas zu tun.« Er erzählte noch, dass Mascha unsagbar stolz auf die Aufbauleistung in Magnitogorsk sei und ein ausgeprägtes Selbstbewusstsein habe, bevor er seinen Freunden mit mühsam unterdrücktem Grinsen verriet, dass Mascha ihn, John, bemitleide. »Mitleid mit dir?«, prustete Johann. »Dass ich nicht lache. Jetzt erzählst du aber Blödsinn.« – »Wieso«, feixte Meike, »John kommt aus dem Paradies der kapitalistischen Ausbeuter. Da kann man doch mal Mitleid haben.« Sie meinte das selbstverständlich ironisch und fühlte sich veralbert, als John ihr zustimmte: »Genau!« – »Ach Quatsch.« – »Doch. Ich bin in Maschas Augen ein Ausgestoßener eines bankrotten und degenerierten Staatswesens.« John erzählte, dass er der erste leibhaftige Amerikaner war, den Mascha zu Gesicht bekommen hatte, und dass sie ihm gleich zu Anfang unbefangen sagte, wie enttäuscht sie bei seinem Anblick gewesen sei. Sie habe geglaubt, alle Amerikaner seien groß und schön und interessant. Aber er sei bei ihrer ersten Begegnung schmutzig und abgerissen gewesen, hätte müde und einsam ausgesehen. »Und da bekam sie Mitleid mit mir. Ich war die Personifizierung dessen, was sie gelernt hatte.« Mascha stellte sich Johns traurige Kindheit vor. Er habe sicher schon als kleiner Junge viele Stunden in der Fabrik schuften müssen. Sein Lohn habe bestimmt nur für das Nötigste an Essen gereicht, damit er imstande war weiterzuarbeiten. Und dann immer noch die Angst im Nacken, arbeitslos auf der Straße zu stehen, sobald die parasitären Ausbeuterchefs nicht mehr mit seiner Leistung zufrieden waren oder nicht genug Profit aus ihm herauspressen konnten. Armer Kerl. Jetzt war er endlich befreit. John graute davor, ihr von seinem wohlhabenden Elternhaus zu erzählen und seiner sorgenfreien Jugend. Er wollte nicht plötzlich als Klassenfeind erscheinen. Schließlich hatte er auf alle Annehmlichkeiten verzichtet und war voller Hoffnung und Enthusiasmus in dieses Land gekommen. Das werde sie schon verstehen, versuchte er sich zu beruhigen, aber ein bisschen Angst hatte er doch.

Meike näherte sich diesem Problem wieder analytisch, wie sie es sich bei zwischenmenschlichen Fragen angewöhnt hatte, und formulierte knapp: »Erstens, du musst es ihr so schnell wie möglich sagen. Sonst ist das Vertrauen nachhaltig gestört. Und zweitens, wenn sie dich daraufhin ablehnt – tut mir Leid –, aber dann war's nicht schade drum. Denn früher oder später würden solche Kommunikationsstörungen eine Beziehung ohnehin töten. Dann lieber früher. Also – wann siehst du sie wieder?« John hatte Meike so noch nie erlebt und antwortete eingeschüchtert: »Morgen.« – »Na also, dann morgen. Und wann kriegen wir sie zu sehen?« Johann ging das alles zu schnell: »Eins nach dem anderen. Nun lass ihn doch erst einmal ins Reine kommen. Sie geht uns ja nicht laufen, nicht wahr, John?«

John spielte im Geist immer wieder durch, was und wie er es Mascha erzählen sollte. Je mehr er sich damit beschäftigte, umso lächerlicher kam es ihm vor. Als sie sich dann wieder sahen, war es für ihn plötzlich ganz leicht, von seiner Kindheit und Jugend zu erzählen. Mascha lauschte, fragte hin und wieder. Für ideologische Streitereien bot die Nähe zwischen dem Amerikaner und der Russin keinen Platz. Bei diesem Gespräch machte John Mascha einen Heiratsantrag, den sie sofort annahm. Gleich am nächsten Tag gingen sie zum SAGS, dem Büro für zivile Angelegenheiten, um die Formalitäten zu erledigen. Doch Mascha hatte ihren Pass vergessen. Als sie am Tag darauf wiederkamen, stand vor dem Eingang bereits eine Schlange Gleichgesinnter. Es dauerte eine halbe

Stunde, dann waren John und Mascha an der Reihe. Sie trugen ihre Namen ins Register ein, bezahlten drei Rubel und erhielten ein Stück grobes Einschlagpapier mit den persönlichen Daten als Heiratsurkunde.

Das Leben von Meike, Johann und Anda verlief einförmig. Es tauchten weder nennenswerte Probleme auf, noch waren irgendwelche Höhepunkte zu verzeichnen. Anda gedieh gut und avancierte zum Liebling der Baracke. Meike konnte sich vor potenziellen Babysittern nicht retten. Johann wirkte erstaunlich ausgeglichen, obwohl er im Büro ständig Ärger hatte. Und Meike wunderte und freute sich gleichermaßen, dass sie sich in ihrer neuen Mutterrolle so gut zurechtfand. Nur ab und zu befielen sie Zukunftsängste. Wie klar waren früher ihre Vorstellungen von dem, was sie erreichen wollte. Beruflicher Erfolg und eine gute Beziehung mit Johann. Die politischen Entwicklungen waren so nicht abzusehen gewesen. Wie lange würden sie wohl hier in der Sowjetunion noch bleiben können? Sie wusste nicht einmal, wie lange sie noch bleiben *wollte*. Zunehmend bekam sie Sehnsucht nach alten Freunden und ihren Eltern und träumte von milderen Wintern und nicht gar so heißen Sommern, auch von ein bisschen mehr Komfort für sie und ihre kleine Tochter. Wie gern hätte sie mit Anna über all das gesprochen. John war da auch nicht der richtige Gesprächspartner. Vielleicht Mascha? Wenn John sie denn endlich mal vorzeigen würde. Der hatte sich rar gemacht und nur kurz mitgeteilt, dass er jetzt verheiratet sei.

Es war Herbst geworden, und sie hatten Mascha immer noch nicht kennen gelernt. In ein paar Tagen sollte sich das ändern, hatte John versprochen, bevor er mit seiner Frau zu ihren Eltern gefahren war. John wollte sich der Familie vorstellen, und gleichzeitig wollten sie Urlaub auf dem

Land machen. Obwohl Maschas Eltern ihn offen und herzlich empfingen, wurde John den Eindruck nicht los, als sei er für sie eine Enttäuschung. Vielleicht hatten sie auch einen stattlichen Typen erwartet und nicht so ein sehniges Kerlchen, wie er es war. Maschas Vater bekleidete eine leitende Stelle in der örtlichen Kollektivwirtschaft und erzählte mit Begeisterung von den Erfolgen: »Jetzt haben alle Brot. Die Flachsernte war größer denn je, und der Viehbestand hat sich auch vermehrt.« Den Widerstand einiger älterer Bauern verschwieg er nicht, aber er zeigte sich optimistisch, diese Zweifler und Zauderer bald überzeugen zu können. Von Gewalt war keine Rede. »Wir arbeiten in Brigaden und haben einen Achtstundentag. Wer will sich denn freiwillig zwölf bis vierzehn Stunden allein herumquälen wie früher? Das werden die schon einsehen.« Entgegen den Aussagen von Maschas Vater boten das Dorf und die umliegenden Felder alles andere als ein strahlendes Bild. Man hatte ihnen fast alle Traktoren und Maschinen weggenommen und in die Ukraine oder nach Sibirien verfrachtet. Dort warteten riesige und fruchtbare Getreidefelder auf effektive Bearbeitung. Und der allgemeine Mangel an Gerätschaften zwang dazu, Prioritäten zu setzen. Maschas Vater fand das völlig in Ordnung. Schwierigkeiten Einzelner zählten nichts, wenn unterm Strich für alle mehr dabei herauskam.

Auf Maschas Mutter war John besonders gespannt gewesen. Er betrachtete die schmale sechzigjährige Frau, die im Laufe ihres Lebens ohne Hilfe einer Hebamme oder gar eines Arztes acht Kinder geboren hatte. Von Mascha wusste er, dass alle nachts geboren wurden und dass ihre Mutter niemals jemanden geweckt habe. Sie sei morgens aufgestanden, habe Feuer gemacht und sei zur Arbeit gegangen wie jeden Tag. Der bemerkenswert gute Zustand ihrer Zähne hatte es John angetan. Er konnte überhaupt nicht begreifen, wie so etwas möglich war, ohne je einen Zahnarzt gesehen zu haben. Maschas Mutter war die beherrschende Figur in der Familie. Vielleicht lag es daran, dass sie während der Abwesenheit ihres Mannes im Krieg alles allein zu bewältigen hatte. Bei Meinungsverschiedenheiten ließ sie sich jedenfalls nichts gefallen und blieb hart. Andererseits konnte sie bei Begrüßungen und Abschieden endlos und herzzerreißend weinen. Sie arbeitete immer noch in der Landwirtschaft und war innerhalb des Kollektivs für die Schafe zuständig. Trotzdem hatte sie das Haus voll im Griff. So aufgeräumt und sauber hätte John es nie erwartet.

Endlich war es so weit. John und Mascha besuchten Johann und Meike. Die beiden Holländer waren bloß neugierig. John wirkte übernervös. Allein Mascha strahlte Ruhe und Sicherheit aus. Die Unterhaltung fand in einem einzigartigen Mischmasch aus Russisch und Englisch statt. Die Unbefangenheit der jungen Russin schlug alle in ihren Bann. Wie war es möglich, dass sich ein Mensch so entwickeln konnte? Meike rief sich immer wieder ins Gedächtnis, dass Mascha aus einer bettelarmen Analphabetenfamilie stammte und jetzt mehr von Mathematik und Physik verstand als sie und Johann. John wettete mit Johann, dass Mascha ihn beim Schachspiel schlagen würde, was Johann nicht glaubte. Unter großem Hallo der beiden Zuschauer setzte Mascha Johann innerhalb kürzester Zeit schachmatt. Johanns Ego litt und erholte sich erst, als John verriet, dass Mascha seit neuestem den Schachmeistertitel der Frauen in Magnitogorsk hielt. Gegen einen weiblichen Champion verlor es sich leichter. Als sich im weiteren Gespräch herausstellte, dass Mascha Klavierunterricht im soeben eröffneten Musikinstitut nahm, war Meike zunächst sprachlos. »Gibt es irgendwas, was du nicht kannst oder machst?«, fragte sie dann, und ihre Stimme klang zu spitz, um nur Bewunderung auszudrücken. Sie spürte selbst, dass sie neidisch war. Dieses Bauernmädchen sprühte vor Energie und konnte sich all dem widmen, wozu Meike nicht gekommen war und jetzt wegen des Kindes erst recht nicht mehr kommen würde. Unzufriedenheit kroch in ihr hoch, die sie aber tapfer bekämpfte. Ihr glasklarer Verstand gab Alarm, und Meike funktionierte. Als wenig später Anda aufwachte und Mascha lauter Komplimente über die Schönheit des Kindes machte, war Meike versöhnt.

Man nahm sich vor, gemeinsame Ausflüge zu unternehmen, und Mascha bot sich als weiterer Babysitter an. Der Abend verlief harmonisch, bis Mascha plötzlich Johanns Verhalten kritisierte und Meike Fehler vorwarf. Es ging um Gleichberechtigung. Mascha hatte registriert, dass sich Johann von seiner Frau bedienen ließ und nie von seinem Platz erhob. »Eine befreite Gesellschaft muss sich auch von den Fesseln der bürgerlichen Familie befreien«, dozierte Mascha. John lachte halb amüsiert, halb verlegen, denn diese Diskussion kannte er schon, und er wusste genau, was jetzt kam. Wie ein Dirigent gab John das Zeichen, dessen Mascha natürlich nicht bedurft hätte. Es wirkte komisch, aber es sollte noch viel komischer werden. »Für das Kochen, Spülen, Putzen, Nähen und was es sonst noch gibt, sind Dienstboten da.« Meike verschluckte sich fast. Was war denn nun los? Wie passten denn Kommunismus und Dienstboten zusammen? Aber Mascha hatte klare Vorstellungen. »Wer nicht intelligent genug ist oder noch nicht genügend Schulung erhalten hat, kann diese Aufgaben übernehmen. Das ist genau die richtige gesellschaftliche Rolle für solche Leute.« Und zu ihrem Mann gewandt:

»John versteht das auch nicht. Aber diese niederen Arbeiten sind unter meiner Würde und unter deiner, liebe Meike, sicher auch.« Nun fühlte John sich verpflichtet, seinerseits ein paar Erklärungen abzugeben. Er habe Mascha gesagt, dass es unzählige berufstätige Frauen in den USA gäbe, die es nicht als unter ihrer Würde empfänden, den Haushalt zu versorgen, die andererseits aber auch nicht die finanziellen Möglichkeiten hätten, sich Dienstboten zu halten. Unbeirrt konterte Mascha: »Ich habe einen unlogischen und einen logischen Einwand dagegen.« Der unlogische bezog sich auf ihre Vermutung, wohl nie in ihrem Leben in die Vereinigten Staaten zu kommen. Von daher interessiere es sie nicht, was die Frauen dort machten oder nicht machten. Der logische Einwand überzeugte sogar Johann, zumindest theoretisch. »Ich unterrichte Mathematik und verdiene fünfhundert Rubel im Monat«, sagte Mascha selbstbewusst, »eine Haushaltshilfe kriegt fünfzig Rubel im Monat. Könnt ihr mir sagen, warum ich putzen und spülen soll? Das ist doch wohl keine produktive Arbeitsteilung, oder?« – »Stimmt«, meinte Meike, »jetzt wäre nur noch zu klären, worin sich die gleich lautenden Überzeugungen von Aristokraten, Kapitalisten und dir unterscheiden? Jedenfalls halten sie alle die Beschäftigung von Dienstboten für eine gute Sache. Interessant.«

»Willst du Kinder?«, fragte Meike und verbesserte sich schnell: »Wollt ihr Kinder?« Unverzüglich kam von Mascha ein kraftvolles Ja. Das von John hinterhergeschobene ebenso deutliche Ja ging fast unter, denn Meike fragte sofort: »Und wie machst du das dann mit deinem Beruf? Arbeitest du weiter oder weniger, oder hörst du ganz auf, oder was hast du dann vor?« – »Nein, natürlich arbeite ich weiter.« Maschas Antwort klang beinahe empört, auf jeden Fall äußerst verwundert. »Gleichberechtigt sind wir nur, wenn wir beides machen können und man uns nicht vor die Wahl stellt.« – »Ich bin auch sehr für Gleichberechtigung«, meinte Johann ganz ernst, »das kannst du mir glauben, alles andere widerspricht meinen Prinzipien, aber ich fürchte, wir haben den Stein der Weisen noch nicht gefunden. Meike ist eine emanzipierte Frau, trotzdem arbeitet sie weniger, seit es Anda gibt. Oder vielleicht sogar, gerade deswegen, weil sie emanzipiert ist und sich nicht irgendwas beweisen muss.« – »Typisch Mann«, sagte Mascha. »Es geht überhaupt nicht darum, irgendjemandem etwas zu beweisen, es geht einzig und allein darum, die notwendigen gesellschaftlichen Bedingungen zu schaffen, damit Männer und Frauen gleichberechtigt arbeiten und sich gleichberechtigt um die Kinder kümmern können. Und da sind Dienstboten auch sehr hilfreich.« – »Was hältst du vom Unterschied zwischen Theorie und Praxis?«, wandte John ein. »Theoretisch sind wir sicher alle einer Meinung, aber die praktische Umsetzung lässt doch sehr zu wünschen übrig. Und es kann doch wohl nicht sein, dass Kinder wegen des beruflichen Ehrgeizes ihrer Eltern auf der Strecke bleiben.« – »Wie kommst du darauf?« Mascha gab nicht auf. »Glaubst du nicht, dass es für Kinder besser ist, eine zufriedene berufstätige Mutter zu haben, die wenig Zeit hat, als eine unzufriedene Hausfrau, die sie mit Zeit zuschüttet?« – »Du bist doch sonst so logisch«, Johann intervenierte. »Aber jetzt machst du einen entscheidenden Denkfehler.« – »Wieso?« Es irritierte Mascha sichtlich, dass sie nicht wusste, worauf Johann hinauswollte. »Du unterstellst, dass nicht berufstätige Frauen auf jeden Fall unzufrieden sind. Woher nimmst du das? Hat es nicht auch etwas mit Gleichberechtigung zu tun, Frauen zuzugestehen, auf Berufstätigkeit verzichten zu können?« Mascha kümmerte sich nicht um den Kern des Arguments und wich aus: »Was hast du denn für seltsame Vorstellungen von einem nützlichen Mitglied der Gesellschaft. Frauen können da doch nicht rumschmarotzen, bloß weil sie die Kinder kriegen.« In Anbetracht der späten Stunde brachen sie das Thema ab, ohne eine Annäherung der Standpunkte erreicht zu haben.

Als Meike später im Bett lag, ließ sie die vorausgegangene Unterhaltung nicht einschlafen. Sie war verärgert und verunsichert. Sie hatte sich doch ganz gut eingerichtet, und da kam dieses Russenmädchen und brachte alles durcheinander. Seit Anda auf der Welt war, hatte Meike ihre beruflichen Ambitionen reduziert, ohne dass es ihr besonders schwer gefallen wäre. Jetzt fühlte sie sich als Versagerin, die nicht in der Lage war, ihre Interessen durchzusetzen. Aber was waren ihre Interessen? Ließ sie sich durch die Existenz des Kindes fremdbestimmen? Funktionierte sie so hervorragend nach altem Muster, dass sie es nicht einmal bemerkte? Sie war beim besten Willen nicht in der Lage, ihre wirklichen Wünsche auszumachen. Sie stand auf, sah nach Anda und betrachtete lange Zeit das friedlich schlafende Kind. Ganz langsam begann sie sich zu beruhigen und wohler zu fühlen. »Sentimentale Kuh!«, beschimpfte sie sich selbst und ging wieder ins Bett.

Man hatte John erneut zum Schweißen eingeteilt. Die Umstände erzwangen es. Zwischen Hochofen und Kraftwerk musste eine anderthalb Kilometer lange Gasleitung errichtet werden. Wegen der bestehenden Eisenbahnlinie und geplanter Industriebauten verlief die Trasse nicht auf dem kürzesten Weg, sondern schlängelte sich umständlich an diesen Hindernissen vorbei. Die zusammengeschweißten Röhren hatten einen Durchmesser von zwei Metern und lagen auf unterschiedlich hohen Pfeilern. Die Gasleitung trug den Spitznamen Sachalin, nach der Insel im Fernen Osten. Der Grund dafür lag in den starken Winden, deretwegen Sachalin oftmals weder zu Wasser noch per Flugzeug zu erreichen ist. Dieser gnadenlose Nordwind ließ auch die Pfeiler bedenklich schwanken. Als zwei von ihnen umgerissen wurden und die Leitung mit sich zogen, kamen ein Monteur und ein Schweißer ums Leben. Mascha machte sich große Sorgen, auch John hätte diesen Arbeitsplatz lieber heute als morgen verlassen.

Eines Tages sah John, wie ein etwa zwanzig Meter hoher Stützpfeiler zusammenkrachte. Die Stütze stand genau an der Stelle, wo die Röhrenleitung die Eisenbahnlinie zwischen den Hochöfen und der Eisengießerei kreuzte. Ein Zug mit leeren Schlackenbehältern löste das Unglück aus, weil einer dieser Behälter nicht wie vorgeschrieben in Längsrichtung geladen war, sondern quer weit herausstand. John sah die Katastrophe kommen, konnte sich aber nicht mehr bemerkbar machen. Mit einem großen Knall schlug der Schlackenbehälter gegen den Pfeiler, riss ihn sowohl unten vom Fundament als auch oben von den Rohren los und schleifte ihn mehrere Meter mit sich. Wie angewurzelt stand John da und rechnete mit dem Schlimmsten. Er traute sich kaum zu atmen. Spannte alle Muskeln an, weil er instinktiv meinte, damit die Leitung oben halten zu können. Der Abstand zwischen zwei Pfeilern war nun doppelt so groß wie normal, und eigentlich hätten die Rohre auf die Erde knallen müssen. Taten sie aber nicht. Die Schweißnähte hielten, obwohl ein Pfeiler fehlte. Ein Kran wurde herbeigeschafft, um die Leitung abzustützen, ein provisorischer neuer Pfeiler wurde errichtet, und alles war wieder in Ordnung. Johns Schweißerbrigade bekam eine offizielle Belobigung der Kombinatsverwaltung. Alle waren stolz auf die gute Qualität der geleisteten Arbeit. »Das sollten sie jetzt landesweit verbreiten. Nicht immer nur den Murks«, ereiferte sich John, als er Mascha die Geschichte erzählte.

Im Herbst 1935 plante Meike den ersten Heimatbesuch, um Anda ihren Großeltern vorzustellen. Wenn sie gewusst hätte, wie krank ihre kleine Tochter war, hätte sie nie gewagt, diese anstrengende Reise zu unternehmen. Anda, knapp anderthalb Jahre alt, hatte zwar bei der Abfahrt schon etwas Durchfall, aber das kam eben manchmal vor und war grundsätzlich kein Anlass zur Beunruhigung. Im Zug nach Moskau verschlimmerte sich der Durchfall dramatisch. Der kleine Körper behielt nichts bei sich und glühte in hohem Fieber. Meike brachte das apathische Kind in Moskau sofort in ein Krankenhaus, wo Anda über einen Monat zubringen musste. Die ersten beiden Wochen schwebte sie zwischen Leben und Tod. Meike hatte man ein Zimmer in einer Pension vermittelt. Jeden Morgen fuhr sie zur Kinderklinik und überflog angsterfüllt die am Eingang ausliegenden Listen mit den Namen der kleinen Patienten. Auf den Blättern standen Angaben über Fieber, Puls, Blutdruck und Ähnliches. Meike hatte panische Angst davor, Anda könne eines Morgens nicht mehr aufgeführt sein.

Als es dem Mädchen besser ging, erlaubte man Meike, mit ihr im Garten hinter dem Krankenhaus spazieren zu gehen. Langsam kam Anda wieder zu Kräften. Sie hatte sich offenbar in Magnitogorsk eine Infektion zugezogen, die sie um ein Haar das Leben gekostet hätte. Meike hielt Johann so gut es ging auf dem Laufenden. Aber er vermittelte ihr nicht das Gefühl mitzubangen. Sie hatte in diesen Moskauer Wochen viel Zeit nachzudenken. Eine Frage ließ sie nicht mehr los. War es nicht unverantwortlich gewesen, unter den schwierigen Lebensbedingungen in Magnitogorsk ein Kind zur Welt zu bringen? Als erwachsener Mensch kann und muss ich hin und wieder Entscheidungen treffen, die für mich selbst eine Zumutung darstellen. Da weiß ich, was ich tue. Sollte es zumindest wissen. Aber so ein hilfloses Würmchen solchen Bedingungen auszuliefern! Andererseits, diejenigen, die hier leben, bekommen auch Kinder und kriegen sie groß. Man kann sie nicht ständig in Watte packen. Sie fragte sich immer und immer wieder, wie schwer ihre Schuld war, in welchem Maße sie Verantwortung trug für das, was Anda hier durchmachen musste. Jetzt hätte sie sich gerne mit Anna ausgetauscht. Aber die war nicht mehr da. Und Johann konnte sie mit solchen Gedanken nicht kommen. Im Zweifel bekam er wieder Asthmaanfälle. Meike überlegte ernsthaft, vom Besuch bei ihren Eltern nicht mehr nach Russland zurückzukehren. Johann würde von den Ämtern keine Schwierigkeiten bekommen. Schließlich war ihr gemeinsames Kind krank. Das würde die Dienststelle akzeptieren. Aber Johann so lange allein, weit weg von ihr? Wäre es nicht gleich bedeutend mit Trennung, endgültiger Trennung? Johann war kein Typ, der auf sie wartete. Johann lebte für den Augenblick. Und wenn er eine andere Frau traf, die ihn interessierte und ihm eine Perspektive bot, würde er ganz schnell vergessen, dass es da noch Meike und Anda gab. Nebenbei betrachtet, konnte Meike mit einem solchen Schritt auch ihre beruflichen Ambitionen an den Nagel hängen. In letzter Zeit hatte sie sich immer mehr zu Johanns Assistentin entwickelt, die seine Ideen am Zeichenbrett umsetzte. Zu Hause hätte sie in gewisser Weise wieder von vorn anfangen müssen. Auf so jemand wie sie hatte da doch niemand gewartet.

Endlich konnte Anda das Krankenhaus verlassen. Wegen des immer noch kritischen Gesundheitszustandes des kleinen Mädchens bekam Meike die Erlaubnis, von Moskau aus nach Berlin zu fliegen. Sie blieb mehrere Wochen, und ein befreundeter Kinderarzt half, die Anderthalbjährige aufzupäppeln. Die beiden waren dann wieder so stabilisiert – Anda körperlich und Meike seelisch –, dass sie guter Dinge die Rückreise nach Magnitogorsk antraten. Der einzige Wermutstropfen bestand darin, dass es trotz des langen Heimataufenthaltes zu keiner Begegnung mit Anna gekommen war. Anna und Paul hatten sich längst in Deutschland etabliert. Paul arbeitete in Berlin, befand sich aber gerade mit Anna auf einer ausgedehnten Dienstreise in Italien, an die sie einen Erholungsurlaub an der Riviera anschlossen.

Als Meike und Anda im Frühjahr 1936 wieder in Magnitogorsk eintrafen, plagte sich Johann mit einem speziellen Auftrag herum. Er sollte eine Offiziersunterkunft planen, war allerdings durch verschiedene Vorgaben stark eingeengt. So sollten Figuren das Dach des Gebäudes zieren und Säulen die Vorderfront auflockern. Damit konnte Johann sich überhaupt nicht anfreunden. Er quälte sich eine Zeit lang mit Entwürfen herum, die er allesamt in den Papierkorb warf, weil sie seinen architektonischen Vorstellungen total zuwiderliefen. Er wusste sich nicht anders zu helfen, als in Asthmaanfälle zu flüchten. Die nahmen derart bedrohliche Ausmaße an, dass ihn seine Dienststelle in den Kaukasus schickte. Dort sollte er sich ein paar Wochen in einem Sanatorium erholen. Meike und Anda blieben im Ural. Es dauerte nicht lange, bis Meike in die Bauverwaltung zitiert wurde, wo man ihr mitteilte, ihr Mann habe vom Kaukasus aus seine Stellung in Magnitogorsk gekündigt. Er müsse zwar noch persönlich erscheinen, um alle Formalitäten abzuwickeln, aber sie solle schon einmal mit den Vorbereitungen für den Umzug beginnen. Meike dachte spontan an Heimkehr. Eher zufällig erfuhr sie im weiteren Verlauf des Gesprächs, dass Johann im Kaukasus bleiben wollte. Warum, wieso und was sie dort erwarten würde, wusste Meike nicht. Aber sie funktionierte wunschgemäß und begann alles zusammenzupacken. Ein paar Tage später erschien ein fröhlicher und unternehmungslustiger Johann, der Meike von den kaukasischen Kurorten vorschwärmte. »Kislowodsk, Essentuki, Schelesnowodsk – ein Ort schöner als der andere. Du wirst staunen.« Johann hatte sich in Kislowodsk eine Arbeitsstelle bei der Kurverwaltung besorgt. Also brachten sie ihre Papiere in Ordnung und reisten vom Ural über Moskau in den Kaukasus.

Eine paradiesische Gegend, die im Kontrast zur Magnitogorsker Steppe noch reizvoller schien, als sie es ohnehin schon war. Die Wohnverhältnisse stellten sich allerdings als katastrophal heraus. Von Komfort konnte ja auch in der Magnitogorsker Baracke keine Rede sein, aber ihre hiesige Behausung stellte alles bisher Dagewesene in den Schatten. »Um Himmels willen, so primitiv haben wir ja noch nie gewohnt!«, entfuhr es Meike, obwohl sie sich fest vorgenommen hatte, sich nichts anmerken zu lassen. Johann war sauer. Aber das war denn doch zu viel. Arme Anda, dachte Meike. Das neue Zuhause im kaukasischen Kurort bestand aus einem winzigen Zimmer, das einer russischen Familie gehörte. Um durch Vermietung etwas Geld zu bekommen, kampierte die Familie selbst in der angrenzenden Loggia. Der Wohnraum bot gerade mal Platz für zwei schmale Betten und einen kleinen Schrank. Johann hatte sich ein Fahrrad besorgt. Das musste auch noch irgendwie mit hinein, da man es nicht gefahrlos draußen stehen lassen konnte. Ein Umywalnik, ein Waschbecken, in das auf Druck ein wenig Wasser tröpfelte, befand sich zwischen Wohnraum und Flur in einem noch winzigeren Zwischenzimmer. Als Toilette dienten zwei stinkende Plumpsklos im Garten, die sich in einem unbeschreiblichen Zustand befanden. »Aber hier kann ich wenigstens wieder richtig arbeiten.« Das war alles, was Johann einfiel, als Meike ihn zur Rede stellte. Johann war mit der Planung eines Sanatoriums beauftragt, und man hatte ihm weitgehend freie Hand gelassen. Die verzweifelte Meike versuchte, die Tage mit Anda im Freien zu verbringen. Aber sie konnten ja nicht pausenlos spazieren gehen. Ihre Wirtsleute entpuppten sich als sympathische hilfsbereite Menschen, die versuchten, Meike etwas aufzuheitern. Die Frau bezog Meike in die Gartenarbeit ein, um sie etwas abzulenken. Die beiden Kinder kümmerten sich rührend um die inzwischen dreijährige Anda.

Eines Tages überraschte Johann seine Frau mit der Nachricht, sie könne, wenn sie wolle, die Inneneinrichtung des neuen Sanatoriums entwerfen. Er habe das vorgeschlagen, und die Kurverwaltung sei begeistert. Problemlos wurde nun auch Meike angestellt. Anda blieb derweil bei der Wirtsfamilie. Jetzt trat eine gewisse Erleichterung ein. Die Arbeitsplätze von Johann und Meike befanden sich in einem Verwaltungsgebäude direkt neben einem Sanatorium. Dort durften die drei nicht nur die Kantine nutzen, sondern auch die Duschen und Badeeinrichtungen. Der enge Wohnraum diente nur noch zum Schlafen. Schlimm genug, wie Meike fand. Im Laufe der Zeit freundeten sie sich mit einem deutschen Ehepaar an, Else und Kurt. Er arbeitete als Kurarzt. Dann kam ein deutsch-russisches Paar hinzu, Wassilij und Karin, er Russe, sie Deutsche. Karin war Studentin, als sie ihn kennen lernte, Wassilij Komsomolze. Sie hatten sich bei Marxismus-Leninismus-Schulungen getroffen. Nun arbeitete

Wassilij in Kislowodsk als Parteifunktionär. Und schließlich gehörte zur Runde noch Franz, ein tschechischer Architekt, mit seiner russischen Frau Irina. In diesem Kreis traf man sich im Restaurant oder auch bei den neuen Freunden zu Hause. Denn alle anderen wohnten wesentlich komfortabler als Meike und Johann.

Wassilij war ursprünglich einer von den begeisterten Kommunisten. Sein Motto lautete: »Wir sind dazu geboren, ein Märchen wahr zu machen.« Aus seiner entbehrungsreichen Kindheit bezog er die Kraft für sein Engagement. Hunger hatte zum Alltag gehört. Jedes Jahr im Frühling, wenn die Familie kein Brot mehr hatte, gab's nur noch Melde, ein Gänsefußgewächs, und irgendeinen bläulichen Lehm zu essen. Der Junge wurde zum Betteln und Klauen geschickt und zitterte vor Angst, erwischt zu werden. Diese Gefühle würde er nie im Leben vergessen, und er wollte alles dafür tun, anderen Kindern ein solches Elend zu ersparen. Karin hatte Meike einmal erzählt, dass Wassilij im Winter nicht zur Schule gehen konnte, weil er weder Schuhe noch wärmende Kleidung besaß. Außerdem habe er sich eine chronische Bronchitis zugezogen. Die Erinnerung an Hunger, Kälte und Angst und der Glaube an die gerechte Sache der Bolschewiki setzten ungeahnte Kräfte in ihm frei. Wassilij kannte keinen Feierabend. Er war stets für alle zu sprechen, die Probleme hatten, und zog pausenlos durch die Betriebe, um nach dem Rechten zu sehen und die Belegschaft anzuspornen. Nach den ersten Verhaftungen von Parteigenossen, denen man »antisowjetische Umtriebe und Sabotage« vorwarf, war für Wassilij die Welt immer noch in Ordnung. Das wird schon seine Richtigkeit haben, dachte er. Wie sonst war es zu erklären, dass es trotz all der unmenschlichen Anstrengungen nicht so recht voranging in diesem Land. Aber als die Zahl der angeblichen Verräter und Saboteure immer weiter wuchs und es auch Menschen traf, die er gut zu kennen glaubte und für die er seine Hand ins Feuer legen würde, befielen ihn erste Zweifel.

Natürlich eignete sich dieses heikle Thema nicht zur Diskussion im großen Kreis. Aber zwischen Wassilij und Karin gab es keine Geheimnisse, und zu Meike und Johann bestand nach kurzer Zeit ein tiefes Vertrauensverhältnis. An einem dieser Abende zu viert – Karin war soeben von einer Moskaureise zurückgekehrt – mokierte sich Meike über die normierte Ausdrucksweise allenthalben. Entsetzlich steif und ein wenig lächerlich seien diese Worthülsen. »Muss denn das sein?«, fragte sie. Darauf Karin fast tonlos: »Das hilft beim Überleben.« Wassilij wand sich zunächst, aber dann unterstützte er seine Frau: »Die Gefahr, missverstanden zu werden, nimmt ab. Alle wissen eindeutig, was gemeint ist, und es gibt keine unnötigen Interpretationsspielräume, weil die Definitionen klar sind.« – »Wie konnte es nur so weit kommen?« Johann stützte den Kopf auf beide Hände und schaute abwechselnd in die Runde: »Ein ganzes Volk kann sich doch nicht so terrorisieren lassen!« Und zu Karin gewandt: »Was ist los? Was ist passiert in Moskau?« Karin schüttelte fast unmerklich den Kopf, blickte Hilfe suchend zu Wassilij, kramte umständlich nach Worten und brauchte eine ganze Weile, bis sie stockend anfing zu erzählen. Sie hatte kaum einen ihrer Kommilitonen wiedergefunden. Die pulsierende Metropole lag erstarrt wie unter einem großen Leichentuch. »Die Worte ›erschossen‹ oder ›verhaftet‹ machen kaum noch Eindruck«, sagte Karin. »Es klingt, als hätte man gesagt: ›Der ist ins Theater gegangen.‹« Sie berichtete von einem Studienkollegen, dem es gelungen war, seine Kulakenherkunft zu verschleiern. »Der hat aufgegeben, jetzt glaubt er tatsächlich, mit einem Makel behaftet zu sein und zu Recht dafür bestraft zu werden.« Nach einer kurzen Pause fuhr sie fort. »Und das Verrückte ist, viele halten es für einen Justizirrtum, was ihnen und ihren Angehörigen widerfährt. Sie können nicht glauben, dass mit dem System etwas nicht stimmt. Es müssen Fehler sein.« Wassilij versuchte eine Erklärung: »Stell dir vor, du zweifelst am System, an allem, was bisher geschah! Das hält doch keiner aus! Dann war doch alles umsonst! Das hieße, die Revolution ist gescheitert!« – »Welche Revolution meinst du?« Karins Stimme klang scharf. »1917 oder 1929?« – »Wieso 1929?«, fragte Johann verblüfft, und Karin erklärte: »1929 war auch eine Revolution. Das Jahr des großen Umbruchs. Die Kollektivierung, die beschleunigte Industrialisierung, verschärfter Klassenkampf. Und die Mädels und Jungs, die das Geschehen von 1917 nur vom Hörensagen kannten, waren begeistert, an der zweiten Revolution mitwirken zu können.«

»Es ist so eine verdammt schöne Idee«, sagte Meike, »Gleichheit, Gerechtigkeit, frei von Ausbeutung und Fremdbestimmung. Und das in einer Zeit, wo im Westen alles den Bach runtergeht, Wirtschaftskrise, Arbeitslosigkeit, Unzufriedenheit. Wo ist die Alternative zum Sozialismus? Aber wenn der auch nicht funktioniert? Was denn dann? Aber man kann doch nicht auf der Vernichtung anders Denkender etwas Neues aufbauen!« – »Wir vernichten nicht nur anders Denkende«, sagte Wassilij, »wir zerstören systematisch unsere Heimat, wenn wir so weitermachen.« Johann wiederholte seine Frage von vorhin: »Warum funktioniert das mit einem so großen Volk? Du kannst doch mit Terror allein so viele Menschen nicht in Schach halten.« – »Das brauchst du auch nicht«, Karin schaute Meike an. »Es ist die Idee, die uns bei der Stange hält. Die Bolschewiki haben eine Idee. Ihre politischen Gegner, selbst wenn sie Recht haben – sie haben keine Idee. Und je mehr ich darüber nachdenke, umso deutlicher erkenne ich die fatale Rolle des Willens bei dieser ganzen Angelegenheit.« Fragende Gesichter, und Karin fuhr fort. Zunächst zitierte sie Stalin: »Es gibt keine Festung, die ein Bolschewik nicht stürmen könnte«, und: »Entweder schaffen wir das, oder wir gehen unter.« Dann sagte sie: »Willensschwäche ist das Schlimmste, was man sich denken kann. So, wenn du nun alle deine Hoffnungen in den neuen Menschen und die neue gerechte Gesellschaft setzt, wenn du persönlich nichts oder kaum etwas zu verlieren hast, und wenn du dann auch noch überall eingebläut bekommst, dass der Erfolg deines Tuns von deinem Willen abhängt – ja, was glaubt ihr wohl, was passiert? Jeder terrorisiert sich selbst und sucht die Ursache für Misserfolge in der eigenen Willensschwäche. Es ist so infam.« – »Es hat natürlich auch eine banale Seite, völlig unabhängig von Ideen und Willensstärke«, wandte Wassilij ein. »Breite Bevölkerungsgruppen verdanken dem neuen System ihre Existenz. Früher ging's ihnen total grauenvoll, jetzt nur noch ein bisschen. Manche leben in der Tat viel besser als früher. Und dann gibt's da noch die Aufsteiger, die durch solche gesellschaftlichen Umwälzungen immer nach oben gespült werden, die sich einen Teufel um die Idee scheren, aber ganz gezielt ihre politische Loyalität gegen Karriere und gesellschaftlichen Status bieten. Ein schlichtes, aber wirkungsvolles Tauschgeschäft. Nachfolgende Generationen werden sich mit der Frage herumschlagen, ob es die Idealisten oder die Opportunisten waren, die das System am nachhaltigsten stabilisiert haben. Ich wage keine Antwort.« – »Einen Teufelskreis habt ihr noch nicht genannt«, meldete sich Meike. »Menschen wollen grundsätzlich dazugehören, und wenn sie dann auch noch die Erfahrung machen, dass es richtig wehtut, wenn ihnen das nicht gelingt, umso mehr. Das stabilisiert sich wie von selbst.« – »Genial«, meinte Johann. »Erstens, der Mensch gilt nur etwas, wenn er gesellschaftlich von Nutzen ist, und zweitens, sein gesellschaftlicher Beitrag ist eine Funktion des Willens. Genial.« Karin lachte bitter: »Und sogar den Wolfspass haben sie beibehalten.« – »Beibehalten kann man nicht sagen«, widersprach Wassilij. »Und ohne Missbrauch wäre es ja vielleicht ganz praktisch.« Johann und Meike konnten der Unterhaltung nicht folgen. Was, bitte, war ein Wolfspass? Karin gab Nachhilfe: »In sowjetischen Pässen wird nicht nur vermerkt, wenn du deinen Wohnsitz oder deine Arbeitsstelle wechselst, sondern da erscheinen auch deine Vorstrafen.« Und rechthaberisch Richtung Wassilij: »Genau wie der Wolfspass zu zaristischen Zeiten, der dich als politisch unzuverlässig gebrandmarkt hat, wenn die Gesinnung nicht stimmte. Ehrlich gesagt – entschuldige, Wassilij«, Karin legte ihre Hand auf seinen Arm, »ich bin froh, dass wir keine Kinder haben.« Die vier hatten Mühe, sich von ihren düsteren Zukunftsvisionen so weit zu befreien, dass sie sich für den nächsten Tag motivieren konnten. Johann meinte auf dem Nachhauseweg zu Meike, vielleicht sehe man zu schwarz und es handele sich um eine zwar tragische, aber kurze Übergangsphase, die es zu überstehen galt. »Es muss einfach funktionieren!«, beruhigte er sich selbst. Bei Meike waren Ängste geweckt, die sie nicht mehr los wurde.

So verging ein knappes Jahr. Mit ihrer Arbeit war Meike recht zufrieden. Unter den Wohnverhältnissen litt sie nach wie vor, aber Anda schien erstaunlich gut damit zurechtzukommen. Jedenfalls blieb sie gesund und ganz fröhlich.

Atmosphärisch hatte sich auch im Kaukasus einiges geändert. Zum einen nahmen schlagartig Verhaftungen zu, und niemand wagte das zu kommentieren. Auch Ausländer befanden sich unter den Opfern. Zum anderen schlichen sich Gespräche ein, die einer allgemeinen Kriegspsychose entsprangen. Es gab immer mehr Einschränkungen für ausländische Staatsbürger, immer mehr Vorbehalte. Was würden die Sowjets mit den Ausländern anstellen, wenn es zum Krieg kommen sollte? War Hitler zu trauen? Welche Ziele verfolgte Stalin? Meike glaubte es tatsächlich selbst, als sie sich zu Johann sagen hörte: »Anda sollte mal wieder ihre Großeltern zu sehen kriegen. Was meinst du?« Sie wollte es einfach glauben, damit sie sich nicht eingestehen musste, mit welchen Gedanken sie sonst noch liebäugelte. Johann stimmte ahnungslos zu, und Meike stellte den Reiseantrag. Mit jedem Tag, den sie auf die Papiere wartete, stieg ihre Angst, man könnte ihr und ihrem Kind die Ausreise verweigern. Mit Mühe verbarg sie ihre wachsende Nervosität. Dann kamen die Unterlagen, sie besorgte die Fahrkarten und verabschiedete sich von Johann, so wie man sich vor einem Urlaub voneinander verabschiedet. Meike kehrte nicht wieder zurück.

Sie schrieb Johann ihre Entscheidung. Der fiel aus allen Wolken und sandte einen bösen Brief zurück, sie solle sich gefälligst wieder herbewegen, was ihr denn einfiele. Meike blieb hart, teilte ihm mit, dass sie auf ihn warten, aber in diesen politisch unsicheren Zeiten ganz sicher nicht mehr in die Sowjetunion zurückkehren werde. Johann grollte. Nach einigen Wochen hatte aber auch er die Nase voll und leitete seine Ausreise in die Wege. Unerwartet tauchten Schwierigkeiten auf. Zusätzliche Unterlagen waren nötig, zuständige Leute verschwanden und wurden durch neue ersetzt, die alte Akten nicht mehr fanden. Es zog sich insgesamt sechs Monate hin, bis Johann endlich im Besitz seines Ausreisevisums war. Doch er ertrug die Zeit mit stoischer Gelassenheit. Er genoss sie sogar. Die zigtausend Rubel, die er im Laufe der Jahre verdient hatte, aber mangels Waren nicht ausgeben konnte, durfte er nicht außer Landes bringen. Also nahm er sich vor, das Geld so gut es ging zu verprassen. Das gelang am besten durch Reisen. Mithilfe seiner guten Beziehungen verschaffte er sich ein Flugticket nach Taschkent. Er durchstöberte die Stadt ein paar Tage lang, bevor er sich nach Samarkand begab. In diesen Zeiten wurden westlichen Ausländern bereits strenge Auflagen gemacht, was ihre Bewegungsfreiheit betraf. Einige Zonen waren für sie gesperrt, in einigen Gebieten waren sie unerwünscht. Jedenfalls hätte sich Johann in Samarkand bei der zuständigen Meldebehörde einfinden sollen. Er wusste das auch ganz genau, befürchtete aber, aus der Stadt geworfen zu werden, bevor er sich all die wundervollen Moscheen und Gebäude hätte ansehen können. Also fing er an zu tricksen. Er studierte die Öffnungszeiten der Meldestelle und tauchte prompt während der Mittagspause auf, wo er erwartungsgemäß niemanden antraf. Auf diese Weise ließen sich leicht zwei, drei zusätzliche Tage herausschinden, auch wenn die Vorschriften das eigentlich nicht vorsahen. Im Herbst 1937 verließ auch Johann die Sowjetunion.

Nun war nur noch John übrig geblieben, der genau zum gleichen Zeitpunkt eine Urlaubsreise in die Vereinigten Staaten antrat. Mascha durfte er nicht mitnehmen, sie bekam als Sowjetbürgerin keinen Ausreisepass. Nach fünfjähriger Abwesenheit fieberte John seiner Heimat entgegen, gespannt auf Veränderungen, möglicherweise Verbesserungen. Noch plante er allerdings nicht, wieder in den USA zu leben. Um Mascha nach seiner Rückkehr wenigstens gedanklich an der Reise teilhaben zu lassen, schrieb John Tagebuch. »Je weiter ich nach Westen komme, umso freundlicher und sauberer werden die Städte und Dörfer«, notierte er auf der Zugfahrt nach Paris, »die Stationen und Rangierbahnhöfe sind gut in Ordnung, und die Passagiere, die ein- und aussteigen, sind immer besser gekleidet.« Der Überfluss in der französischen Hauptstadt bringt ihn fast um den Verstand. In Russland muss man Schlange stehen, um Lebensmittel zu kaufen, stundenlang, um Kleidung zu bekommen, tagelang, um ein Fahrrad zu erwerben. Diese Gedanken setzten sich in seinem Kopf fest. Ins Tagebuch schrieb er: »Überall gibt es Wohnungen und Hotelzimmer, die nur darauf warten, dass jemand sie haben will.« Theoretisch war John auf diesen Unterschied vorbereitet: Die Philosophie der kapitalistischen Länder basierte auf Produktionsüberschuss, der sowjetische Haushaltsplan nahm wegen des industriellen Aufbaus bewusst Unterproduktion bei Konsumgütern in Kauf. Theoretisch war ihm das alles klar, es aber praktisch zu erleben, in Angeboten zu ertrinken, das war eine Erfahrung, die er nicht so einfach wegstecken konnte. John begab sich zum Essen in ein Restaurant und bestellte das Beste und Teuerste. Aufmerksam betrachtete er seine Umgebung und sog alles in sich auf, was um ihn herum vorging. Zwei junge Franzosen kamen herein und bettelten. John taxierte die beiden und hielt sie durchaus für arbeitsfähig. Für Mascha notierte er: »In dem ganzen gewaltigen Russland würde man nicht ein so gut gebratenes Stück Fleisch und einen so angenehm servierten Wein finden wie hier. Aber auf der anderen Seite könnte man die Sowjetunion von einem Ende zum anderen durchqueren und würde nirgendwo zwei arbeitsfähige Männer treffen, die Arbeit haben wollen und keine finden. Trotzdem waren die beiden französischen Bettler besser gekleidet als die meisten qualifizierten Arbeiter in Russland.«

Es machte John Mühe, die gewaltigen Unterschiede im Lebensstandard zu akzeptieren. Die Koksofenarbeiter in Magnitogorsk bekamen zum Mittagessen gewöhnlich einen großen Teller Suppe und einige hundert Gramm Brot. Die höher bezahlten Arbeiter konnten sich auch etwas Fleisch bestellen. Die französischen Arbeiter aßen sehr viel besser, die meisten besaßen ein Fahrrad, und fast alle bewohnten zusammen mit ihren Familien zwei oder drei Zimmer. Fahrräder galten in Russland als Luxus, und die normale russische Wohnsituation trennte Welten von der hiesigen. Andererseits fiel John auch Folgendes auf: Während sich der Lebensstandard in den vergangenen fünf Jahren in der Sowjetunion spürbar verbessert hatte – John bezifferte den Anstieg mit mindestens hundert Prozent –, konnte er in Frankreich nur eine Stagnation, vielleicht sogar eine leichte Verschlechterung feststellen. In den USA schien mehr oder weniger alles beim Alten geblieben zu sein. John quälte sich mit Vergleichen herum, die einerseits die aktuelle Lage betrafen, andererseits die Entwicklungstendenzen berücksichtigten. Eine Bewertung fiel ihm schwer. Sicher, die meisten russischen Arbeiter hatten nicht viel von ihrem Leben, wenn man es mit den westlichen Annehmlichkeiten verglich. Andererseits konnten sie sich darauf verlassen, dass ihre Kinder eine gute Ausbildung und eine sichere Anstellung bekamen. Arbeitslosigkeit war nun wirklich ein Fremdwort in Russland.

Mit amerikanischer Werbung und Reklame konnte John nach Jahren der Abstinenz überhaupt nichts mehr anfangen. In Russland wurde allenfalls mal für ein kosmetisches Produkt in der Zeitung, an einer Litfaßsäule oder im Radio geworben. Und die Regierung machte auf Staatsobligationen aufmerksam, um die Bevölkerung vom Kauf knapper Konsumgüter abzuhalten. Aber das war's dann auch. Hier in den Vereinigten Staaten verfolgte Reklame einen auf Schritt und Tritt. Früher hatte John nicht darüber nachgedacht, aber jetzt fand er es lächerlich, der Aufforderung nachzukommen, eine bestimmte Zigarettenmarke zu rauchen. Wie einfach war das in Magnitogorsk. Die Leute rauchten die Zigaretten, die es zu kaufen gab und die sie bezahlen konnten. Schmunzelnd verglich er die Einfalt und Sinnlosigkeit amerikanischer Werbesprüche und sowjetischer Parteipropaganda und kam nach eingehender Prüfung zu dem Schluss, dass Letztere bei aller Kritik immer noch vernünftiger und zweckentsprechender war.

Als John seine alten Freunde wiedertraf, erschreckte es ihn, wie deprimiert die alle waren. Die einen wegen der Arbeitslosigkeit, die anderen wegen zu hoher Steuern. Wieder andere ächzten unter der Last von Arztrechnungen oder wussten nicht, wie sie ihren Kindern eine gute Ausbildung finanzieren sollten. Alle bemängelten die Unbeweglichkeit des Staatswesens und die Zementierung einmal akzeptierter Regeln. Frust und Lethargie allenthalben. Erfreulich war lediglich das weit verbreitete Interesse an allem, was mit Russland und der Sowjetunion zusammenhing. John gab bereitwillig Auskunft, auch wenn ihm die zahlreichen Missverständnisse mehr und mehr auf die Nerven gingen. Die Bandbreite falscher Vorstellungen war gewaltig. Auf der einen Seite ideologisch bornierte Kommunisten, die die Sowjetunion als Musterland darstellten, ohne jemals selbst dort gewesen zu sein, und die auf einen Hauch von Kritik allergisch reagierten. Auf der anderen

Seite diejenigen, nach deren Auffassung Russland nur Chaos, Dreck und Leid bedeutete und die alles, was in dieses Bild nicht hineinpasste, als kommunistische Propaganda vom Tisch wischten.

John wurde von seinen Gefühlen zerrissen. Ideologische Borniertheit hatte er bei aller Sympathie bislang im Wesentlichen der sowjetischen Seite zugeordnet, nicht der freiheitlich denkenden amerikanischen. Nun musste er erleben, dass die Antikommunisten um keinen Deut intelligenter argumentierten als die vernagelten kommunistischen Parteifunktionäre. Das erschütterte und freute ihn gleichermaßen, machte ihn allerdings immer öfter ratlos. Er wollte auf keinen Fall sowjetische Gegebenheiten positiver darstellen, als sie waren, aber er wollte dem hirnlosen Katastrophengerede Fakten entgegensetzen, um ein halbwegs reales Bild vermitteln zu können. Es konnte doch nicht sein, dass sich intelligente Landsleute aus ideologischen Gründen ökonomischen Erkenntnissen verschlossen. Im Tagebuch notierte er: »Jeder Volkswirt oder Geschäftsmann hätte einsehen müssen, dass eine Verdoppelung der Eisenproduktion in einem Jahrzehnt eine ernste Angelegenheit war, die weit gehende Folgen für die ökonomischen und damit auch militärischen Machtverhältnisse in Europa haben musste. Eisen war Eisen, auch wenn die Hochöfen von Strafspezialisten und enteigneten Kulaken gebaut waren.«

Nach fast zwei Monaten kehrte John, bepackt wie der Weihnachtsmann, in die Sowjetunion zurück. In der Zwischenzeit hatte die stalinistische »Säuberungswelle« nun auch Magnitogorsk mit voller Wucht getroffen. John weigerte sich, Maschas Berichten über den Austausch von Personal die Bedeutung beizumessen, die ihnen zukam.

Wie vor seiner Abreise vereinbart, wollte er zum festgesetzten Zeitpunkt wieder seinen Arbeitsplatz aufsuchen. Doch Kollegen fingen ihn ab und schickten ihn mit bedrückter Miene zum Direktor, der John sehr schätzte. So ahnte dieser immer noch nichts Böses. Schließlich hatte er seine Knochen für den Aufbau riskiert, war mit einer Vorzeige-Sowjetbürgerin verheiratet, konnte einen exzellenten Abschluss der Kommunistischen Hochschule vorweisen. Wer sollte etwas gegen ihn haben? Als er jedoch das Zimmer betrat und seinen sonst so ruhigen und energischen Chef ängstlich und beinahe verstört vorfand, musste John diese dramatischen Veränderungen endlich zur Kenntnis nehmen. »Tut mir Leid, John«, der Russe konnte dem Amerikaner nicht in die Augen sehen. »Tut mir wirklich sehr Leid, aber du kannst hier nicht mehr arbeiten.« – »Warum?« Es klang wie ein Hilfeschrei. John fühlte sich tief verletzt. Was hatte er denn verbrochen? Was warf man ihm vor? »Du bist ein exzellenter Arbeiter und ein feiner Kerl, aber du bist Ausländer und du kommst auch noch gerade aus dem Ausland, also …« Der Direktor suchte nach Worten und sah John jetzt eindringlich an, so als wolle er ihn bitten, ihm weitere Erklärungen zu ersparen. Wortlos verließ John das Büro und die Fabrik. Er suchte Kolja auf. Die beiden hatten sich seit Johns Heirat zwar nicht mehr so häufig gesehen, aber das tat ihrem vertrauensvollen Verhältnis keinen Abbruch. »Ich habe schon versucht dich zu erreichen«, meinte Kolja, der wusste, was vorgefallen war. Ohne Umschweife kam er gleich zum Punkt: »Das Beste ist, du gehst schnell weg von hier. Die Stadt ist für Ausländer gesundheitsschädlich geworden.« Es hatte zwar auch vor seiner Amerikareise merkwürdige Verhaftungen von Sowjetbürgern gegeben, manche Menschen waren auf rätselhafte Weise verschwunden, und seit

1934 hatten immer mehr Ausländer die Sowjetunion verlassen. Aber diese Zuspitzung erwischte John völlig unvorbereitet. Kolja erzählte ihm, dass die verbliebenen Ausländer in den vergangenen Tagen und Wochen in ihr Heimatland zurückgeschickt worden waren, sofern sie über einen entsprechenden Pass verfügten. Diejenigen, die sich für die russische Staatsangehörigkeit entschieden hatten, waren nach Sibirien gebracht worden. »Hier laufen nur noch Einzelexemplare rum. Mach, dass du wegkommst«, insistierte Kolja.

Noch am selben Abend fiel die Entscheidung. John und Mascha beschlossen, einen Ausreiseantrag zu stellen. Gleich am nächsten Morgen leiteten sie alles Notwendige in die Wege. Die folgenden drei Monate passierte gar nichts. Mascha ging ihrer Arbeit nach, John war nirgendwo willkommen. Alle hatten Angst, sich mit einem Ausländer blicken zu lassen. Hin und wieder spielte John Schach mit Andrej, der auch noch übrig geblieben war und bis zuletzt zu ihm stand, bis zu dem Tag, als man Andrej verhaftete. John war zutiefst deprimiert. Hatte Stalin nicht in der Verfassung von 1936* eine freie, demokratische Gesellschaft versprochen?

* Die neue Verfassung garantierte u.a. Presse-, Rede- und Versammlungsfreiheit sowie das Demonstrationsrecht und Religionsfreiheit. Sie wurde vom 8. Sowjetkongress im Dezember 1936 angenommen und löste damit die Verfassung aus dem Jahr 1924 ab.

Epilog

Es dauerte fast vier Jahre, bis John und Mascha eine Ausreisegenehmigung in die Vereinigten Staaten erhielten.

Meike hat sich 1946, nach fünfzehn Jahren Ehe, von Johann scheiden lassen.

Anna und Paul waren bis zu Pauls Tod glücklich verheiratet. Anna schwärmt noch heute von ihm.

Keiner der Beteiligten mochte die »schönen, schweren Jahre« in der Sowjetunion missen.

Von den erwachsenen Personen leben heute nur noch Anna und Meike, deren Kontakt zueinander nie abgerissen ist.

*

Magnitogorsk ist heute eine Stadt von knapp 450000 Einwohnern. Außer dem Eisenhüttenwerk, das zu Sowjetzeiten mit einer jährlichen Rohstahlproduktion von 16 Millionen Tonnen zum größten Hüttenwerk der Welt wurde, verfügt die Stadt u. a. über chemische Betriebe, eine Kran- und eine Klavierfabrik. Es gibt eine Hochschule für den Bergbau sowie eine Musikhochschule. Lange Zeit für Ausländer geschlossen, öffnete sich Magnitogorsk erst Ende der achtziger Jahre wieder, unter der Präsidentschaft von Michail Gorbatschow.

Deutsche und amerikanische Firmen haben sich an der Modernisierung einer Warmbandstraße beteiligt, die erfolgreich produziert. Die Firma Kopper hat eine neue koksochemische Anlage geliefert, die kurz vor der Inbetriebnahme steht. Das größte Projekt zurzeit ist ein schlüsselfertiges Kaltwalzwerk für eine Milliarde Mark, über das bereits 1993 mit der deutschen Firma Schloemann-Siemag AG – ebenso wie Kopper schon in den dreißiger Jahren in Magnitogorsk aktiv – ein Vertrag abgeschlossen wurde.

Nach Auskunft ausländischer Geschäftspartner hat sich Magnitogorsk wirtschaftlich gut entwickelt. Die Stadt hat in Eigenregie und mit Eigenmitteln bereits eine Reihe Erfolg versprechender Projekte realisiert. Gegenwärtig werden jährlich 7,5 Millionen Tonnen Rohstahl produziert, davon 5 Millionen Tonnen für den Export. Es bereitet allerdings Probleme, den Export in dieser Größenordnung aufrechtzuerhalten, da sich sowohl die amerikanischen als auch die europäischen Märkte immer mehr abschotten.

Zeittafel

	1918
3. März	Friede von Brest-Litowsk zwischen den Mittelmächten und der sowjetrussischen Regierung: Russland verliert 34 Prozent seiner Bevölkerung, 54 Prozent der Industrie, 90 Prozent des Kohlenbergbaus; Polen, Litauen, Lettland, Estland an Deutschland und Österreich; armenische Gebiete an die Türkei; Unabhängigkeit der Ukraine, aber mit von Deutschland eingesetzter und kontrollierter Regierung; Unabhängigkeit Finnlands und Transkaukasiens.
	1919
April	Aufnahme diplomatischer Beziehungen zwischen Deutschland und der Russischen Sozialistischen Föderativen Sowjetrepublik.
	1920
19. April	Deutsch-russisches Kriegsgefangenenabkommen.
25. April	Polen überfällt die Russische Sowjetrepublik; Vormarsch bis nach Kiew.
20. Juli	Deutsche Neutralitätserklärung.
13.–16. August	Schlacht bei Warschau; Niederlage und Rückzug Russlands.
	1921
18. März	Friedensvertrag von Riga, zugunsten Polens.
6. Mai	Deutsch-russisches Handelsabkommen; für Deutschland von großer Bedeutung, um Exportdefizite auf den westeuropäischen und überseeischen Märkten zu kompensieren; schon vor dem Ersten Weltkrieg stammten 47 Prozent

der russischen Einfuhr aus Deutschland; die Unverletzlichkeit des mitgeführten und erworbenen Eigentums deutscher Firmen in der Russischen Sowjetrepublik ist garantiert; Gründung deutsch-russischer »Gemischter Gesellschaften«, z. B. Derutra (Transportwesen), Deruluft (Luftverkehr), Derumetall (Eisenhandel).

Verhandlungen über eine militärische Zusammenarbeit; im Gespräch sind die Einrichtung von deutschen Waffenfabriken auf russischem Boden (um die Bestimmungen des Versailler Vertrages zu umgehen), die Ausbildung von deutschen Fliegern und Panzerfahrern in Sowjetrussland, Generalstabskurse für das sowjetische Militär.

Hauptthema der alliierten Wirtschaftskonferenzen seit 1921 sind die Wirtschaftsbeziehungen mit Russland; die Russische Sowjetrepublik soll Schulden der zaristischen Regierung anerkennen; Errichtung eines industriellen Konsortiums für den Wiederaufbau Europas, dafür braucht man Russland und seine Rohstoffe. Dieses internationale Konsortium soll der einzige Handelspartner Sowjetrusslands werden. Deutschland lehnt diesen Plan ab, weil seine Umsetzung die guten Wirtschaftsbeziehungen zu Russland geschwächt hätte; Russland wiederum befürchtet eine wirtschaftliche Schlüsselstellung der Alliierten.

1922

10. April — Konferenz von Genua, an der 29 Staaten, Krieg führende wie neutrale, teilnehmen.

16. April — Vertrag von Rapallo zwischen dem Deutschen Reich und der Russischen Sowjetrepublik: Wiederaufnahme voller diplomatischer und konsularischer Beziehungen; Verzicht Russlands

	auf alle Reparationen, d. h. Nichtanerkennung des Versailler Vertrages; Deutschland verzichtet auf Schadenersatz für bolschewistische Sozialisierungsmaßnahmen – sofern die Ansprüche anderer Staaten ebenfalls nicht erfüllt werden; Meistbegünstigung des gegenseitigen Handels- und Wirtschaftsverkehrs.
30. Dezember	Zusammenschluss der russischen, ukrainischen, weißrussischen und transkaukasischen Sowjetrepubliken; damit Gründung der Sowjetunion.
	1924
21. Januar	Tod Lenins.
Februar–Oktober	Aufnahme diplomatischer Beziehungen der Sowjetunion mit England, Italien, Frankreich und China; Anerkennung der Sowjetunion durch Norwegen und Schweden.
	1925
Oktober	Vertrag von Locarno. Deutschland, Frankreich und Belgien verpflichten sich, die durch den Versailler Vertrag geschaffene Rheingrenze und die entmilitarisierte rechtsrheinische Zone aufrechtzuerhalten und alle Streitigkeiten untereinander friedlich zu regeln. Angeschlossen waren Schiedsverträge mit Polen und der Tschechoslowakei, um die Grenzprobleme im Osten flexibler handhaben zu können. Der Locarno-Vertrag trat im September 1926 in Kraft, als Deutschland Mitglied des Völkerbundes wurde. In der Sowjetunion wurde befürchtet, Deutschland würde durch den Locarno-Vertrag und den Völkerbundbeitritt in westliche Abhängigkeit geraten und eine antisowjetische Koalition bilden. Außenminister Stresemann sicherte dem sowjetischen Unterhändler Litwinow im Juni 1925 zu, Deutschland werde sich nicht an antisowjetischen Aktivitäten

	beteiligen und könne derartige Vorhaben im Völkerbund durch sein Veto verhindern.
12. Oktober	Deutsch-sowjetischer Handels- und Konsularvertrag: wirtschaftliche, finanzielle und rechtliche Regelung der Beziehung zwischen beiden Staaten; u. a. Eisenbahn-Schifffahrtsabkommen, Steuervereinbarung.
	1926
24. April	Berliner Vertrag: deutsch-sowjetischer Neutralitäts- und Freundschaftsvertrag; Verpflichtung zu wechselseitiger Neutralität im Falle eines Angriffs durch eine dritte Macht; Zusage der Nichtbeteiligung an einem gegen den Partner gerichteten Boykott; beiderseitige Versicherung, über beide Länder berührende Fragen eine Verständigung herbeizuführen. Deutschland gewährt einen Bankkredit von 300 Millionen Reichsmark – der erste große Kredit, den die Sowjetunion von einem kapitalistischen Land erhält – zur Förderung der Ausfuhr deutscher Waren in die Sowjetunion.
	1927
	Großbritannien bricht die 1924 aufgenommenen diplomatischen Beziehungen zur Sowjetunion ab.
4.–23. Mai	Weltwirtschaftskonferenz in Genf: Die Sowjetunion beteiligt sich an der Konferenz, die unter der Schirmherrschaft des Völkerbundes steht, obwohl sie selbst nicht Mitglied dieser Organisation ist, und leistet Deutschland gute Dienste, indem sie Themen anschneidet, die von den Westmächten gemieden werden: Zusammenhang zwischen Kriegsschulden, Reparationen, Exportdruck, Schutzzöllen und Wirtschaftskrisen. Die sowjetische Forderung lautet: Alle Kriegsschulden sind zu streichen. Vorbereitende Abrüstungskommission: Die Sowjetunion schlägt totale Abrüstung vor, allein

Deutschland stimmt zu. Die Westmächte vertagen die Entscheidung und lehnen schließlich aus technischen Gründen ab.

1928–1932

Die Wirtschaftsbeziehungen zwischen dem Deutschen Reich und der Sowjetunion werden ausgebaut: deutscher Anteil an der sowjetischen Gesamteinfuhr 1928: 25 Prozent, 1932: 47 Prozent.

1928

Sommer — Erster großer Prozess wegen Industriespionage gegen deutsche Ingenieure aus dem Donez-Becken. Zu der Zeit arbeiteten 5000 deutsche Fachleute in der Sowjetunion, fünf von ihnen wurden unter Anklage gestellt.

Dezember — Deutsch-sowjetisches Wirtschaftsprotokoll; zur weiteren Ausgestaltung des im Oktober 1925 geschlossenen Handels- und Konsularvertrages: Erleichterung des Reiseverkehrs; Garantie für ungehinderten Absatz deutscher Waren und für ungestörten Einkauf russischer Waren durch die in der Sowjetunion zugelassenen deutschen Firmen; die Wirtschaftsabteilung der Deutschen Botschaft in Moskau erhält das Recht, sich mit sämtlichen Volkskommissariaten der Sowjetunion direkt in Verbindung zu setzen; Seeschifffahrtsabkommen; gewerblicher Rechtsschutz; in Bezug auf die Sozial- und Arbeitslosenversicherung sollen Deutsche und Sowjetbürger jeweils als Inländer behandelt werden, wenn sie sich im anderen Land aufhalten.

1929

April — Beschluss des ersten Fünfjahresplanes in der Sowjetunion, rückwirkend ab Oktober 1928, mit dem Ziel der Umwandlung des Agrarlandes in ein

	Industrieland; Stichwörter: Elektrifizierung, Kollektivierung und Mechanisierung der Landwirtschaft, Ausschaltung des Privathandels, Einführung der allgemeinen Schulpflicht.
Sommer	Fertigstellung der Eisenbahnverbindung zwischen Kartaly und Magnitogorsk.
	Die sowjetische Regierung beauftragt den Bauhaus-Architekten Ernst May und einige seiner Kollegen mit der Planung von Wohn- und Industrieanlagen in Magnitogorsk.
	1930
März	Vertrag mit der McKee Company in Cleveland, Ohio über den Hochofenbau in Magnitogorsk.
14. September	Reichstagswahlen; NSDAP erhält 6,6 Millionen Stimmen und damit 107 statt bisher 12 Mandate; Erich Honecker, der einen Lehrgang an der Internationalen Leninschule in Moskau besucht, arbeitet einige Monate in Magnitogorsk.
	1931
Januar bis März	In Magnitogorsk finden die Ausschachtungsarbeiten für die wesentlichen Teile des Metallkombinats statt; gleichzeitig beginnt die Eisenerzförderung.
14. April	Lieferungsvertrag: Die Sowjetunion soll über den Rahmen des normalen Wirtschaftsverkehrs hinaus bis Ende August 1931 zusätzliche Lieferungsaufträge im Wert von 300 Millionen Mark an deutsche Firmen vergeben.
	Ende 1931 sind der Hochofen Nummer eins und die erste Batterie Koksöfen in Magnitogorsk betriebsfertig.
	1932
Februar	Genfer Abrüstungskonferenz: Der Hauptausschuss lehnt die sowjetische Forderung nach totaler Abrüstung ab, Deutschland enthält sich der Stimme, weil es selbst aufrüsten will;

	damit Ende der deutsch-sowjetischen Zusammenarbeit auf dem Gebiet der Abrüstung.
9. Juli	Lausanner Abkommen: Ende der Reparationen.
31. Juli	Reichstagswahlen, NSDAP über 13 Millionen Stimmen.
6. November	Reichstagswahlen, NSDAP nur mehr 11 Millionen Stimmen.
	Das Verhältnis zwischen Deutschland und der Sowjetunion ändert sich erst nach 1933 grundlegend, erreicht dann allerdings schnell einen Tiefpunkt. Der Abschluss des Nichtangriffspaktes 1939 erfolgt aus taktischen Gründen und ändert nichts an den politischen Gegensätzen.
	1933
30. Januar	Hitler wird Reichskanzler.
27. Februar	Reichstagsbrand; Verhaftung von Kommunisten, Verbot der »marxistischen Presse«.
März	Hitler erklärt im Reichstag, der innerdeutsche Kampf gegen den Bolschewismus solle die deutsch-sowjetischen Beziehungen nicht beeinträchtigen.
5. März	Ratifizierung des Protokolls über die Verlängerung des Berliner Vertrages (von 1926, 1931 unterzeichnet) durch die deutsche Seite. Die Sowjetunion erklärt, trotz ihrer ablehnenden Haltung gegenüber dem Faschismus mit Deutschland in Frieden leben zu wollen.
14. Oktober	Deutschland tritt aus dem Völkerbund aus.
18. Dezember	Hitlers Vorschlag, die Reichswehr auf 300000 Mann zu vergrößern, wird von den Westmächten abgelehnt.
6. November	Aufnahme diplomatischer Beziehungen zwischen der Sowjetunion und den USA.
	1934
Januar	Deutsch-polnischer Nichtangriffspakt; die Sowjetunion misstraut dem polnischen

	Kriegsminister Pilsudski, dessen Politik auf eine Auflösung der Sowjetunion hinausläuft: führende Rolle der Polen in einer osteuropäischen Föderation von Polen, Ukraine, Weißrussland und Litauen.
Juni	Letzter Besuch von Außenminister Litwinow in Berlin, um Vorschläge für eine gemeinsame Politik zu machen; die deutsche Seite zeigt offene Ablehnung.
September	Die Sowjetunion tritt auf Einladung von 34 Staaten in den Völkerbund ein.
	1935
16. März	Einführung der allgemeinen Wehrpflicht in Deutschland.
26. März	Der britische Außenminister Eden schlägt Hitler bei einem Besuch in Berlin einen kollektiven Sicherheitspakt vor, an dem auch die Sowjetunion, Polen und andere osteuropäische Staaten beteiligt sein sollen; Hitler lehnt entschieden ab.
2. Mai	Sowjetisch-französischer Beistandspakt.
16. Mai	Sowjetisch-tschechoslowakischer Beistandspakt.
	1936
16. Februar	»Volksfrontregierung« in Spanien.
7. März	Hitler lässt die entmilitarisierte Zone am Rhein besetzen und verletzt damit das Locarno-Abkommen. Begründung Hitlers: Frankreich habe seinerseits das Locarno-Abkommen verletzt, indem es am 27. Februar den sowjetisch-französischen Beistandspakt vom 2. Mai 1935 ratifiziert habe.
3. Mai	»Volksfrontregierung« in Frankreich.
18. Juli	Beginn des Spanischen Bürgerkriegs; Deutschland und Italien unterstützen den aufständischen General Franco.
25. November	Deutsch-japanischer Antikomintern-Vertrag, dem sich 1937 Italien und 1939 Spanien

anschließen (Komintern: Kommunistische Internationale).
Zwischen 1936 und 1938 gibt es kaum mehr funktionierende Beziehungen zwischen Deutschland und der Sowjetunion. Die Sowjets rechnen damit, dass Hitler einen Krieg entfesseln wird, wenn er seine territorialen Forderungen nicht anders durchsetzen kann. Konsequenz: Versuch der Annäherung an die Westmächte, die in der Sowjetunion allerdings keinen »Bündniswert« sehen, vor allem wegen der stalinistischen »Säuberungsaktionen«.

Verwendete Literatur

Buekschmitt, Justus, *Ernst May*, Stuttgart 1963

Garros, Véronique et al. (Hg.), *Das wahre Leben. Tagebücher aus der Stalinzeit*, Berlin 1998

Hellbeck, Jochen (Hg.), *Tagebuch aus Moskau 1931–1939*, München 1996

Jaspert, Fritz, *Die Architektengruppe »May« in Russland*, Deutsche Akademie für Städtebau und Landesplanung, Düsseldorf 1980

Kirstein, Tatjana, *Die Bedeutung von Durchführungsbescheiden in dem zentralistisch verfassten Entscheidungssystem der Sowjetunion*, Wiesbaden 1984

Köbberling, Anna, *Das Klischee der Sowjetfrau. Stereotyp und Selbstverständnis Moskauer Frauen zwischen Stalinära und Perestroika*, Frankfurt/M. 1997

Kotkin, Stepen Mark, *Magnetic Mountain. City Building and City Life in the Soviet Union in the 1930s: A Study of Magnitogorsk*, Ann Arbor 1988

Ostrowski, Nikolai, *Wie der Stahl gehärtet wurde*, Moskau 1947

Scott, John, *Jenseits des Ural*, Stockholm 1944

Sinjawskij, Andrej, *Der Traum vom neuen Menschen oder Die Sowjetzivilisation*, Frankfurt/M. 1989

Volkmann, Hans-Erich (Hg.), *Das Russland im Dritten Reich*, Köln 1994